不動産取引における契約交渉と責任

■ 契約締結上の過失責任の法理と実務 ■

弁護士 升田 純

大成出版社

装幀・組版設計　道吉　剛

はしがき

　本書は、近年、裁判例、取引の現場で話題になっている契約締結上の過失責任、あるいは契約準備段階における信義則上の義務違反の法理を、不動産取引について取り上げ、その法的な枠組みを紹介するとともに、不動産取引（売買、賃貸借）をめぐる裁判例を分析して紹介したものである。契約締結上の過失責任、前記の信義則上の義務違反をめぐる裁判例の概要については、既に判例時報において「現代型取引をめぐる裁判例」の一部として紹介しているが（判例時報2077号から2110号まで）、本書は、不動産取引に限定し、その特徴を踏まえて解説したものである。

　周知のとおり、不動産取引は、売買であれ、賃貸借であれ、程度、内容の差はあっても、高額の取引であり、相当期間の契約締結交渉が行われ、契約の締結が拒否されることもある取引である。不動産取引の交渉は、契約締結上の過失責任等が主張されやすい背景事情があり、他の取引分野と比べると、実際にも契約締結上の過失責任等が主張され、裁判例として公表されている事例も多いのである。

　現在、契約締結の交渉は、契約自由の原則が尊重されているとはいえ、自由に契約締結を拒否することができない場合もあるため、契約締結の交渉を開始する段階から交渉を継続し、契約締結を判断する段階に至るまで、損害賠償責任という法的なリスクにつき相当に注意を払って対応することが必要になっている。裁判例によっては契約が締結された場合であっても、契約締結上の過失責任等が問われる事例が見られるのである。

　契約締結上の過失責任等は、訴訟の実務、取引の実務においては近年特に関心を集めている法理であるが、その提唱の時期、歴史は新しいものではなく、その意義、適用範囲も議論がある上、契約締結の交渉が頓挫し、拒否された場合に限定されたものではない。本書において紹介している裁判例もこの歴史の一部を反映しているが、近年特に注目されているのは、契約締結の交渉の頓挫、契約締結の拒否の場合である。

　本書は、現代社会において不動産取引につき重大な法的なリスクになっている契約締結上の過失責任等の法的な枠組みと関係する裁判例を分析して紹

介し、不要な法的なリスクをできるだけ回避する方向と方法を探ろうと試みたものである。本書が不動産取引、あるいは契約締結交渉に関与する読者諸氏にとってこのような視点から参考になるものとなれば、本書の試みも大いに達成されることになる。特に契約締結上の過失責任等の法理の適用に当たって行き当たりばったりの裁判例も少なくない現状においては、裁判例によるリスクも軽視できないため、本書が訴訟対策にも役立つことを密かに期待しているところである。

　本書が出版に漕ぎ着けることができたのは、大成出版社の坂本長二郎氏、大塚徳治氏の協力が不可欠なものであったことを、最後に記して、感謝したい。

　　平成24年4月

　　　　　　　　　　　　　　　　　　　　　　　升　田　　　純

不動産取引における契約交渉と責任
―契約締結上の過失責任の法理と実務―

目　次

第1章　不動産取引の交渉と法理

1　不動産取引の交渉をめぐる法理と責任の概観 …………………2
2　不動産取引の交渉の実情 …………………………………………4
3　不動産の取引交渉の手法と法的な枠組み ………………………8
4　債権法改正が裁判例に与える影響と留意点 ……………………12
5　契約締結の交渉における留意事項 ………………………………13
6　契約締結の交渉における交渉打ち切りのリスク ………………16
7　契約締結の交渉における情報管理 ………………………………18
8　契約締結の交渉段階における法理の実像 ………………………20
9　交渉打ち切りのリスクの回避 ……………………………………22
10　契約締結後のリスク ………………………………………………25
11　訴訟のリスク ………………………………………………………27

第2章　売買契約の成否をめぐる裁判例

1　契約の成立の基本構造 ……………………………………………30
2　売買契約が締結された後の瑕疵担保責任 ………………………44

第3章　売買交渉をめぐる裁判例

1　売買交渉の決裂 ……………………………………………………72
2　売買交渉の成立 ……………………………………………………145

第4章　賃貸借交渉をめぐる裁判例

1　賃貸借交渉の決裂 …………………………………………………176
2　賃貸借契約の成立 …………………………………………………214

判例索引（年代順） ……………………………………………………219

第1章

不動産取引の交渉と法理

1 不動産取引の交渉をめぐる法理と責任の概観

　不動産の売買、賃貸借の取引は、内容、程度の差はあるが、契約の締結を希望する者同士の間で交渉が行われ、相当期間の交渉の後、契約の締結に至ったり、破談になったりする。契約が締結された場合には、双方の当事者は一応満足し、契約の締結に至らなかった場合には、一方又は双方の当事者が残念がったり、あるいはほっとしたりする。契約の締結交渉がまとまっても、まとまらなくても、後は別の仕事にとりかかろうと心機一転というところではなかろうか。しかし、現代社会における不動産取引は、「そうは問屋が卸さない」のである。

　不動産取引の交渉の過程は、従来、契約が締結されれば、後は基本的に契約内容の履行の問題に移るものであり、問題視されることはなかったし、契約が締結に至らなければ、契約の履行も問題にならず、他の問題も生じないと考えられてきた。しかし、現代社会においては、不動産取引の交渉がまとまらなくても、交渉の内容、進行状況、交渉当事者の言動等の事情によっては、契約の締結交渉の関係者につき信義誠実の原則（しばしば「信義則」と略称されるので、本書でも「信義則」という。民法1条2項）上、相手方に対して法的な義務を負うことがあるとの見解（どのような内容の法的な義務を負うかについては議論がある）が提唱され、現在、裁判例、訴訟の実務では一般的に認められているのである。裁判例、訴訟の実務でこのような法的な義務が認められると、契約締結の交渉の現場でも十分に注意を払って交渉することが必要になる。このような見解は、契約締結準備段階における信義則上の義務の法理とか、契約締結交渉段階における信義則上の義務の法理と呼ばれたり、あるいは契約締結上の過失責任の法理と呼ばれたりすることがある（これらの概念は、同じように使用する者もいるし、違ったものとして使用する者もいる）。これらの義務につき義務違反が認められたり、過失責任が認められたりした場合、法的な効果として損害賠償義務（損害賠償責任）が認められることになる（損害賠償の範囲等については議論がある。なお、これらの法理、責任は、不動産取引の契約に限られないものであり、現在、契約一般の締結交渉において適用されている）。

このような契約締結準備段階における信義則上の義務、契約締結上の過失責任は、交渉当事者の一方又は双方の契約締結の拒否、交渉続行の中止等によって契約の締結交渉が頓挫した場合において、契約が締結されなかったことに義務違反、過失があった者に損害賠償責任を負わせる法理であるが（近年の裁判例においては特にこのような内容の法理として発展してきたものであり、訴訟実務等において関心を集めている）、このような内容の法理とは別に、契約が締結された場合においても、契約締結準備段階における信義則上の義務等を認める裁判例も見られる。契約締結上の過失責任の考え方は、比較的古くから提唱されているが、その意義、適用範囲等につき議論があったところであり（長年の歴史と議論のある法理である）、裁判例においては前記のとおり、主として二つの分野で採用され、近年は特に前者の分野で多く見られ、関心を集めている。後者の信義則上の義務等の法理は、契約締結交渉が契約の締結に至らなかったことを問題視するのではなく、契約締結交渉の際における情報の提供、不当・不正な交渉等を問題視し、信義則上の義務違反を問うものである。この信義則上の義務に違反した場合には、義務違反者の損害賠償責任という法的な効果が生じるものであるが、この義務違反に係る事情を考慮し、錯誤（民法95条。この場合の法的な効果は、契約の無効である）、詐欺（同法96条。この場合の法的な効果は、取消しであり、詐欺の対象になった相手方が契約の取消しの意思表示をすると、契約が無効になる）等が問題になることがある（ほかにも、消費者契約の締結交渉の場合には、誤認が問題になることがある。消費者契約法4条1項、2項参照。この場合にも、法的な効果は取消しである）。なお、この後者の契約締結準備段階における信義則上の義務が問題になる場合には、従来は契約締結上の過失責任の用語が使用されていたが、近年はこの用語が使用されないようである。

2　不動産取引の交渉の実情

　不動産取引に関する契約は、売買、賃貸借のほかにも実際上多様なものがあり、現代社会においては投資を目的とした契約が増加しているが、現在でも売買、賃貸借が代表的な不動産取引に関する契約であることは従来と変わらない。

　不動産の売買契約の場合には、売却希望者、購入希望者を募り、不動産仲介業者の紹介、仲介を介する等し、契約締結の交渉を開始するかを判断し、開始する場合には、双方の意向、購入希望者の購入の動機、購入予定の土地の用途、利用計画、契約の条件等を踏まえつつ、交渉が行われる。ときには、売買の対象である不動産を実際に見分したりすることがあるし、土地の売買の場合には、土地上の建物の有無、撤去の要否、土地の地中の埋設物、汚染状況の有無・内容の調査、処理が必要になることがある。土地の売買の場合、土地上に建物があり、建物に賃借人、占有者がいるときは、賃借人等の退去の要否、処理が必要になることもある。近年は、土地の売買の場合には、土壌汚染が問題になることが少なくないため、土壌の汚染状況の調査、土地の従来の使用状況、来歴の調査が重要になっている。建物の売買の場合にも、建物に賃借人、占有者がいるときは、賃借人等の退去の要否、処理が必要になることがある。不動産の購入希望者、売却希望者が契約の締結に前向きの意向が示されると、買付証明書、売渡証明書、覚書等の書面が作成、交付されることがあるし、さらに契約の内容の具体化、詰めの交渉が行われ、契約書の案文の作成・交付・検討（修正等の交渉が行われる）、手付けの準備が行われる（不動産の売買につき行政上の規制がある場合には、その規制に応じた申請手続等が行われることがある）。このような過程においては、交渉当事者の一方又は双方が契約の締結を予定し、不動産の売買契約の締結、契約内容の実行のための各種の準備を行うことがあり、その準備のためには相当額の費用をかけたり、金融機関等から売買代金の借入れ等の準備を行うことがある。前記の各種の調査が実施された場合には、調査結果が書面、口頭によって相手方に説明される等し、交渉当事者が最終的に売買契約の締結をするかどうかを判断することになり、双方の当事者が売買契約の締

結を最終的に判断した場合には、最終的にとりまとめられた売買契約書が取り交わされ、売買代金の支払等が行われることがあるし、手付けが交付され、その後、代金の支払の準備、不動産の引渡し、登記関係の準備等の各種の準備を行った上、売買契約の実行が行われることがある。

　不動産の売買の場合には、その規模、用途、利用計画等の事情によるが、交渉によっては数か月を要することが通常であるし、事情によっては数年を要する交渉もある。不動産の売買をめぐる交渉が行われている間には、交渉の相手方に対する信頼、相手方の経済的な信用、不動産の利用計画、資金調達の計画、経済情勢等の事情が変化することがあり、これらの事情を考慮すると、交渉を中止し、売買契約の締結をしないことが望ましいと判断することがある。売買契約の交渉が相当程度に進行している状況において、交渉を明確に中止することなく、ずるずると交渉を続けたり、相手方の提案につき曖昧な応答をしたりしていると、相手方が売買契約の締結に向けて期待を抱くようになることは否定できない。特に売買契約の内容を実行するため、不動産の調査を実施したり（例えば、土地の土壌汚染の調査）、土地上の建物、構造物の撤去を始めたりしたような場合とか、売買契約書の案を作成し、交付して修正等を加えているような場合には、相手方が売買契約の締結に相当高い期待を抱くようになっている。不動産の売買契約の内容を履行するためには、売買契約の締結が最終的に決定され、それが確認された後に準備をし、売買契約書の締結日、あるいは売買契約において定められた一定の期限内に履行をすれば足りる売買契約もある（もっとも、このような売買契約であっても、売買契約書の締結日までには何らかの準備が必要であり、そのような準備の中には費用の負担が必要なものがある）。しかし、売買契約によっては、売買契約の交渉の段階から売買契約の内容が円滑に履行されるように様々な準備をすることが必要である売買契約もあり、このような売買契約においては、売買契約の締結につき高い期待を抱くだけでなく、相当額の費用、手間をかけているため、売買契約の締結に至らなければ、契約締結の期待が裏切られるだけでなく、相当額の損失の負担を強いられることになる。売買契約の締結の期待が裏切られ、損失の負担を強いられれば、交渉の相手方が不満を抱き、単なるクレームにとどまらず、その不満を法的な手段にぶつけることも予想できる事柄である。

第1章　不動産取引の交渉と法理

　不動産の売買の交渉が始まり、相当程度交渉が進行すると、前記のとおり、交渉当事者の一方又は双方が契約締結の期待を抱くことになるが、後日、契約締結に至らない場合、相当額の費用、手間等の負担が生じるだけでなく、その間、他の者との交渉の機会、取引の機会を失うことにもなる。売買交渉の対象になっている不動産の地域性、種類、規模等の事情によるが、購入の希望者が複数いる場合があるし、他方、企業等が一定の地域内で不動産の購入を希望した場合には、売却の希望者が複数いるときもある。これらの不動産の売買交渉においては、同時並行的に複数の希望者と売買交渉が行われることもあったり、特定の希望者のみと売買交渉が行われることがあるが、これらの交渉が相当に期待を抱かせる段階に至ったような場合には、他の希望者との交渉が一時的に停止したり、開始しなかったりすることがあるところ、その後に進行中の交渉が決裂したときは、他の希望者との交渉の機会、取引の機会を失うこともある。このような交渉の機会の喪失、取引の機会の喪失は、不動産の売主又は買主にとって事実上損失であることは否定できない。取引交渉上当然に受忍すべき事柄であるのか、損害に当たるのかは、個々の事案によるところがあるが、困難な問題を提起することになる。不動産の売買交渉が長期にわたって行われる場合には、交渉の機会の喪失、取引の機会の喪失が重大になり得る。

　不動産の賃貸借の場合には、建物所有を目的とした土地の賃貸借、それ以外の土地の賃貸借、事業用の建物の賃貸借、住居用の賃貸借等があり、賃貸借の対象である不動産の種類、用途、規模等の事情によって賃貸借の交渉は大きく異なるところがある。住居用の建物の賃貸借の場合には、不動産仲介業者が仲介する建物につき建物に関する情報を検討し（不動産仲介業者が賃貸を希望する建物の所有者から仲介の依頼を受けていることが多いであろう）、実際に見聞する等して比較的短期間の交渉が行われ、契約を締結するかどうかの判断を行うことが通常である（もっとも、近年は、住居用の建物の賃貸借であっても、建物一棟につきサブリースの態様の賃貸借の交渉が事業者と建物の所有者との間で行われることがあるが、この場合には、相当の期間、賃貸借の条件等につき交渉が行われ、賃貸借契約の内容も、より複雑になることが多い）。事業用の建物の賃貸借の場合には、事業の業種、建物の規模、種類、用途等によって賃貸借の内容が大きく異なるし（前記のサブ

リースの態様の賃貸借の場合には、その内容が複雑になるし、大規模なビルの一棟、大部分の賃貸借の交渉が行われることがある）、交渉の内容、期間も異なるものであり、相当長期にわたって賃貸借の交渉が行われることがある。この場合、建物が建築される前から建物の賃貸借の交渉が行われることがあるし、賃貸借の交渉過程において、賃貸借契約の締結の可能性が相当に高まると、建物の構造、仕様等を賃借人の用途に即して決定されたり、建物の改装等が必要になったりして交渉の当事者双方によって様々な準備が行われることがある。このような賃貸借の交渉過程においては、覚書等の中間的な合意が締結されることもあるが、中間的な合意の内容は、交渉の当事者双方の意向、思惑に沿って法的な拘束を受けないような工夫がされることがあるところ、中間的な合意が成立すれば、それだけ賃貸借契約の締結への期待が高まることは否定できない。事業用の建物の賃貸借については、不動産の売買と同様に、特定の賃借希望者との間で交渉が相当期間にわたって行われていると、その間、他の賃借希望者との交渉の機会、取引の機会を失うことになり、賃貸希望者の損失が生じる可能性がある（相当期間の賃料収入を失う可能性がある）。

　他方、土地の賃貸借の場合にも、土地の用途、規模、土地上の建物の建築予定の有無等の事情によって賃貸借の交渉の内容、期間等が相当に異なるものであり、前記の建物の賃貸借の場合と同様な問題が生じることになる。

3　不動産の取引交渉の手法と法的な枠組み

　不動産の売買、賃貸借は、概ね、以上のような交渉を経て各契約の締結が行われるか、途中で頓挫し、各契約の締結に至らないかの道を辿ることになるが、これらの交渉には売主・買主、賃貸人・賃借人、仲介業者のほか、設計・施工業者、法律実務家、コンサルタント等が関与し、それぞれの立場から助言等を行うことがある。

　不動産の取引に関係する業者のうち、仲介業者は、宅地建物取引業者であるのが通常であるが、宅地建物取引業者の仲介業務に関する法律関係については、宅地建物取引業法、民法の委任の規定が適用され、従来から重要事項の説明義務等をめぐる法律問題が生じ、多数の裁判例も公表されてきたところである（本書は、宅地建物取引業者をめぐる法律問題を対象外にしていない）。

　他方、法律実務家については、法律実務の現場において法律実務家が相談を受ける契約をめぐる法律問題の中では、取引交渉、契約交渉に関する問題が相当多数にのぼるし、相談の中では日常的な問題である。法律実務家が相談を受ける内容は、取引交渉・契約交渉の目標・方向の決定、交渉の戦略の策定の段階から、交渉の担当者の段階、契約書の内容の検討の段階まで様々なものがある。これらの取引交渉、契約交渉の段階については、法律実務家の知識、経験、能力によるところがあるが、法律実務家が関与することが適切な段階、分野があるものであり、取引・契約という法律問題であるからといって、法律実務家がすべての段階・分野に関与するに適しているというわけではない。

　取引交渉、契約交渉については、法律実務の現場では交渉の技術とか、交渉の戦略といった問題が話題になることが多いが、いずれも交渉に当たってできるだけ有利な内容を勝ち取り、契約書に反映させることに主な関心が寄せられていたようである。交渉の技術、交渉の戦略といっても、十分な情報、効果的なノウハウの蓄積があるのかは疑わしい。しかし、従来から一部では関心がもたれ、その関心が最近は拡大しつつある分野として、取引交渉、契約交渉をどのように断るか、どのような理由で断るかといった交渉終

結、交渉決裂の問題がある。取引交渉等が成功裡に終了し、契約の締結に至れば、取引交渉等の当事者にとっては当面の目標を達成することになるが、取引交渉等の交渉の大半は、契約の締結に至らないまま終了しているものと推測され、この場合には、交渉の当事者に不満、不利益が生じていることがあるため、紛争の種を残している状態にある。取引交渉、契約交渉は、いったん交渉を開始すると、契約の成否という結果を問わず、交渉の間、双方の認識、判断等の情報を交換するものであり、その情報の内容、情報の出し手の意図、情報の受け手の期待・信頼等の事情によっては、仮に契約の成立が認められない場合であっても、契約の成否とは別の法律問題が生じる可能性を残すことになる。取引交渉、契約交渉は、交渉の本来の見方によると、契約の締結に向けた交渉当事者の諸活動という性質をもつことはいうまでもないが、他の見方によると、交渉における情報をどの範囲で、どのように提供するか、どのように記録するか等という情報の提供、交換の仕方という情報処理に関する諸活動という側面をももつものである。不動産の売買、賃貸借の取引も、このような取引交渉、契約交渉の例外ではない。

　不動産の取引の交渉については、交渉の当事者、担当者が自由に行うことができるのか、何らかの法的な規制を受けるのかは、従来さほど問題になってこなかったといってよいであろう。契約の締結については、契約自由の原則が認められ、誰とどのような内容の契約をどのように契約を締結するか、契約を締結しないかについて自由が認められているところであり、これが社会において重要な自由として尊重されているからである（経済社会においても重要な自由として尊重されている）。

　不動産の取引に関する契約が契約自由の原則によるといっても、その内容は公序良俗（民法90条）、強行規定（同法91条）に違反すると無効とされるし、借地借家法、宅地建物取引業法等の関係する法律による制限を受けることがあるし、消費者を当事者とする契約の場合には、消費者契約法が適用されることがある。これらの法律の規定が適用されるだけでなく、これらの法律に関する裁判例も法律の規定の解釈、適用に重要な影響を与えるから、裁判例による制限にも注意を払うことも重要である。

　契約締結の交渉についても、契約自由の原則が認められることから、自由な交渉の手法が認められるのが原則であり（特に事業者間の契約は、消費者

と事業者との間の契約の場合よりも、契約自由の原則が広く適用されるものである)、契約締結の最終的な判断は、交渉の双方の当事者が自由に判断し、選択することができるのが原則である。契約締結の交渉の結果、契約を締結しても、契約の締結を拒否しても、交渉の当事者が自由に選択することができるわけであるが、その自由は、時代が進むにつれ、いくつかの制限を受けるようになっている。契約締結の交渉に当たって、詐欺、強迫が許されないことは当然であるが(民法96条)、優越的な地位の濫用等の不公正な取引方法は許されないし(独占禁止法19条)、信義誠実の原則(信義則)に違反したり、権利の濫用に当たるような方法も許されない(民法1条2項、3項)。特に近年は、契約締結の交渉過程について信義則による制限を受けることが強調されており、裁判例においては契約締結の準備段階における信義則上の義務の法理、契約締結上の過失責任の法理が、最初はゆっくりと形成され、近年は相当に急速に定着している。これらの法理は、その沿革、歴史は相当に古いものではあるが、近年このような発展が見られるのは、契約締結の交渉等の実情の変化、法理に対する認識の変化があったのであろうか、様々な推測ができるものの、その検証は今後の課題である。

　契約締結の交渉に当たって交渉期間が長くなればなるほど、交渉段階が多くなればなるほど、交渉期間、交渉段階が進行するにつれ、交渉当事者が契約の締結に期待をもつことがあり、交渉が決裂し、契約の締結に至らなかった場合には、この期待の保護が問題になることがある。契約締結の期待は、個々の事案ごとに様々であり、通常生じ得る期待、合理的な期待、相当な期待、準備を行った期待、出費を伴った期待、投資を行った期待等の様々な期待があり、期待の侵害といっても、法的に保護に値する期待であるかどうかは慎重な認定、判断が必要であるところ、近年は、この期待侵害の問題が契約締結上の過失責任、契約締結準備段階過程における信義則上の義務違反等として主張され、損害賠償責任を問う法的な根拠になっているのである。他方、契約締結の交渉が行われ、契約が締結された場合であっても、契約の締結過程(交渉過程)において十分な説明、情報提供がなかったことが説明義務違反、情報提供義務違反、信義則上の義務違反等として主張され、これもまた損害賠償責任を問う根拠とされることがある。これらの契約締結の交渉過程における過失責任、信義則上の義務違反が問われるリスクは、現代社会

における契約締結の交渉に当たって重要なものになっており、不動産の取引においても十分に注意を払うべき事柄になっているのである。

4 債権法改正が裁判例に与える影響と留意点

　現在、民法・債権法の改正問題が審議されているが、平成21年3月31日に公表された民法（債権法）改正検討委員会の提案である「債権法改正の基本方針」には、「交渉当事者の義務」について新設の提案がされている。この提案は、次のような内容であり、今後の動向が注目されているところである（裁判例に与える影響も注目される）。

【3.1.1.09】　（交渉を不当に破棄した者の損害賠償責任）
〈1〉当事者は、契約の交渉を破棄したということのみを理由としては、責任を問われない。
〈2〉前項の規定にもかかわらず、当事者は、信義誠実の原則に反して、契約締結の見込みがないにもかかわらず交渉を継続し、または契約の締結を拒絶したときは、相手方が契約の成立を信頼したことによって被った損害を賠償する責任を負う。

【3.1.1.10】　（交渉当事者の情報提供義務・説明義務）
〈1〉当事者は、契約の交渉に際して、当該契約に関する事項であって、契約を締結するか否かに関し相手方の判断に影響を及ぼすべきものにつき、契約の性質、各当事者の地位、当該交渉における行動、交渉過程でなされた当事者間の取り決めの存在およびその内容等に照らして、信義誠実の原則に従って情報を提供し、説明をしなければならない。
〈2〉〈1〉の義務に違反した者は、相手方がその契約を締結しなければ被らなかったであろう損害を賠償する責任を負う。

【3.1.1.11】　（交渉補助者等の行為と交渉当事者の損害賠償責任）
　当事者は、契約交渉のために使用した被用者その他の補助者、契約交渉を共同して行った者、契約締結についての媒介を委託された者、契約締結についての代理権を有する者など、自らが契約交渉または締結に関与させた者が【3.1.1.09】【3.1.1.10】に掲げられた行為をしたとき、【3.1.1.09】または【3.1.1.10】の規定に従い、相手方に対して、損害賠償の責任を負う。

5　契約締結の交渉における留意事項

　契約締結の交渉は、交渉当事者の双方の地位、契約締結の必要性等の事情によって様々な経過を経るものであるが、この契約内容、契約の成否にはその取引の分野における地位・力関係が重要な影響を与えることはいうまでもない。双方の交渉当事者は、できるだけ自己に有利な内容の契約を締結しようとするが、その取引の分野における地位・力関係が強い者が有利な内容を契約に盛り込むことができる可能性が高い。取引交渉等に当たっては、交渉当事者が事業者であれば、一応対等の立場に立った交渉が行われるということができるとしても、取引交渉等の具体的な事情によっては対等な立場に立っていないことがある。交渉当事者の一方の地位が他方に比べて強く、そのために自己に有利な内容の契約を締結したような場合には、後日、事情によっては不当な取引制限、不公正な取引方法等の主張がされ、公序良俗違反に当たるなどとして契約の全部又は一部が無効とされる可能性がある。取引交渉等に当たって、交渉当事者ができるだけ自己に有利な内容の契約を締結しようとする姿勢をもつことは当然であるが、不当に有利な内容を契約に定めた場合には、有利な内容、交渉の経過、双方の地位等の事情によって契約が無効とされる可能性があることによって、この範囲で制限を受けるものである。

　契約締結の交渉に当たっては契約の全部又は一部が無効とされる可能性をできるだけ排除することが望ましいが、無効とされる範囲を交渉時に予測することは相当に困難であり、交渉の担当者が当事者の利益を図る姿勢が強い等の事情があるため、とかく力関係が強い交渉当事者が一方的に有利な内容の契約を締結しがちである。もっとも、契約の締結交渉時、締結時には有利な内容を定めたと考えていたとしても、その後の事情の変化によって、有利な内容の契約が拘束、不利な内容の契約になる可能性もある。契約の内容が一方的に有利な内容になると、後日、契約の効力が争われる可能性もより高まってくる。契約締結の交渉は、交渉当事者、担当者の交渉に臨む戦略、思惑、認識、性格、交渉の場のやり取り、意思決定の過程・手続、交渉の目標等の様々な事情が絡み合って進行し、判断されるものであって、当初の予

定、目標を立て、安易な妥協をしないとの態度を示しながらも、柔軟な姿勢をもって交渉を行うことが重要であるが、交渉の経過は後日の紛争に当たって重要な事情として考慮されるから、交渉の経過をできるだけ明確に記録に残すこともまた重要である。なお、交渉の相手方が消費者である場合には、不動産の取引が高額な取引であること、取引の内容が単純ではないこと等の事情から、事業者である交渉の当事者は相手方の利益に相当に配慮するとともに、取引の内容等につき十分かつ正確な情報を提供することが必要である。

　また、契約締結の交渉に当たっては、交渉の当事者、担当者が相互に様々な書面を作成し、交付することがある。近年は、書面といっても、インターネット上の電子メールを利用した交渉が行われることも多い。契約締結の交渉において各種の書面（電子メールを含む）を使用することは、交渉の当事者の提案内容、相手方の提案に対する意見・意向を明らかにするという重要な機能をもつものであるが、他方、書面に正確でない内容、文言、あいまいな内容、文言が使用されると、その書面は、その交渉の状況、文脈が無視され、後日、契約が成立しなかった場合だけでなく、契約の成立した場合であっても、不利な証拠として利用される可能性がある。書面を作成し、交渉の相手方に交付する場合には、その内容、文言を十分に検討することが必要である。特に電子メールを使用して取引交渉等が行われている場合には、相当にくだけた内容、文言の書面が取り交わされることが多いようであるから、十分な注意が必要である。

　交渉の当事者、担当者によって取り交わされる書面であっても、当事者等の間で署名押印、記名押印がされる書面が作成される場合には、当事者にとってはさらに慎重な検討、判断が必要である。契約締結の交渉に当たって確認書、覚書、協定書、基本合意書、証明書等の名目の書面が作成され、交渉のための一定の意思、条件、内容を記載し、交渉をさらに進行させることが予定されることになるが、このような書面は、契約が成立しなかった場合にも、契約が成立した場合にも、後日に交渉をめぐる重要な証拠として利用されることになる。特に契約が成立しなかった場合には、これらの書面に記載された合意違反が主張され、交渉の当事者が他方の当事者に対して損害賠償を請求するような事態に発展する可能性がある。前記の確認書、覚書等のよ

うな書面を作成する場合には、その後の交渉によって契約が成立しない場合をも想定してその書面作成の経緯、内容、文言を定めることが多く、書面上、交渉の当事者が何らの法的な義務を負わないとか、書面による合意違反による何らの損害賠償責任を負わないといった規定が定められることもある。契約締結の交渉の過程で作成される、これらの書面における損害賠償責任を負わない旨の合意（特約）は、契約締結上の過失責任、あるいは信義則上の義務違反による責任を免責するものであるかが問題になるが、原則として有効であると解することができるものの、事案によってはその特約の効力が否定されたり、あるいは特約が適用されないなどとして実質的にその効力が否定される可能性がある。

6　契約締結の交渉における交渉打ち切りのリスク

　契約締結の交渉が行われると、契約が締結される場合もあれば、契約が締結されない場合もあるが、後者の場合には、契約の交渉当事者にとっては何らの関係もなかったものと認識されることが通常である。契約締結の準備段階における信義則上の義務、あるいは契約締結上の過失の法理は、契約が交渉の結果成立しなかった場合にも適用されるが、これらの義務、責任を広く認めると、契約自由の原則に相反することになるし、契約が成立しなかった交渉の当事者の認識と予測を裏切ることにもなる。契約締結の交渉を行った者にとっては、法的なリスクになる。

　契約締結の交渉に当たっては交渉当事者が駆け引きを行い、契約の内容をできるだけ有利なものにしようと交渉を行うことは、法令にこれを制限する特段の定めがない限り、許されると解することができるのが契約自由の原則に沿った理解である。契約締結の準備段階における信義則上の義務を広く認めようとすると、法令に特段の定めがある場合は別として、契約自由の原則に反することがあるため、信義則と契約自由の原則が衝突する場面が多くなる。このような衝突を適切に判断することができる合理的な法理、判断基準の設定が理論的にも、実務上も重要な課題である。例えば、不当な契約締結の拒否は許されないとか、交渉時に不当な損失を与えることは許されないなどといった議論が提起されることがあるが、このような場合における不当性の意義、判断基準は必ずしも明確ではない。特に事業者間の契約締結の交渉においては、消費者が関係する取引の場合とは異なり、契約自由の原則がより広く妥当するものであるが、信義則と契約自由の原則の衝突はより複雑な様相を呈することになる。この衝突の解決の基準は、法令の定めがある場合は別として、最終的には取引上の通念、取引分野における通念によって判断するほかないが、このこともまた契約締結の交渉における重大なリスクになる。

　契約締結の交渉を進行させ、その内容が具体化し、交渉の当事者、担当者の双方で交渉を進行させるか、あるいは交渉を打ち切るか、模様をみるかなどの選択をすることになる。交渉がまとまる可能性がないか、乏しいような

場合には、早期に交渉を打ち切ることが、不要な紛争を回避するために望ましい。契約締結上の過失、あるいは契約締結準備段階における信義則上の義務違反の各法理、これらを適用した裁判例を概観すると、交渉が一定の段階、準備段階に至った場合には、交渉の当事者が相手方に対して説明義務、損失回避のための措置義務、誤解解消義務等の義務を負うとされることがあるが、交渉の過程は、交渉の現場にいると、そのような法的な義務を負うという明確な段階を認識することが困難であることが多い。契約実務において従来の裁判例を参考にするといっても、また契約締結上の過失等の法理が採用されているといっても、裁判例ごとにその判断基準が異なるだけでなく、実際にその判断基準を適用する個別の判断に至っては相当に異なる判断がされているものであって、どの裁判例をどの程度参考にするかに当たっては判断が困難である。契約締結の交渉を開始した後、交渉を継続するか、交渉を打ち切るかを検討し、判断する場合、交渉の継続に伴う法的なリスクも考慮に入れて判断することが必要であるが、交渉を継続し、交渉期間が長引けば長引くほど、交渉の当事者が契約の成立を期待する度合いが高まることになる。このような期待が法的に保護されると解される可能性も高まることになるが、実際、期待がどのような程度であり、どのような内容であれば、法的な保護に値すると判断されるのかは、従来の裁判例を概観しても明確になっていない。

　契約締結の交渉においては、契約締結のメリット・デメリットのみならず、相手方の意向、思惑等を推測しながら、交渉を進めることになるが、契約締結の期待もそのような推測によって形成されることが少なくない。契約締結の期待といっても、推測による期待、一方的な期待まで法的に保護されるべきであるかは相当に疑問である。もっとも、契約締結の交渉が相当期間継続する場合には、このような推測による期待、一方的な期待であっても、期待を裏切ったと主張し、契約締結上の過失に基づき損害賠償を請求する訴訟が提起される法的なリスクが生じるから、契約実務においては、様々な内容の裁判例を踏まえつつ、このような法的なリスクを解消する方法を検討し、実施することが重要な課題である。

7　契約締結の交渉における情報管理

　契約締結の交渉を行う場合、交渉の当事者双方は様々な思惑、意向、目的、動機、計画、見込み等を抱いて交渉に臨むものであり、この思惑等は交渉の進行につれ変化することがある。取引交渉等における当事者の思惑等は、それぞれの当事者の内部で認識され、理解されており、内部において守秘されているのが通常であるが、交渉の相手方に伝えられたり、内容によっては契約締結の経緯として契約書上に記載されたり、事情によっては守秘していた思惑等が交渉の相手方に漏れたりすることがある。契約締結の交渉等の思惑等は、交渉の当事者の交渉によって達成しようとする取引の内容、交渉の時期、契約締結の意思の強度、交渉の作戦を明らかにし、あるいは推測させるものであるため、交渉の相手方にとっては交渉に臨む自分の側の交渉姿勢、作戦を立てるのに参考になることが少なくないが、思惑等の内容によっては、交渉がまとまらず、契約締結上の過失責任が問われる可能性が生じた場合には、思惑等が契約締結過程における信義則上の義務を発生させ、さらに義務違反を肯定する事情として考慮される可能性がある。

　契約締結の交渉において交渉の当事者が様々な思惑等を抱きながら交渉に臨むことは当然であるが、思惑等が交渉の相手方の立場、利益に対する配慮を欠くようなものであることは少なくない（交渉の当事者としては、自分の側の立場、利益への配慮を優先することが通常である）。このような場合、思惑等が交渉の相手方の利益の侵害に対する故意と解されることがあり得るが、この認識があるからといって契約締結上の過失責任があると即断することは合理的でも、相当でもない。契約締結の交渉において交渉の当事者が自己の利益の獲得を優先して交渉に臨むことは当然であり、取引通念上許された交渉の姿勢であるから、この交渉姿勢の結果、交渉の相手方の利益が損なわれる可能性があるからといってその取引交渉等が違法なものと解すべきではない。交渉の相手方は、自ら自分の側の利益を獲得し、あるいは利益を維持すべく交渉に臨むものであり、自分の利益は自分で守るべきであって、交渉が打ち切られる可能性も考慮しつつ交渉を進行させるべきである。もっとも、交渉の当事者が抱く思惑等には交渉の相手方の利益を積極的に害する意

図が認められる場合があるが、このような害意は、契約締結上の過失責任を肯定する事情として考慮されることがある。

第1章　不動産取引の交渉と法理

8　契約締結の交渉段階における法理の実像

　契約締結の交渉が途中で頓挫したり、契約締結の交渉段階における信義則上の義務違反が問われたりした場合、これまで説明したような契約締結上の過失責任、あるいは契約締結の準備段階における信義則上の義務違反等が問われることがあるが、これらに関係する裁判例を分析し、検討していると、交渉のいつの段階、どの段階において交渉の相手方に対して信義則上の義務（義務の内容は、事案によって異なるだけでなく、信義則上どのような内容の義務を認めることが合理的で相当であるか等の議論がある）を負うのかが極めて重要な問題になるところ、分かりにくいのが実情である。これらの法理に基づき交渉の当事者が損害賠償責任を負わせられるものであるが、損害賠償責任を負わせられる根拠となる信義則上の義務の内容だけでなく、義務の発生時期、義務違反の判断基準が抽象的であるため、実際に契約締結の交渉をしている場面では義務違反の有無等の予測が極めて困難であるという重大な問題を抱えることになる。

　従来の裁判例を検討しても、抽象的な基準としては、裁判例によって「契約締結の準備段階」、「契約準備段階」、「契約準備の段階」、「契約の締結準備段階」、「契約の締結及びその履行と不可分一体の関係に立つ準備段階」、「契約締結に至る準備段階」、「契約締結に向けてのかなり緊密な準備段階」、「契約締結の交渉行為が進んで交渉当事者間に一定の信頼関係が生ずるような段階」の基準が設定され、その基準がまちまちであるだけでなく、その意義も不明確である。不動産業者が契約締結の交渉を行う場合、様々な手段を用いて広告宣伝を行い、取引の打診を受けたときは、契約締結の希望者に関する信用等の属性を調査し、希望者の希望の内容を打診する等し、交渉を開始するかを判断し、交渉を開始し、交渉の内容が具体化するといった経過をとることがあるが、これらの過程のどの段階が裁判例の設定する前記の各基準時、基準段階に当たるかは明確ではない。

　信義則上の義務を負うとか、契約締結上の責任の前提となる契約の準備段階について、より明確で具体的な時点としては、例えば、裁判例の中には、契約が遠からず締結されるであろうとの強い期待を抱くに至った場合、契約

締結の準備が進捗し、相手方において契約の成立が確実なものと期待するに至った場合、契約が成立するとの信頼を抱かせた場合といった基準を提示するものもあり、これらの基準時、基準段階は、前記のものよりも具体的で、合理的なものであるということができるが、これらの裁判例が契約締結の期待、契約成立の信頼を交渉の当事者の単に主観的な認識をいうものであるとすれば、曖昧で不合理な基準である。契約締結の期待、あるいは契約成立の信頼は、交渉の当事者双方の交渉の内容、言動、見込みによって形成されるものであり、交渉の当事者が一方的、主観的に認識しただけで信義則上の義務の要件、あるいは契約締結上の責任の前提となる要件を満たすということは、契約交渉の自由を著しく阻害し、契約交渉の当事者の予測を著しく不安定にするものであって、不合理である。契約締結の期待、契約成立の信頼は、交渉の当事者双方の交渉の内容、言動、契約締結に至る見込み等の事情に照らして、客観的に契約締結の相当程度の蓋然性が認められる場合における期待、信頼に限定するのが合理的であり、妥当である。このような段階に至った期待、信頼をどのように呼ぶかは、一つの課題であるが、合理的な期待、信頼と呼ぶことも一つの見解である。

9　交渉打ち切りのリスクの回避

　契約締結の交渉を行い、その交渉が一定の段階に至ると、交渉の当事者の一方が交渉を一方的に中止し、あるいは契約の締結を拒否することは、法的には極めてリスクの高い判断と選択になる。
　交渉を打ち切ろうとする場合には、これらの法的なリスクをあえて引き受けるか（この法的なリスクが現実化しない可能性も相当にある）、あるいは交渉を打ち切ることを正当化できる理由によるかの選択肢に分かれる。後者の場合には、交渉を打ち切る理由は、個々の交渉の内容、経過、双方の事情によって多様であるが、相手方の背信行為、落ち度があるときは、交渉を打ち切ることに問題はない。交渉を打ち切る場合には、交渉の経過において認識した相手方の属性・事情、自己の事情、経済事情・環境の変化、取引の必要性、成立させるべき取引の内容等によって影響を受けるが、これらの諸事情がどのような理由として構成すれば、交渉の打ち切りを正当化できるのかが問題になる。交渉の打ち切りを正当化できる理由があれば、契約締結上の過失責任を負わないということができる。
　従来の裁判例を概観すると、交渉の打ち切り、契約の締結拒否につき正当な理由、正当な事由、あるいは合理的な理由、正当視できる特段の事情等が必要であるとする裁判例が見られるが、厳格さの程度の差はあるものの、いずれの理由も相当に厳格な理由である。契約締結の交渉が相当煮詰まり、交渉の当事者が契約の締結に合理的な期待を抱き、契約の締結に向けて相当な準備をする段階に至ったとしても、交渉の進行状況、進行段階がまちまちであるし、その交渉中の契約の種類・内容、期待の内容・程度、準備の内容は多様であるから、契約の締結拒否等につき一律に正当な理由とか、正当な事由等の厳格な理由が必要であると解するのは、説得的な根拠がないだけでなく、契約自由の原則を不当に制限するものとして行き過ぎである。また、仮に契約締結の拒否につき正当な理由、合理的な理由が必要であるとの見解に立ったとしても、実際に個々の事案につきこれらの理由に該当するかどうかの判断も、裁判例ごとにまちまちであり、法的な安定性、予測可能性が損なわれている。

交渉の進行状況・段階、中間的な合意の有無・内容、交渉中の契約の種類・内容、期待の内容・程度、準備の内容等の事情を考慮し、一律に厳格な理由を求めるのではなく、交渉の進行に応じてより妥当な理由を段階的に求めることが相当である。

　契約締結の交渉を開始し、継続する場合には、様々な段階で交渉の継続・中止、交渉の方向、目標とする取引の内容等を確認しながら検討し、判断することになる。交渉の当事者、担当者は、それぞれの側の事情を認識し、予測するほか、相手方の側の事情をも推測し、予測することが重要であるが、認識し、推測し、予測しても、大きな限界がある。取引交渉等においては、しばしば予想外、認識外、推測外の出来事が生じ、情報が入ることは珍しいことではなく、このような事態にどのように対応するかは、契約の締結の判断だけでなく、契約の締結後、あるいは交渉の打ち切り後に重要な影響を与える。

　予想外の出来事等は、自己の側に都合がよいか、有利なもの、自己の側に都合が悪いか、不利なもの、相手方の側に都合がよいか、有利なものなど様々なものがあるが、これらの事情を軽視し交渉を続けることが妥当であるか、逆に交渉を打ち切ることが妥当であるか、また、これらの事情を重視し、交渉を続けることが妥当であるか、逆に交渉を打ち切ることが妥当であるか、さらに、暫くの間様子見をするか、などの検討、選択が可能であるが、悩ましい判断を迫られることがある。しかも、このような検討、判断は、将来の予想を含む判断であるだけに、一層その判断が困難である。契約締結の交渉を行い、契約を締結しても、契約の締結を拒否しても、交渉の相手方との間で紛争が発生するのは将来であり、紛争の発生、発展には、将来における交渉の相手方の事情、思惑、経済事情の変化等の諸事情が影響するものであるため、交渉の継続・打ち切りを判断する時点では、これらの諸事情を的確に予想し、判断することは困難である。契約締結の交渉の継続・打ち切りの検討、判断が必要になる場合には、その時点において認識した事情を考慮して検討し、判断することが少なくないが、適切な検討、判断とはいえない。契約締結の交渉の継続・打ち切りは、交渉に伴う法的なリスクの観点からみると、将来にわたる影響をもつ判断であるから（予測的な判断の側面をもつということができる）、将来において生じると予想される諸事情を

第1章　不動産取引の交渉と法理

も考慮して判断することが重要である。

10 　契約締結後のリスク

　契約締結の交渉に当たっては、交渉の当事者の地位、属性、立場が契約の成否、内容の重要な意義を有することはいうまでもないが、契約が成立したとしても、安心をすることはできない。

　交渉の対象であった契約が成立し、契約の内容が履行される段階において、当事者の一方が心変わりして契約の内容に不満を抱いたり、契約の内容が様々な意味で不利なものであると認識したり、契約の内容を履行することが困難になったりすると、そもそも契約の交渉過程に相手方の当事者に騙されたり、誤魔化されたりしていたのではないかと疑い始めることがある。このような事態に不満を抱いた当事者に有力な法的な手段・方法、あるいは法的な武器を提供するのが説明義務、情報提供義務、契約締結上の過失責任である。これらの説明義務等の法理は、前記の交渉の当事者の地位、属性、立場が重要な事情として考慮されることになる。

　当事者間の交渉がまとまり、契約書の条項も固まり、当事者が契約を締結すれば、契約の内容が履行されるかどうかが問題になるのが通常であるが、契約の内容、履行状況に関する不満が契約の交渉段階に遡ると、説明義務、情報提供義務、契約締結上の過失責任をめぐる紛争を誘発することになる。例えば、契約の交渉段階において当事者の一方の説明が十分でなくても、他方の当事者が契約の履行によって満足することができたような場合には、説明義務違反等が主張されることはないであろう。逆に、例えば、当事者の一方の説明が十分であったとしても、他方の当事者が契約の履行によって不利益を被り、損失を被り、あるいは不満を抱いたりしたような場合には、説明義務違反等が主張されるおそれがあろう。説明義務、情報提供義務、契約締結上の過失責任は、説明をどの程度行えば十分であり、適切であるかとか、交渉のどの段階に至れば信義則上の義務違反が認められることになるのか、義務違反にならない明確な基準があるのかといった質問、疑問が実務上出されることがあるが、説明義務違反等の主張を確実に遮断することは極めて困難であるといわざるを得ない。説明義務違反、信義則上の義務違反が認められない程度にするためには、交渉の相手方の地位、属性、立場を考慮し、相

手方に対する説明、配慮に心がけることが重要であるが、これだけ説明すれば説明義務違反、あるいはこれだけ配慮すれば信義則上の義務違反が確実に認められないということは困難である。しかも、契約締結上の過失責任の分野だけに限定して裁判例を概観しただけでも、裁判例ごとにまちまちな判断が示されるという訴訟実務の現実を直視すれば、常に慎重な説明等に心がけることが、不要なトラブル回避のために重要であるということができる。

11　訴訟のリスク

　契約締結の交渉が一定の段階に入ると、交渉の当事者、関係者が信義則上の義務を負い、契約締結を拒否した場合、特段の理由がない限り、契約締結上の過失責任（契約の準備段階における信義則上の義務違反による責任）を負うことがあるというのが、本書で紹介しているこの法理の基本的な内容である。この法理は、理論的に信義則上の義務を負うに至る交渉の段階が不明確であること、信義則上の義務の内容が不明確であるか、抽象的であること、契約締結の拒否を正当化する理由が不明確であるか、厳格すぎること（契約締結の拒否を正当化するための理由につき正当な理由、やむを得ない理由などの厳格な理由を要求する裁判例が多い）という問題点を指摘することができる（この法理は、見方を変えると、契約締結を希望していたのに、その締結が拒否された者にとっては、一般の不法行為、債務不履行等の他の法理と比べて、利用しやすいものである）。

　また、これに加えて、この法理は、実際の運用上も前記の各要件が抽象的であること等の事情から裁判官の認定、判断が不当に逸脱したものになるおそれが高い。現に本書で紹介する裁判例を概観する限りでも、個々の裁判例ごとに認定、判断は相当にまちまちなものになっている。

　契約締結上の過失責任は、昭和年代、平成年代の初期には、この法理が認められるか、認められるとしてもどのような要件の下に認められるかが比較的慎重に検討されてきたものであるが（この法理を主張する者にとっては、自己の請求を根拠づける最後の主張、認められれば儲けものの主張といった印象がもたれていたことは否定できない）、現在は、訴訟実務において契約の締結交渉の当事者、関係者にとっては一般的に利用される可能性のある法理として形成され、その要件も拡大傾向にあるという様変わりである。しかも、裁判例による認定、判断も緩和傾向にある。

　契約締結上の過失責任、あるいはこの責任と実質的に同様な機能をもつ責任として利用されている契約準備段階における信義則上の義務違反の責任については様々な問題があり、契約締結上の過失責任等の要件、その解釈、該当性の判断等をめぐる問題がなお少なくない。特に損害賠償の範囲（信頼利

益に限定されるか、因果関係の範囲はどの範囲か）等の基本的な問題も裁判例によって相当に違いが見られる。裁判例による特定の法理の解釈、適用については、契約締結上の過失責任をめぐる裁判例については、個々の事案の内容を考慮しても、解釈の広狭、適用の不明確さは相当にある。一般的には、特定の法理は、その形成の過程の当初は相当に慎重であり、裁判例において賢明な配慮がされることが多いが、いったんその法理が使い勝手がよいと分かると（誰にとって使い勝手がよいのかが問題である）、当初の慎重さ、賢明さが後退するか、乏しくなり（形成された法理の誕生の経緯、趣旨が忘れられがちになる）、法理の要件の解釈が拡張され、要件の該当性の判断も緩和され、適用の範囲も拡大する傾向が見られる。この傾向がさらに進むと、形成された法理の安易な適用事例が見られるようになるが、法理の信頼性が低下する傾向が見られることにもなる。契約締結上の過失責任の法理も、裁判例に見られるこの一般的な傾向の例外ではない。

契約締結上の過失責任の法理は、利用しやすい法理として近年急速に利用されることが多くなり、多数の裁判例を積み重ねているが、裁判例を概観する限り、契約締結の交渉の現場に身を置く者にとっては、相当にやっかいな法理になっている。このことは契約締結の交渉をめぐる紛争が発生し、訴訟に発展した場合、訴訟が重大なリスクになることを示している。

第 2 章

売買契約の成否をめぐる裁判例

1　契約の成立の基本構造

　締結した当事者に契約の法的な拘束力が認められるのは、当事者の意思に基づき契約が締結されているからである。契約交渉は、利害の対立する交渉当事者が、特定の相手方との間に、相手方の特定の内容の意思表示と合致させようとする交渉であり、契約の成立は、この意思表示が合致することである（特定の相手方の意思表示を合致させることを主観的な合致、特定の内容の意思表示を合致させることを客観的な合致と呼ばれることがある）。契約締結の交渉の過程は、事業者間の契約、事業者と消費者との間の契約によって異なるし、契約の種類、内容によっても異なるが、法律上、契約の有効要件として書面によることが求められている場合を除き（例えば、民法446条2項）、書面にならなくても、双方の当事者の意思表示が合致すれば、契約は成立する（なお、消費貸借契約、使用貸借契約、寄託契約のような要物契約の場合には、意思表示の合致のほか、物の引渡しが必要である。民法587条、593条、657条）。

　契約締結の交渉の過程は、前記のとおり、多様であるが、例えば、事業者の宣伝・広告、申込みの勧誘、申込み、相手方の信用の調査、変更の申出、対案の申出、当事者内部における検討・判断、中間的な確認、関係書面の作成・交付、中間的な合意、契約締結の判断、契約締結の準備、契約日の設定、契約書の調印等の過程を経ることがある。不動産の売買契約においてもこのような交渉過程を経ることがあるし、不動産の売買契約の場合には、不動産仲介業者が仲介して関与し、不動産の現状調査、説明がされることがあり、より慎重で複雑な過程を経ることが多い。また、不動産の売買交渉においては、売主希望者が受渡証明書を交付したり、買主希望者が買付証明書を交付したり、覚書、仮契約書が作成されたりすることがある。また、最近は、不動産の売買交渉が交渉の担当者によってファックス、Eメールといった手段によって行われることが少なくないため、交渉の経過が書面化されていることがある。

　契約の成立の要件は、前記のとおりであるが、交渉の当事者が書面を作成し、相手方に交付するに至った場合には、後日、交渉をめぐる紛争が発生す

ると、契約の成立が主張されることがあるため、書面の作成、交付にはこのようなリスクを伴うことになる。

　不動産に関する契約の成否は、後に紹介する不動産の売買交渉をめぐる裁判例、賃貸借交渉をめぐる裁判例において、契約締結上の過失責任等とともに主張されることがあり、このような事案については、契約締結上の過失責任等をめぐる裁判例の中で紹介するが、ここでは、まず、不動産の売買契約の成否自体が問題になった裁判例を紹介したい。

[1] 奈良地葛城支部判昭和60.12.26判夕599.35
≪事案の概要≫
　不動産業を営むY株式会社は、造成分譲するために土地を購入し、開発行為の許可を受けたものの、費用が予想を上回ったため、本件土地を売却しようとし、買受人を探していたところ、不動産業を営むX株式会社が問い合わせ、買付証明書を交付し、売買条件につき交渉が行われたが、銀行への融資申入れ、売買の手順等を内容とする合意が成立し、Yが売渡承諾書を交付する等したことから、Xは、主位的に売買契約の成立を主張し、本件土地につき所有権移転登記手続、予備的にYの不誠実な行為があり、債務不履行があると主張し、損害賠償を請求したのに対し、Yが反訴として他社との売買交渉を妨害した等と主張し、不法行為に基づき損害賠償を請求した。この判決は、買付証明書の交付、売渡承諾書の交付によって売買契約が成立したとはいえない等とし、Xの本訴請求を棄却し、Xの不法行為を認め、Yの反訴請求を認容した。
≪判旨≫
「二　請求原因2㈠について
　前記第一の認定事実によると、本件売渡承諾書は未だ売買代金額が確定していないうえ、有効期限が付してあつて、被告が原告に対し、右有効期限内に右条件について合意が成立すれば、本件土地等の売買契約を締結する意思のあることを示す、道義的な拘束力をもつ文書にすぎず、本件売渡承諾書の交付により、原、被告間に本件土地を含む本件係争地につき未だ売買契約が成立するに至らなかつたことがあきらかであるというべきであるから右請求原因事実は認めることができない。」
≪実務上の留意点≫
　この判決は、売買交渉において買付証明書、売渡承諾書が作成、交付され、

売買契約の成立が主張された事案について、売渡承諾書において売買代金が確定していないことから道義的な拘束力をもつ文書にすぎないとし、売買契約の成立を否定したものであり、この意味の事例判断を提供するものである。この判決は、売渡証明書、買付証明書の交付だけでは売買契約の成立を認めることができないとしたものであり、常識的な判断を示したものである。

[2] 東京地判昭和63.2.29判タ675.174
≪事案の概要≫
　Xは、土地を所有していたところ、Y株式会社と土地の売買につき交渉し、Yが買付証明書を交付し、Xが売渡承諾書を交付し、内部の稟議を経て強く購入を希望し、購入資金につき銀行の融資が実行されず、売渡承諾書の内容の延長を希望したこと等から、Xが売買契約の成立を主張し、違約金の支払を請求した。この判決は、買付証明書と売渡承諾書が交付されたとしても、未調整の条件につき交渉が継続され、その後に正式な売買契約書を作成することが予定されているとし、売買契約の成立を否定し、請求を棄却した。
≪判旨≫
「2　ところで、売買契約が成立するためには、当事者双方が売買契約の成立目的としてなした確定的な意思表示が合致することが必要であるが、前掲証人山田の証言及び弁論の全趣旨によれば、不動産売買、とりわけ本件のように高額な不動産売買の交渉過程においては、当事者間で多数回の交渉が積み重ねられ、その間に代金額等の基本条件を中心に細目にわたる様々な条件が次第に煮詰められ、売買の基本条件の概略について合意に達した段階で、確認のために当事者双方がそれぞれ買付証明書と売渡承諾書を作成して取り交わしたうえ、更に交渉を重ね、細目にわたる具体的な条件総てについて合意に達したところで最終的に正式な売買契約書の作成に至るのが通例であることが認められるから、こうした不動産売買の交渉過程において、当事者双方が売買の目的物及び代金等の基本条件の概略について合意に達した段階で当事者双方がその内容を買付証明書及び売渡承諾書として書面化し、それらを取り交わしたとしても、なお未調整の条件についての交渉を継続し、その後に正式な売買契約書を作成することが予定されている限り、通常、右売買契約書の作成に至るまでは、今なお当事者双方の確定的な意思表示が留保されており、売買契約は成立するに至っていないと解すべきである。

　これを本件についてみると、前示のとおり、原告と被告は、昭和61年2月10

日ころから本件土地建物の売買の本格的な交渉を始め、同月26日ころまでに代金総額、取引形態、支払方法、所有権移転時期、引渡時期、質権設定、違約金等に関する事項の概略について合意に達し、その内容を明らかにすべくそれぞれ前記買付証明書及び売買承諾書を作成したが、この時点では、代金の内金の支払時期、所有権移転時期及び質権設定時がいずれも「売買契約締結時」と合意され、また、右各書面に「契約内容については別途協議して定める。」と明確に記載されているとおり、その余の売買条件の細目については未だ合意に達しておらず、正式な売買契約書の作成に至るまで原・被告間で未調整の事項について更に交渉を継続していくことが予定されており、その後、現実に原・被告間において交渉が継続され、売買契約締結時を同年3月10日とし、右同日正式な売買契約書を作成することが現実に合意されながら、右契約書の作成に至つていないのであるから、結局、原告と被告との間で本件土地建物の売買契約に不可欠な確定的な意思表示がなされたものとは認められず、本件において原告主張の本件売買契約の成立を認めることはできない。原告は、前記買付証明書及び売渡承諾書の各発行により、原・被告間に本件売買契約が成立した旨主張するが、右各書面の発行時における原・被告の意思表示は、その後の交渉経過を踏まえて後日行われる正式な契約書の作成を予定した上でなされたものであつて、これをもつて売買契約の成立に必要な確定的な意思表示と評価しえないことは前示のとおりであり、原告の主張は理由がない。」

≪実務上の留意点≫

　この判決は、売買交渉において買付証明書、売渡承諾書が作成、交付され、売買契約の成立が主張された事案について、売買契約の成立のためには、当事者双方が売買契約の成立目的としてなした確定的な意思表示が合致することが必要であるとしたこと、不動産売買の交渉過程において、当事者双方が売買の目的物及び代金等の基本条件の概略について合意に達した段階で当事者双方がその内容を買付証明書及び売渡承諾書として書面化し、それらを取り交わしたとしても、なお未調整の条件についての交渉を継続し、その後に正式な売買契約書を作成することが予定されている限り、通常、売買契約書の作成に至るまでは、当事者双方の確定的な意思表示が留保されており、売買契約は成立するに至っていないとしたこと、この事案につき売買契約の成立を否定したことを判示している。この判決は、不動産の売買契約の成立の要件、買付証明書、売渡承諾書（売渡証明書）の交付と売買契約の成立との関係につき理論的な意義を明らかにするとともに、買付証明書、売渡承諾書が交付された場合における

売買契約の成立を否定した事例として参考になる。この判決は、売買契約書の作成が予定されていた段階について売買契約の成立を否定したものであり、常識的な判断を示している。

[3] 大阪高判平成2.4.26判時1383.131
≪事案の概要≫

不動産業を営むX株式会社は、不動産業を営むA株式会社の従業員からB株式会社の所有する不動産の購入を勧められたが、他に転売するまでいったん買い受けておいてほしいなどと勧誘され、Y株式会社の作成したB宛の買付証明書を呈示される等し、交渉し、さらにX宛の買付証明書が作成され、Aの従業員がこれをXに交付し、Xがこれに対して売渡承諾書を送付する等したことから、Xが売買契約の成立を主張し、Yに対して債務不履行に基づき損害賠償を請求した。第一審判決が請求を棄却したため、Xが控訴し、予備的に不法行為に基づく損害賠償請求を追加した。この判決は、本件では買付証明書の内容が虚偽であり、Xもそれを知りながら交付を受けたものであり、買付証明書の発行と損害との相当因果関係がない等とし、売買契約の成立を否定し、控訴を棄却し、追加的請求を棄却した。

≪判旨≫

「三 右認定の事実によれば、被控訴人は、控訴人宛に甲第一号証の本件買付証明書を発行したものというべきである。ところで、〈証拠略〉によれば、(1)いわゆる買付証明書は、不動産の買主と売主とが全く会わず、不動産売買について何らの交渉もしないで発行されることもあること、(2)したがって、一般に、不動産を一定の条件で買い受ける旨記載した買付証明書は、これにより、当該不動産を右買付証明書に記載の条件で確定的に買い受ける旨の申込みの意思表示をしたものではなく、単に、当該不動産を将来買い受ける希望がある旨を表示するものにすぎないこと、(3)そして、買付証明書が発行されている場合でも、現実には、その後、買付証明書を発行した者と不動産の売主とが具体的に売買の交渉をし、売買についての合意が成立して、はじめて売買契約が成立するものであって、不動産の売主が買付証書を発行した者に対して、不動産売渡の承諾を一方的にすることによって、直ちに売買契約が成立するものではないこと、(4)このことは、不動産取引業界では、一般的に知られ、かつ、了解されていること、以上の事実が認められ（る。）

（中略）

のみならず、甲第一号証の本件買付証明書により、外形的に、被控訴人が本件不動産のうちの土地を買い受ける申込みの意思表示をしたものであると解したとしても、前記認定のとおり、本件買付証明書は、被控訴人において、真実本件不動産のうちの土地を買い受ける意思がなかったのに、大友から、単に、控訴人が銀行融資を受ける資料にするための必要があるからといわれて、発行をしたもので、その内容が虚偽のものであり、控訴人においても、被控訴人が真実本件不動産のうちの土地を買い受ける意思のないのに本件買付証明書を発行したものであることを知りながら、これを手に入れたものであるから、控訴人が前記の如く、本件不動産につき、被控訴人宛に売渡承諾書を送付したとしても、これにより、本件不動産について、控訴人と被控訴人との間に、有効に売買契約が成立するものではないというべきである。

 したがって、被控訴人が甲第一号証の本件買付証明書を発行し、これに対し、その後控訴人がその主張の売渡承諾書を被控訴人に送付したことにより、被控訴人と控訴人との間において、本件不動産の売買契約が有効に成立するものではないというべきである。」

≪実務上の留意点≫

 この判決は、売買交渉において買付証明書、売渡承諾書が作成、交付され、売買契約の成立が主張された事案について、不動産を一定の条件で買い受ける旨記載した買付証明書は、当該不動産を買付証明書に記載の条件で確定的に買い受ける旨の申込みの意思表示をしたものではなく、単に当該不動産を将来買い受ける希望がある旨を表示するものにすぎないとしたこと、買付証明書が発行されている場合でも、買付証明書を発行した者と不動産の売主とが具体的に売買の交渉をし、売買についての合意が成立して始めて売買契約が成立するものであるとしたこと、不動産の売主が買付証明書を発行した者に対して、不動産売渡の承諾を一方的にすることによって、直ちに売買契約が成立するものではないことを指摘し、この事案につき売買契約の成立を否定したものであり、この意味の事例判断として参考になる。この判決は、買付証明書、売渡証明書の意義を明らかにし、常識的な判断を示したものである。

[4] 東京地判平成2.12.26金融・商事判例888.22
≪事案の概要≫

 X株式会社は、国土利用計画法所定の監視区域に所在する土地、建物を所有していたところ、Y株式会社に売却することとし、双方が仲介業者を介して売

買条件等につき交渉を行い、Yが買付証明書を交付し、これに対してXが売却証明書を交付し、国土利用計画法所定の届出をし、A区長が不勧告の通知をしたものの、売買契約書の作成が拒否されたため、Xが売買契約の成立、解除を主張し、Yに対して損害賠償を請求した。この判決は、買付証明書、売却証明書が作成、交付されていても、契約内容の細目につき協議の余地を残しており、売買契約書を作成することが予定されていたときは、買付証明書等の条件による売買の単なる意向の表明であるか、又はその時点における交渉の結果を確認的に書面化したにすぎないとし、売買契約の成立を否定し、請求を棄却した。

≪判旨≫

「三、以上のような事実関係に照らして、先ず、本件不動産の売買契約の成否について検討すると、原告と被告は、買付証明書及び売却証明書を授受した昭和63年8月25日頃までに、本件不動産の主要な売買条件について概ね合意に達してはいたものの、細目についてはなお協議の余地を残し、これについては国土利用計画法24条1項又は3項の規定に基づく墨田区長の勧告又は不勧告の通知を受けた後に協議を尽くして、後日これに基づいて売買契約書を作成することを当初から予定していたものであること、もともと、買付証明書又は売却（売渡）証明（承諾）書は、不動産取引業者が不動産取引に介在する場合において、仲介の受託者たる不動産取引業者の交渉を円滑に進めるため、委託者又は相手方が買付若しくは売渡しの意向を有することを明らかにする趣旨で作成されるのが通例であって、一般的にはそれが売買の申込又は承諾の確定的な意思表示であるとは考えられていないこと（甲第三号証によれば、原告が作成して被告に交付した前記の売却証明書には、「本証の有効期限は昭和63年10月31日までとする。」との記載があることを認めることができ、それが右にみたような通常の例に漏れないものであることを窺わせる。）、さらに、本件土地は、国土利用計画法27条の2の規定にいわゆる監視区域に所在し、その売買等については同法23条1項の規定に基づく墨田区長に対する届出を必要とするものであって、右の届出をしないで本件土地の売買契約を締結し又はその予約をした者に対しては同法47条1号の定める罰則の適用があるものであることなどに照らすと、本件不動産の売買条件等をめぐる原、被告間の口頭によるやりとりや前記の買付証明書及び売却証明書の授受は、当時における原告又は被告の当該条件による売渡し又は買付の単なる意向の表明であるか、その時点の当事者間における交渉の一応の結果を確認的に書面化したものに過ぎないものと解する

のが相当であって、これを本件不動産の売買契約の確定的な申込又は承諾の意思表示であるとすることはできないものというべきであるし、前項に認定した事実関係をもっては未だ原、被告間において本件不動産の売買契約の成約をみたことを認めるには足りず、他にはこれを認めるに足りる証拠はない。」

≪実務上の留意点≫

この判決は、売買交渉において買付証明書、売却証明書が作成、交付され、売買契約の成立が主張された事案について、買付証明書及び売却証明書を授受した頃までに、不動産の主要な売買条件について概ね合意に達してはいたものの、細目についてはなお協議の余地を残していたこと、後日売買契約書を作成することを当初から予定していたこと、買付証明書又は売却（売渡）証明（承諾）書は、不動産取引業者が不動産取引に介在する場合において、仲介の受託者たる不動産取引業者の交渉を円滑に進めるため、委託者又は相手方が買付若しくは売渡しの意向を有することを明らかにする趣旨で作成されるのが通例であり、一般的にはそれが売買の申込又は承諾の確定的な意思表示であるとは考えられていないこと等を指摘し、この事案につき売買契約の成立を否定したものであり、事例判断として不動産の売買の実務上参考になる。

[5] 東京地判平成3.5.30金融・商事判例889.41
≪事案の概要≫

X株式会社は、国土利用計画法の規制区域内にある土地、建物の所有者であるY₁、Y₂らとの間で売買の交渉をし、Xが具体的な内容が記載された買付証明書を交付し、Y₁らが売渡証明書を交付したが、国土利用計画法所定の届出、売買契約書の作成がされなかったことから、XがY₁らに対して売買契約の成立を主張し、所有権移転登記手続を請求した。この判決は、国土利用計画法所定の手続完了後に売買契約書を取り交わすことが約され、建物の賃借人らとの立ち退き交渉等が未解決である等の状況の下では未だ売買契約の成立を認めることができないとし、請求を棄却した。

≪判旨≫

「一、国土利用計画法による手続の履践と売買契約の成立

土地の売買契約を締結する場合に、それに先立ち国土利用計画法（以下「国土法」という。）所定の届出又は許可申請の手続をしなければならないものと指定されている土地については、国土法上その手続が完了した後でなければ、売買契約を締結してはならないと定められており、このことは広く知られた事

実である。したがって、国土法所定の手続が完結していない段階では、売買を前提とする代金額についての大筋の合意が形成されていても、当事者間では手続完結を待って売買をする意思であり、そのため他の重要な事項の合意が形成されていないなど、なお売買契約の締結には至っていない場合が多いと思われるが、逆に国土法所定の手続が終わっていない場合でも、当然に当事者間に売買契約が成立していないとまでは言えず、売買契約は完了していながら、単に形式的な手続の履践を待っているだけである場合もあり得よう。

　二、売買の重要な事項の合意があったか

　原告と被告らとが売渡証明書と買付証明書を交換したことにより、当事者双方が本件不動産を代金15億3000万円として、それぞれ売買する意思があることを相互に表明したことは明らかである。

　売買の基本的な重要事項のうち、本件不動産の明渡時期について見てみると、前記のとおり、売渡証明書及び買付証明書には、最終取引日を平成2年9月30日とする旨の記載がある。原告代表者はこれを明渡期限をも含めた最終取引日を定めたものであるとし、被告らが仲介人である有限会社山元不動産に対して発行した平成2年7月24日付け委任状には、本件不動産の売買についての最終引渡を平成2年9月30日とする旨記載されている（甲七）。

　しかし、本件不動産中の本件建物はいわゆるテナントビルであり、かつては52軒の賃借人がおり（被告坂上賢次7）、原告との取引に先立つ取引のために法外と思われる立退料を支払うなどして立ち退き交渉をしたが、原告に対して本件の売渡証明書を交付した当時は未だ15軒の賃借人がおり、そのため本件建物の明渡時期については同年10月末日とするのが精一杯の状況であり、到底同年9月末日に明渡を行うことを確約できるような状況にはなく、前記の記載も明渡期限確定にあたっての目安を定めたものであって、明渡時期については結局手付金以外の残金の支払時期、方法、登記手続などの事柄とともに、未だ確定的合意には至らず、売買契約書を取り交わすときまでに協議により定めることとされていたのであった（被告坂上賢次20）。よって、原告代表者の前記供述は採用しない。

　三、被告ら側の売渡し意思の内容

　被告らは、原告との取引に先立ち、二回の不動産取引を経験しており、その第一回は不動産の買主として本件と同様な買付証明書を発行し、相手方からは本件と同様な売渡証明書を貰い、国土法所定の手続を終え、売買契約書を取り交わす段になって一方的に取引を中止されたというもので、その際には相手方

の不誠意をなじったものの、右各書類の交換だけでは売買契約の成立には至っていないので致し方ないとの弁護士の説明を受け、やむなく引き下がった（乙二）。被告らがこのような経験を踏まえ、本件の場合にも売渡証明書及び買付証明書の交換だけでは未だ売買契約が成立しないと考えていたというのも（被告坂上賢次30）無理からぬところである。

　国土法の規定を踏まえて、同法所定の手続完了前に発行された本件売渡証明書自体の客観的記載を見ると、これをもって、確定的に売渡しの意思表示がなされたものとまでは言えず、被告らの前記のような考え方からすると、被告らにおいては右売渡証明書の交付によっても本件不動産を確定的に売り渡す意思を表明したものではないのである（また買主である原告とて不動産業者でありながら、国土法の手続があるから売買契約書は、その手続完了後に交わすという一方で、公然と国土法の規定を無視して、同法所定の手続完了以前の段階で、売買契約の合意をする意思であったと言い切れるのかどうか疑問がないとはいえない。）。」

≪実務上の留意点≫

　この判決は、売買交渉において買付証明書、売渡証明書が作成、交付され、売買契約の成立が主張された事案について、不動産の売買の確定的な意思を表明していない等とし、売買契約の成立を否定したものであり、事例判断として参考になる。この判決は、契約締結の意思の内容を判断するに当たって参考になるものである。

[6] 名古屋地判平成4.10.28金融・商事判例918.35

≪事案の概要≫

　不動産仲介業者であるXは、Y株式会社がマンションの建築用地を購入したい意向であることを知り、不動産仲介業者であるAを介して、土地の所有者Bと交渉をし、YとBとの間に買受申込書、売渡承諾書が取り交わされ、国土利用計画法所定の届出がされ、不勧告の通知があったことから、売買契約書の作成等が合意されたものの、最終段階でYが条件を付し、Bが売渡しの承諾を撤回したため、Xが売買契約の成立を主張し、Yに対して仲介手数料の支払を請求した。この判決は、契約書の作成と手付金の支払が行われておらず、売買契約の成立を認めることはできないとし、請求を棄却した。

≪判旨≫

「一、原告は、平成3年5月27日に買受申込書と売渡承諾書が作成され交換さ

れたことによって、売買契約が成立したと主張する。

　しかしながら、不動産の売買、特に本件のように、住宅産業関連の業者が市街地をマンション用地として取得しようとするような場合では、代金額が高額に及ぶ上、権利の確保に万全を期する必要があることから、慎重に条件が煮詰められ、少なくとも、代金の支払時期と方法、引渡しと移転登記の時期と方法、不履行になった場合の処置等について合意されるのが通常であり、売買対象の不動産が特定され、代金額について合意ができたとしても、これによって売買の合意がなされたものとはいえないことはいうまでもない。

　買受申込書に記載された事項は前記のとおりであり、手付金の支払時期さえ合意されておらず、残代金の支払が不動産の引渡し及び移転登記との引換えになされるとしても、地積更正登記ができる時期との兼ね合いからその段階では明確にできなかった事情にあるから、売買の条件が定まったとはいえず、その段階で契約が成立したとは到底いえない。

　そもそも、本件不動産の売買には国土法による届出が必要で、勧告の結果があるまでは、売買契約（予約を含む）を締結することが禁じられ、違反に対しては罰則が課せられることになっており、このことは契約者である被告と浅井モータースも、不動産取引業者である名宏、原告も、当然に知っており、そのためにこそ、不勧告通知後に正式に売買契約を締結することを当然の前提として合意された事項を基本的事項として契約締結に向けて努力することを誓約する意味で売渡承諾書、買受申込書を交換し合うことにされたものと認められる。

　このようなことからいうと、右売渡承諾書、買受申込書によって、売買契約が成立したと原告が主張するのは、筋が通らない。

　二、次に、原告は、6月12日、国土法の不勧告通知を被告に伝えた際、手付金を6月22日に支払うことに合意ができたから、これによって売買の条件についてすべて合意ができたので、同日売買契約が成立したという。

　なるほど、証人青木、同辻、同岩田の証言によると、いわゆるバブル経済の最中においては、土地の取得競争が厳しく、土地取得資金の調達が容易であったため、マンション業者が用地を取得しようとするような場合には、国土法の届出をなす段階で、金融機関との間での融資の話も詰められており、国土法の不勧告通知を得た後、1週間ないし10日後に契約書が作成され、手付金が支払われ、残代金の支払は、土地実測後地積更正登記ができた段階で、引渡し及び移転登記と引換えに行なわれる事例が多かったと認められる。

そして、本件においても、前記認定によると、6月12日、岩田は辻から、「地主が手付金を早く欲しがっている。いつ払ってくれますか。」と言われて「1週間ないし10日間の猶予を下さい。」と答えており、同月21日には岩田は原告や名宏に対し、被告の幹部会が行なわれる予定であることを告げて、22日に手付金が入るものと思っている売り主の説得を依頼しており、これらのことからすると、岩田は12日の段階では、6月22日までに、契約書の作成と手付金の授受が行なえるものと見込んでいたと認められる。

　証人岩田の証言中には、契約書の作成と手付金の支払を何時にするかを決定する期間として10日間猶予されたと供述する部分があるが、右供述部分は採用できない。

　以上の認定のとおり、一旦は、6月22日に、手付金を授受し契約書を作成することの合意ができたと認められる。

　しかしながら、売却条件について合意ができたとしても、本件のように、その後において契約書を作成することが予定されているような場合には、契約書が作成されて初めて契約が成立したというべきであり、合意後契約書作成までの間において、右合意の変更が全くできないというわけではないと考えられる。

　すなわち、売買契約が成立し、以後契約当事者がこれによって拘束される状態になったか否かについては、契約の締結に関する一般的取引慣行に基づいてこれを判断する必要があるところ、不動産の売買については、売買の条件について合意ができたからといって、契約が成立しその履行が強制できるとするような考えで行われてはおらず、特別に契約締結の日を定めて、売買条件を明記した契約書が作成され、かつ、手付金が授受されて初めて契約が成立し、それ以後、当事者はこれに拘束されるものとするとの慣行があることは公知の事実である。

　要するに、契約書の作成前であれば、締結するかどうかは、挙げてその自由な選択に委ねられており、契約をしないことにすることも許されるのである。

　契約をしないことにすることさえ可能であるから、それまでに売買の条件としてどのような合意があったとしても、その変更を申し出ることもまた許されるものであることはいうまでもない。このような意味において、契約書が作成されるまでにおいて「確定」された条件というものはありえず、すべて浮動的なものである。」

第2章 売買契約の成否をめぐる裁判例

≪実務上の留意点≫
　この判決は、売買交渉において買付証明書、売渡承諾書が作成、交付され、売買契約の成立が主張された事案について、売買契約が成立し、以後契約当事者がこれによって拘束される状態になったか否かは、契約の締結に関する一般的取引慣行に基づいてこれを判断する必要があるとしたこと、不動産の売買については、売買の条件について合意ができたからといって、契約が成立しその履行が強制できるとするような考えで行われてはおらず、特別に契約締結の日を定めて、売買条件を明記した契約書が作成され、かつ、手付金が授受されて初めて契約が成立し、それ以後、当事者はこれに拘束されるものとするとの慣行があることは公知の事実であるとしたこと、この事案につき売買契約の成立を否定したことを判示している。この判決は、買付証明書、売渡承諾書の交付と売買契約の成立との関係を具体的に説明したものとして参考になるとともに、売買契約を否定した事例判断として参考になるものである。

　以上のように、不動産の売買契約の交渉過程、売買契約の成立については、裁判例は、慎重な検討、判断をしているということができる。裁判例においては、買付証明書、売渡証明書の作成、交付だけでは売買契約の成立を否定するのが一般的な傾向であるということができるが、仮に売買契約の成立が認められなかったとしても、事案によっては契約締結上の過失責任等が問題になり得ることにも注意を払うことが必要である。
　以上紹介した不動産の売買契約の成否をめぐる裁判例のほかに、契約実務に参考になると考えられる裁判例を紹介しておきたい。

[7] 最一判昭和42.12.12判時511.37
　地域住民の団体と電力事業を営むY株式会社が補償に関する書面の合意をしたところ、Yが法的な拘束力を否定したため、住民XらがYに対して補償金の支払等を請求した。第一審判決は合意が基本方針を定めたものであり、単なる紳士協定である等とし、請求を棄却したため、Xらが控訴した。控訴審判決も同様な理由で控訴を棄却したため、Xらが上告した。この判決は、当事者間に法的拘束力がないとはいえないとし、原判決を破棄し、本件を仙台高裁に差し戻した。

1　契約の成立の基本構造

[8] 東京高判昭和58.6.30判時1083.88
　Aは、借地上に建物を所有していたところ、妻Bが代理人として、Xと売買の交渉をし、売買する合意が成立したものの、具体的な売買代金額の合意ができなかったことから、XがAの相続人Y_1、Y_2に対して土地、建物の明渡し、建物の所有権移転登記手続等を請求した。第一審判決が請求を認容したため、Y_1らが控訴した。この判決は代金が借地権付建物の時価によるとするのが当事者双方の意思であったと推認し、売買の成立を認め、Aの損害賠償責任を否定し、原判決の一部を取り消し、損害賠償請求を棄却し、原判決を変更した。

[9] 福岡地判昭和59.1.31判タ525.178
　建設業を営むX株式会社は、ホテル事業を営むA株式会社からつなぎ資金（銀行から融資を受けるまでのつなぎ資金）として5000万円の貸付を依頼され、Aが土地に抵当権の設定を受けることを前提とし（本件土地は、Yの所有であり、Yが売渡済証明書を作成し、交付する等した）、Xが貸付を実行したが、抵当権を設定することができなかったことから、XがYに対して不法行為に基づき損害賠償を請求した。この判決は、本件土地については国土利用計画法所定の規制のため売買契約を締結する見込みがなかった等の事情から、証明書を作成、交付する等したYのAとの共同不法行為を認め、請求を棄却した。

[10] 東京地判昭和59.12.12判タ548.159
　X株式会社は、仲介業者であるA株式会社を介して、Y株式会社が所有する店舗、その敷地につきYの仲介業者であるB株式会社を介して売買の交渉をし、売買代金の合意がまとまり、Xが買付証明書を交付し、Yが売渡承諾書を交付する等したことから、XがYに対して本件土地、建物につき処分禁止の仮処分を申請した。原決定は、仮処分決定をしたため、Yが仮処分異議を申し立てた。この判決は売渡承諾書の交付は売買契約の交渉段階において交渉を円滑にするため、その過程でまとまった取引条件の内容を文書化し、明確にしたものであるとし、書面の交付によって売買契約が成立したと認めることはできないとし、仮処分決定を取り消し、申請を却下した。
　売買契約の成否をめぐる裁判例は、以上に紹介したもののほか、後記の売買交渉をめぐる裁判例の中にも関連するものがあるから、参考になる。

2　売買契約が締結された後の瑕疵担保責任

　売買契約上の瑕疵担保責任は、売買契約の締結当時、売買の目的物に隠れた瑕疵があることによって認められる売主の法的な責任（民法570条）であり、議論があるものの、無過失責任、法定責任であると解されている。瑕疵担保責任が認められる場合には、売買の目的物が通常有すべき品質、性能を有していないものであるため、その範囲で売買契約が原始的に不能であることになるが、瑕疵がないものと信頼したことによる損害の賠償（信頼利益の賠償）が認められると解されている。換言すれば、売買契約の一部が無効であるため、売買契約が有効に成立したと信頼したことによる損害賠償を認めることになるが、この論理は、契約締結上の過失責任としても論ずることができるものである。

　また、最近は、不動産の売買契約上の瑕疵担保責任が問題になり得る場合には、瑕疵の状態につき売主が買主に対して説明義務、情報提供義務を負っており、その義務違反が主張されることがあり（売買契約上の債務不履行に当たる）、この義務違反を認める裁判例も登場している。もっとも、不動産売買の瑕疵担保責任における瑕疵と、売主の説明義務の対象である事項とが同じ内容、対象であるかは、従来、必ずしも明確ではなく（議論も十分ではない）、今後の議論が必要である（この問題については、同じではないというべきであるが、どのような違いがあるかにつき今後の議論が重要である）。

　契約締結上の過失責任、契約締結の準備段階における信義則上の義務違反をめぐる問題は、売買契約の瑕疵担保責任（有償契約に準用されている。民法559条）も併せて検討し、紹介することが重要である。もっとも、現在のところ、このような見解が一般的であるとはいい難く、裁判例においてこのような視点から問題が取り上げられることもないため、本書においては、最近の不動産売買における瑕疵担保責任が問題になった裁判例を若干取り上げ、紹介するにとどめたい。

[11] 大阪高判平成18.12.19判時1971.130
≪事案の概要≫
　X株式会社は、Y株式会社から約1503万円で更地を購入したが、本件土地上に建っていた建物内で約8年半前に殺人事件があったことが判明したため、XがYに対して瑕疵担保責任に基づき損害賠償を請求した。第一審判決が隠れた瑕疵を認め、請求を一部認容したため（売買代金の5％が損害額であるとした）、X、Yの双方が控訴した。この判決は、第一審判決と同様に瑕疵担保責任を肯定し、X、Yの控訴を棄却した。
≪判旨≫
「(2)　売買の目的物に民法570条の瑕疵があるというのは、その目的物が通常保有する性質を欠いていることをいい、目的物に物理的欠陥がある場合だけではなく、目的物にまつわる嫌悪すべき歴史的背景に起因する心理的欠陥がある場合も含まれるものと解するのが相当である。
　そして、売買における売主の瑕疵担保責任は、売買が有償契約であることを根拠として、物の交換価値ないし利用価値の対価として支払われる代金額との等価性を維持し、当事者間の衡平をはかることにあるから、この制度趣旨からみると、売買の目的物が不動産のような場合、上記後者の場合の事由をもって瑕疵といいうるためには、単に買主において同事由の存する不動産への居住を好まないだけでは足りず、それが通常一般人において、買主の立場に置かれた場合、上記事由があれば、住み心地の良さを欠き、居住の用に適さないと感じることに合理性があると判断される程度に至ったものであることを必要とすると解すべきである。
　これを本件についてみると、一審原告は、一審被告から、本件土地を等面積に分け各部分に一棟ずつ合計2棟の建売住宅を建設して販売する目的でこれを買い受けたものであるが、本件土地のうちのほぼ3分の1強の面積に匹敵する本件一土地上にかつて存在していた本件建物内で、本件売買の約8年以上前に女性が胸を刺されて殺害されるという本件殺人事件があったというのであり、本件売買当時本件建物は取り壊されていて、嫌悪すべき心理的欠陥の対象は具体的な建物の中の一部の空間という特定を離れて、もはや特定できない一空間内におけるものに変容していたとはいえるものの、上記事件は、女性が胸を刺されて殺害されるというもので、病死、事故死、自殺に比べても残虐性が大きく、通常一般人の嫌悪の度合いも相当大きいと考えられること、本件殺人事件

があったことは新聞にも報道されており、本件売買から約8年以上前に発生したものとはいえ、その事件の性質からしても、本件土地付近に多数存在する住宅等の住民の記憶に少なからず残っているものと推測されるし、現に、本件売買後、本件土地を等面積で分けた東側の土地部分（本件殺人事件が起きた本件一土地側の土地部分）の購入を一旦決めた者が、本件土地の近所の人から、本件一土地上の本件建物内で以前殺人事件があったことを聞き及び、気持ち悪がって、その購入を見送っていることなどの事情に照らせば、本件土地上に新たに建物を建築しようとする者や本件土地上に新たに建築された建物を購入しようとする者が、同建物に居住した場合、殺人があったところに住んでいるとの話題や指摘が人々によってなされ、居住者の耳に届くような状態がつきまとうことも予測されうるのであって、以上によれば、本件売買の目的物である本件土地には、これらの者が上記建物を、住み心地が良くなく、居住の用に適さないと感じることに合理性があると認められる程度の嫌悪すべき心理的欠陥がなお存在するものというべきである。

そうすると、本件売買の目的物である本件土地には570条にいう「隠れた瑕疵」があると認められるから、一審原告は一審被告に対し、これに基づく損害賠償を請求しうるものというべきである。

なお、本件売買は、地続きで隣接し、いずれも更地であった本件一土地と本件二土地の一括した売買であり、本件土地の面積も比較的狭いものであるから、本件売買の目的物である本件土地は一体として瑕疵帯びるものであるというべきである。」

≪実務上の留意点≫

この事案は、更地の売買がされたところ、その土地上に従前建てられていた建物で約8年半前に殺人事件が発生したことがあったことから、買主が売主に対して瑕疵担保責任に基づき損害賠償を請求した事件である。この事案では、心理的瑕疵の有無が問題になっているが、法的な構成によると、売主の説明義務違反としても構成することができ、この場合には、契約締結の準備段階における信義則上の義務（説明義務、告知義務）違反として構成することが可能である。

この判決は、もと存在した建物における約8年半前の殺人事件が発生したこと、しかも現在その建物が取り壊されていることが心理的瑕疵に当たるとし、売主の瑕疵担保責任を肯定したものであるが、売買の目的物における自殺、殺人事件の履歴があることが心理的瑕疵に該当する可能性があるとしても、この

2 売買契約が締結された後の瑕疵担保責任

事案で瑕疵担保責任を認めるべきかは疑問が残る。

[12] 東京地判平成19.7.23判時1995.91
≪事案の概要≫

X_1、X_2は、平成12年8月、YからY所有の土地(雑種地。従前は賃借人が資材置き場として使用していた)を代金8719万6000円で購入し、平成16年5月頃、第三者に土地を売却しようとし、その準備のため土壌調査を実施し、地中を掘削したところ、大量の建築資材、ガラ、ビニールが埋設されたことが判明したため、Yに対して瑕疵担保責任に基づき損害賠償を請求した。この判決は、廃棄物の存在が通常の土地取引の対象とすることが困難になるものであるとし、隠れた瑕疵を認め、期間の制限の適用を否定し、請求を認容した。

≪判旨≫

「(1) 争点(1) (本件契約当時、原告らは本件廃棄物の存在を知っていたか。) について

原告らは、被告から本件土地を買い受けたものであるところ、前記一の認定事実(以下「認定事実」という。)(4)イ、ウのとおり、本件土地の地中には本件廃棄物が存在することが認められる(そして、後記(3)の争点(3)についての判断のとおり、本件廃棄物は本件土地の地中に広範かつ大量に存在するものと認められる。)。そうすると、本件土地は、本件廃棄物の存在によりその使途が限定され、通常の土地取引の対象とすることも困難となることが明らかであり、土地としての通常有すべき一般的性質を備えないものというべきであるから、本件廃棄物の存在は本件土地の瑕疵に当たるものと認めるのが相当である。

これに対し、被告は、原告らが本件廃棄物の存在を知っていたから、被告に対し瑕疵担保責任を問うことはできないと主張するので、以下、判断する。

ア(ア) 被告は、原告太郎が代表取締役を務める甲野組が、当初契約ないし本件契約を締結する相当程度以前から本件土地を資材置場として使用し、更には本件土地を繰り返し掘り返していたから、原告らは、本件契約時に本件廃棄物の存在を知っていたと主張する(第三の二(1) (被告の主張)ア)。

(イ) しかしながら、認定事実(1)イによれば、甲野組が昭和62年から本件土地を賃借し、資材置場として使用していた事実は認めることができるものの、本件土地を繰り返し掘り返していたというような事実を認めることのできる証拠はない。

また、認定事実(4)ウによれば、本件廃棄物が存在している位置は、盛土部分

を除去した後の地表面から表層部分のおおむね0.4メートルより下に存在するものであることからすれば、特段の事情が認められない限り、地表面から直ちに本件廃棄物の存在を知ることは困難であり、原告太郎が代表者を務める甲野組が本件土地を資材置場として使用していたとしても、そのことから、直ちに原告太郎が本件廃棄物の存在を知っていたものと推認することはできない。そして、他に、原告らが本件契約前から本件廃棄物の存在を知っていたことを認めるに足りる特段の事情があることは、証拠上、認められない。

したがって、被告の上記主張は採用することができない。」

≪実務上の留意点≫

この事案は、土地が売買されたところ、地中に廃棄物が埋設されていたため、買主が売主に対して瑕疵担保責任に基づき損害賠償を請求した事件である。この事案では、法的な構成によると、売主の説明義務違反としても構成することができ、この場合には、契約締結の準備段階における信義則上の義務（説明義務、告知義務）違反として構成することが可能である。

この判決は、買主が廃棄物の存在を知っていたことを否定し、売主の瑕疵担保責任を肯定したものであり、事例判断を提供するものである。

[13] 東京地判平成19.12.25判時2033.18

≪事案の概要≫

X_1、X_2は、平成17年3月、住宅を建築する目的で、Y_1、Y_2から代金5170万円で土地を購入し、セットバック部分を除く土地上に建物を建築しようとしたところ、隣接する土地、建物の所有者であるA（暴力団関係者の可能性がある）から建物の設計を変更することの脅迫的な言辞を受けたため、瑕疵担保又は債務不履行により売買契約を解除し、Y_1らに対して損害賠償を請求した。この判決は、瑕疵担保責任を認めたものの、契約の目的を達成することができないわけではないとし、解除を否定し、宅地価格の30％の減価を認め、債務不履行を否定し、請求を認容した。

≪判旨≫

「二 争点(1) （本件売買土地には、本件売買契約締結当時、本件敷地部分における建物の建築を脅迫的言辞でもって妨害する者が本件隣地に居住していること、という隠れた瑕疵があったか。）について

(1) 売買の目的物に民法570条の瑕疵があるというのは、その目的物が通常保有すべき品質・性能を欠いていることをいい、目的物に物理的欠陥がある

場合だけでなく、目的物に経済的・法律的な欠陥がある場合を含むと解するのが相当である。

　これを本件についてみると、前記認定のとおり、丙川は、本件売買契約前から、被告らに対しても、脅迫的な言辞をもって、本件セットバック部分だけでなく、丙川による建築禁止要求部分にも建物を建築してはならないという、誠に理不尽な要求を突きつけていたのであり、このような脅迫罪や強要罪等の犯罪にも当たり得る行為を厭わずに行う者が本件私道のみを隔てた隣地に居住していることが、その上に建物を建築、所有して平穏な生活を営むという本件売買土地の宅地としての効用を物理的又は心理的に著しく減退させ、その価値を減ずるであろうことは、社会通念に照らして容易に推測されるところである。しかも、前記認定のとおり、丙川は、自己が実質的に経営する会社の所有していた本件売買土地を購入した被告らや原告らに対して、脅迫的言辞による要求を突きつけて本件敷地部分における建物の建築を妨害していることからすると、丙川は、本件売買土地を購入した者から不当に低廉な代金額でこれを自己又は自己の関係者において買い戻すことを意図して、そのような要求をしているのではないかと疑われるのであり、そうであるとすれば、そのような丙川による要求は、一時的なものではあり得ず、今後も継続することが予想されるところである。

　そうすると、本件売買土地は、宅地として、通常保有すべき品質・性能を欠いているものといわざるを得ず、本件売買土地には、本件瑕疵、すなわち、脅迫的言辞をもって本件敷地部分における建物の建築を妨害する者が本件隣地に居住しているという瑕疵があるというべきである。

　(2)　原告らが本件売買契約締結当時に本件売買土地に本件瑕疵があることを知っていたとの事実を認めるに足りる証拠はない。また、本件隣地に脅迫的言辞をもって本件敷地部分における建物の建築を妨害する者が居住しているなどということは、一般に予想し得ない事柄であり、原告らにおいて、本件売買契約の締結に先立ち、近隣住民の素性、言動等をあらかじめ調査する義務があったともいえないから、原告らが本件売買契約締結時に本件瑕疵の存在を知らなかったことに過失があるともいえない。

　そうすると、本件瑕疵は、隠れた瑕疵に当たるというべきである。」

≪実務上の留意点≫

　この事案は、住宅の建築を目的とし、土地の売買がされたところ、近隣に脅迫的言辞をもって建物の建築を妨害する者が居住していたため、買主が売主に

対して瑕疵担保責任、債務不履行に基づき損害賠償を請求した事件である。この事案では、売主の債務不履行責任の成否が問題になっており、瑕疵担保責任が契約締結の準備段階における信義則上の義務違反と選択的に主張されている。

　この判決は、売主の瑕疵担保責任を肯定したものであるが、近隣の住人の属性を重視し、その住民の存在が隠れた瑕疵に当たるとしたものであり、瑕疵の有無の限界的な事例である。近年、不動産の売買取引に当たって、近隣の住民の属性に関する事情が瑕疵に当たるかが問題になる事例が公表されているが、平穏な生活の確保のために近隣関係が重要であり、そのために近隣の住民の属性に関する事情が取引に当たって考慮されるところ、このような事情の調査、説明が行き過ぎると、近隣の住民との関係でプライバシーの侵害、名誉感情の侵害による不法行為が成立することがある。この判決は、近隣の住民の属性に関する事情につき瑕疵担保責任を肯定した事例判断を提供するものであり、限界的な判断であるが、限界的な事例であるため一層、今後の土地の売買交渉に当たって無視できない影響をもつものである。

[14] 横浜地小田原支部判平成20．3．25判時2022．77
≪事案の概要≫

　X_1ないしX_5は、隣接地においてA町が焼却場、最終処分場を建設して稼働させたことから、Y_1県がダイオキシン類等の規制権限を適切に行使しなかった等と主張し、Y_1に対して国家賠償法1条に基づき損害賠償を請求するとともに、X_1、X_2は、土地を不動産業を営むY_2株式会社から居住用建物の敷地として購入したところ、隣接地に一般廃棄物処理施設が操業すること等が瑕疵に当たると主張し、瑕疵担保責任に基づき損害賠償を請求した。この判決は、一般廃棄物処理施設の操業によって基準値を超える有害物質が排出されているとはいえず、また、受忍限度を超えた生活被害が発生しているともいえず、化学物質過敏症と操業との因果関係も認められないとし、Y_1に対する請求を棄却し、近隣に一般廃棄物処理施設が操業し、大気を媒介にして汚染物質が到来していたとしても土地の瑕疵に当たらないとし、瑕疵担保責任を否定し、Y_2に対する請求を棄却した。

≪判旨≫

「(2)　瑕疵について

　売買の目的物に瑕疵があるとは、当該目的物を売買した趣旨に照らし、目的

物が通常有すべき品質、性能を有するか否かの観点から判断されるべきであるところ、居住用建物の敷地の売買の場合の土地が通常有すべき品質、性能とは、基本的に、建物の敷地として、その存立を推持すること、すなわち、崩落、陥没等のおそれがなく、地盤として安定した支持機能を有することにあると解される。

　もっとも、当該土地やその周辺環境が有害物質により汚染されているというような場所的、環境的要因からくる土地の性状によって、当該土地における日常生活に不便が生じることがあることは否定できない。

　さらに、当該土地やその周辺環境が人体に影響を及ぼすほどの質、量の有害物質により汚染されているような場合には、当該土地上での健康的な生活を営むことが困難となるのであるから、そのような場合には、当該土地を宅地として使用することは困難となる。

　しかしながら、特定施設から有害物質が排出され、それが大気を媒介にして到達するような場合には風の有無、その強弱、風向、降雨の有無、降雨量等といった気象条件の変動によって、日々の到達の程度が変動するものであり、さらに、汚染の原因が、近隣の一般廃棄物処理施設によるものであるときは、焼却される一般廃棄物の量及び質、焼却時間、当該処理施設の設備や運営の改善の進展具合などによっても変動するものである。

　そうしてみると、近隣の一般廃棄物処理施設から排出されたダイオキシン類等が、大気を媒介にして、当該土地やその周辺環境に到達していることがあったとしても、当該土地以外の要因に左右されることが多く、日時の経過によって変化し、一定するところがないのも事実であり、汚染があるとしても、それが当該土地やその周辺に常時、恒久的に存在するものとはいえない。

　したがって、近隣の一般廃棄物処理施設から大気を媒介してダイオキシン類等が飛来すること自体が土地の通常有するべき品質、性能を有していない場合に該当するということは困難であり、土地の瑕疵であると認めることはできない。

(3)　小括

　したがって、本件土地及びその周辺について、居住に適さないといえるだけの環境汚染があったとは認めることはできず、瑕疵担保責任でいうところの瑕疵があるということもできない。」

≪実務上の留意点≫

　この事案は、土地の売買がされたところ、隣接地に一般廃棄物処理施設が操

業したため、買主が売主に対して瑕疵担保責任に基づき損害賠償を請求した事件である。この事案でも、契約締結の準備段階における信義則上の義務（説明義務、告知義務）違反として構成することが可能である。
　この判決は、この事案の近隣の一般廃棄物処理施設から大気を媒介してダイオキシン類等が飛来すること自体が土地の通常有するべき品質、性能を有していない場合に該当するということは困難であるとし、売主の瑕疵担保責任を否定したものであり、事例判断として参考になるものである。

[15] 東京高判平成20. 5. 29判時2033. 15
≪事案の概要≫
　前記の[13]東京地判平成19. 12. 25判時2033. 18の控訴審判決であり、Y_1らが控訴した。この判決は、一般人に共通の重大な心理的欠陥がある場合にも瑕疵が認められるとし、本件でも隠れた瑕疵を認め、瑕疵担保責任を肯定し、損害として15％の減価相当額であるとし、原判決を変更し、請求を認容した。
≪判旨≫
「『目的物の通常の用途に照らし、一般人であれば誰もがその使用の際に心理的に十全な使用を著しく妨げられるという欠陥、すなわち一般人に共通の重大な心理的欠陥がある場合も含むと解するのが相当である。』と改める。」
≪実務上の留意点≫
　この事案は、住宅の建築を目的とし、土地の売買がされたところ、近隣に脅迫的言辞をもって建物の建築を妨害する者が居住していたため、買主が売主に対して瑕疵担保責任、債務不履行に基づき損害賠償を請求した控訴審の事件である。この事案では、売主の債務不履行責任の成否が問題になっており、瑕疵担保責任が契約締結の準備段階における信義則上の義務違反と選択的に主張されている。
　この判決は、売主の瑕疵担保責任を肯定したものであるが、近隣の住人の属性を重視し、その住民の存在が隠れた瑕疵に当たるとしたものであり、前記の第一審判決とともに、瑕疵担保責任を肯定するには限界的な事例である。

[16] 東京地判平成20. 6. 4判タ1298. 174
≪事案の概要≫
　X_1、X_2は、平成16年7月、不動産業者であるY_2株式会社の宅地建物取引

主任者Y₃の仲介により、Y₁から土地、建物を代金1億4500万円で購入したところ（X₁が10分の8の持分、X₂が10分の2の持分）、サンルームに雨漏りによる腐食、シロアリによる浸食が判明したため、X₁らがY₁に対して瑕疵担保責任等、Y₂らに対して不法行為、債務不履行に基づき損害賠償を請求した。この判決は、隠れた瑕疵を認め、Y₁の瑕疵担保責任を認め、雨漏りがあることを認識しながら故意に事実と異なる告知をした不法行為を認め（売買契約の締結後に告知がされた）、Y₁に対する請求を認容したが（改修費用の損害を認めたが、慰謝料、弁護士費用を否定した）、Y₂らが瑕疵を知らず、調査義務もないとし、Y₂らに対する請求を棄却した。

≪判旨≫

「(2) 上記被害が民法570条にいう瑕疵に当たるか

ア　民法570条にいう瑕疵とは、売買契約の目的物が契約の趣旨に照らして通常有すべき品質性能を欠いていることをいうものと解すべきである。

イ　被告らは、本件建物に雨漏りによる腐食やシロアリによる侵食があったとしても、本件売買契約締結当時において築後12年が経過していた木造建物である本件建物が通常有すべき品質性能を欠くに至っていたものということはできないと主張する。

確かに、建築からある程度の年数を経た木造建物に雨漏りによる腐食の跡やシロアリによる侵食の跡があったとしても、それが当該建物の土台、柱等の躯体部分にあるのではなく、又は、その程度が軽微なものにとどまるときは、必ずしもこれをもって当該建物の瑕疵ということができない場合があることは否定できない。

しかし、前記認定のとおり、本件建物のうち、とりわけサンルームの部分については、土台や柱といった躯体部分に雨漏りによる腐食とシロアリによる侵食があり、その範囲が柱の上部にまで及び、その程度も木材の内部が空洞化するまでに至っており、現に雨漏りがする状態であるというのであるから、本件建物が本件売買契約締結時において築後12年が経過した木造建物であることを考慮しても、同部分に建物としての瑕疵があることは明らかというべきである。

もっとも、サンルーム以外の部分についてみると、雨漏りによる腐食やシロアリによる侵食は、ほとんどが壁の内部の下地の木材に生じているものであって、躯体部分に及んでいるとは認められない上、プライベートルームの土台に見られるシロアリによる侵食も、それがどの程度進行したものであるかは、必

ずしも明らかでない（以上のことは、原告から証拠として提出された写真にシロアリによる侵食によって内部が空洞化した状況が撮影された柱や土台が、いずれもサンルームのものであることからもうかがわれるところである。）。また、サンルーム以外の部分については、本件売買契約締結時においても雨漏りの箇所が補修されずに雨漏りをする状態のまま放置されていたことを認めるに足りる証拠はない。

　そうすると、これらの部分に見られる雨漏りによる腐食やシロアリによる侵食の故に本件建物が築後12年を経過した木造建物として通常有すべき品質性能を欠くに至っていたものとは、認めることができず、それらの腐食や侵食が本件建物の瑕疵に当たるとまでいうことはできない。」

≪実務上の留意点≫

　この事案では、建物、その敷地の売買がされたところ、建物に腐食、シロアリの浸食があったため、買主が売主に対して瑕疵担保責任、不法行為に基づき損害賠償を請求する等した事件である。この事案では、売主の告知に関する不法行為責任の成否が問題になっており、瑕疵担保責任が契約締結の準備段階における告知に関する不法行為とともに主張されている。

　この判決は、建物の一部に瑕疵担保責任を認め、雨漏りがあることを認識しながら故意に事実と異なる告知をしたことにつき不法行為責任を認めたものであり、瑕疵担保責任、告知に関する不法行為責任を肯定した事例判断として参考になる。

[17] 東京地判平成20.7.8判時2025.54
≪事案の概要≫

　Y株式会社は、元工場敷地として使用されていた土地等を所有していたが（Yが吸収合併する前のA株式会社が長年所有し、工場として使用していた）、事業所の統廃合を計画し、隣接地を所有していたX株式会社と土地の売買の交渉を行い、Xは、本件土地の土壌汚染の有無を確認するため、Yに本件土地で使用した薬品につき問い合わせを行い、平成11年11月、専門業者に依頼し、土壌汚染調査を実施し、環境基準を上回る濃度の汚染は発見されなかったところ、平成12年3月、専門業者に依頼し、ボーリングによる土壌汚染調査を実施し、トリクロロエチレン等は発見されなかったことから、Xは、平成12年7月、Yとの間で、瑕疵担保責任の追及期間を引渡し時から5年間とする特約で本件土地と土地上の建物につき売買代金10億8854万円余で売買契約を締結し、

本件土地、建物の引渡しを受けたところ、平成16年4月、本件土地上に研究棟を建設することとし、地下水の水質測定を行ったところ、砒素が環境基本法に基づく地下水環境基準を超えて検出され、さらにボーリングによる土壌汚染調査を実施したところ、PCB含有汚泥、地中埋設物を発見する等したため、XがYに対して本件土地に土壌汚染等が存在したと主張し、瑕疵担保責任に基づき有害物質の除去費用等の損害賠償を求め、また、説明義務違反を主張し、債務不履行に基づき損害賠償を請求した。この判決は、本件土地中にインキ廃材、焼却灰、油分等のほか、ダイオキシン類、PCB、六価クロム、フッ素、ホウ素等が存在し、土壌汚染がダイオキシン類対策特別措置法に基づいて定められた環境基準値や土壌汚染対策法施行規則において定められた環境基準値を超過したものである場合には、当該汚染の拡散の防止その他の措置をとる必要があるから、環境基準を超過した汚染土壌が本件土地の瑕疵に該当するとし、調査費用、対策費用等として5億6970万円余の損害を認める等し、その余の損害を認めず、債務不履行を否定し、Xの請求を一部認容した。

≪判旨≫
「ウ　汚染土壌について
　原告指摘の各物質はいずれも人体に有害なものであり（甲八七）、これらはダイオキシン類対策特別措置法2条又は土壌汚染対策法2条1項、同法施行令1条により規制されている有害物質である。そして、これらの物質により汚染された土壌が、ダイオキシン類対策特別措置法に基づいて定められた環境基準値や土壌汚染対策法施行規則において定められた環境基準値を超過したものである場合には、当該汚染の拡散の防止その他の措置（最終処分場又は埋立場所等への投入、浄化、セメント等の原材料としての利用）をとる必要があるから、環境基準を超過した汚染土壌が本件土地の瑕疵に該当することは明らかである。
　以下、問題となる点について検討する。
　　㋐　ダイオキシン類を含む汚染土壌について
　被告は、ダイオキシン類を含む汚染土壌のうち、別紙図面中の区画17S－4の汚染土壌は、そのダイオキシン類検出値が、ダイオキシン類対策特別措置法に基づいて定められた環境基準値を超過していないから、本件土地の瑕疵にはあたらない旨主張する。
　しかし、ダイオキシン類等の土壌汚染の原因物質が降雨や地下水の影響等で土中において拡散しやすいことは容易に想定されるところ、別紙図面の17S－

4は、上記基準値を大幅に上回った同図面17Ｓ―2、5、6に近接した区画である上、ダイオキシン類の発生原因と考えられる焼却灰、灰プラスチック及び金属屑等の埋設物が、同図面17Ｓ―4においても同図面17Ｓ―2、5、6と同様に発見されているし（その意味では、これらの区画において、焼却灰、灰プラスチック及び金属屑等を一体として廃棄したものと推測される。）、同図面17Ｓ―4のダイオキシン類検出値は、0.7pg／g―TEQ あって、上記基準値である1.0pg／g―TEQ を若干下回っているにすぎない。

そうすると、別紙図面17Ｓ―4の汚染土壌は、同図面17Ｓ―2、5、6の汚染土壌とともに、一体として汚染されているというべきであり、たまたま調査地点において検出値が基準値を下回っていたからといって、この部分の土壌が汚染されていないとか瑕疵でないとかいうことはできない。

したがって、被告の上記主張はこれを採用することができない。

(ｲ)　PCBを含む汚染土壌について

被告は、PCBを含む汚染土壌は、被告がこれを引き取ったのであるから、本件土地の瑕疵にはあたらない旨主張する。

しかし、被告が引き取ったからといって、上記汚染土壌の瑕疵該当性が否定されるわけではないから、被告の上記主張は採用することができない。

(ｳ)　六価クロム、フッ素及びホウ素を含む汚染土壌について

被告は、六価クロム、フッ素及びホウ素を含む汚染土壌は、本件売買契約締結前に行われた二度の土壌調査においては発見されず、本件売買契約締結後に行われた土壌調査において初めて発見されたものであるから、これらの汚染土壌は本件売買契約締結時には存在しなかった旨主張する。

しかし、本件において、本件土地の引渡し後に原告の行っていた事業活動が、六価クロム、フッ素及びホウ素を含む汚染物質を排出する可能性があることを窺うべき資料は見当たらない。

また、甲一五及び一六によれば、本件売買契約締結前に行われた調査のうち一度目の調査（表層土壌調査）は、調査資料の採取深度が15cm調査地点が19地点であったことが認められ、また、甲一八によれば、二度目の調査（ボーリング調査）は、調査資料の採取深度が約3mであったものの、調査地点が8地点に限定されていたことが認められ、他方、甲三〇及び三一によれば、本件売買契約締結後に行われた調査は、調査資料の採取深度が約3m、調査地点が100地点以上であったことが認められる。したがって、本件売買契約締結前の調査と締結後の調査とでは、調査の範囲及び内容が大幅に異なっていたのであるか

ら、本件売買契約締結前の調査において発見されなかった汚染土壌が締結後の調査において発見されたからといって、本件売買契約締結以前にはそのような汚染土壌が存在していなかったとはいえない。また、そもそも、甲一五及び一六によれば、上記一度目の調査においては、分析対象物質の中にフッ素が入っておらず、また、甲一八によれば、上記二度目の調査においては、分析対象物質の中に六価クロム及びフッ素が入っていなかったのであるから、上記一度目の調査においてフッ素が、上記二度目の調査において六価クロム及びフッ素が発見されなかったのは当然のことである。さらに、甲一五及び一六によれば、上記一度目の調査においては、調査資料の採取深度が15cmであったにもかかわらず、別紙図面中の区画16T－9と近似した地点において、約0.1～0.2mg／Lのホウ素が発見されていたことが認められるのであるから、本件売買契約締結前に行われた調査において上記汚染物質が一切発見されなかったわけではない。

以上によれば、被告の上記主張は採用することができない。」

≪実務上の留意点≫

この事案は、企業間で土壌汚染の調査を経て元工場用地の売買がされたところ、地中にインキ廃材、焼却灰、油分等、ダイオキシン類、PCB等が存在したことから、買主が売主に対して瑕疵担保責任、説明義務違反による債務不履行責任に基づき損害賠償を請求した事件である。この事案では、売主の債務不履行責任の成否が問題になっており、瑕疵担保責任が契約締結の準備段階における信義則上の義務違反と選択的に主張されている。

この判決は、環境基準を超えた土壌の汚染につき売主の瑕疵担保責任を肯定し、債務不履行責任を否定したものであり、事例判断を提供するものであるが、瑕疵担保責任と契約締結の準備段階における瑕疵に関する事情の説明義務が密接に関係していることを示す事例として参考になる。

[18] 東京地判平成20.11.19判タ1296.217

≪事案の概要≫

Y_1株式会社は、人工甘味料の原料の製造工場を経営していたところ、平成14年3月、工場の稼働を停止し、本件土地を売却するためにA株式会社らに依頼して本件土地の土壌汚染調査を実施し、環境基準値を超える砒素が検出されたことから、Y_2株式会社、Y_3株式会社らに依頼して本件土地の浄化工事を実施した後、平成16年8月、不動産業を営むX株式会社が本件土地に住宅を建築

し、住宅の分譲事業を営むことを目的として、Y₁がXに本件土地を本件土地の引渡し後6か月を経過したときは隠れた瑕疵につき請求をすることができない旨の特約で売却し、Xは、平成16年8月、共同住宅の建築、分譲を目的としてB株式会社に本件土地を売却し、BがC株式会社に依頼して本件土地の地質分析を実施したところ、環境基準値の最大610倍の砒素が検出されたことから、Xが平成17年7月Y₁に対して瑕疵担保責任追及の書面を送付し、Y₁に対して瑕疵担保責任、債務不履行に基づき、Y₂らに対して不法行為に基づき損害賠償を請求した。この判決は、瑕疵担保責任の免責特約は悪意の場合のみに否定されるとした上、本件ではY₁には悪意は認められないとし、瑕疵担保責任を否定し、債務不履行については、信義則上土壌中の砒素につき環境基準値を下回るよう浄化して引き渡す義務を認め、本件ではこの義務違反が認められるとし、地表から1mの土壌汚染との間で相当因果関係のある損害を認め、Y₂らの不法行為については、Y₂らがXとの関係で何らかの義務を負うものではないとし、Y₁に対する請求を認容し、Y₂らに対する請求を棄却した。

≪判旨≫
「2 争点1（被告江南化工の責任）について
(1) 争点1(1) （被告江南化工の瑕疵担保担責任の有無）

ア 本件売買契約後である平成17年の8月から10月ころにかけて行われたJFE、内藤環境、国際技術及び四門の各社による調査の結果、本件土地の地表から地下1mまでの土壌からも環境基準値を大幅に上回る高濃度のヒ素が検出されたとの報告がされたことは前記1認定のとおりである。これに、本件売買契約締結時から上記各種土壌調査までの間に本件土地に新たにヒ素が投棄されたとか混入されたことを認めるに足りる証拠はないこと等を併せ考慮すると、前記土壌調査によって判明した環境基準値を上回るヒ素は、本件売買契約締結当時から本件土地の土壌中に存在したものと推定される。

なお、被告江南化工は、本件土地で有害物質を扱う工場の操業停止後、本件土地の土壌調査を実施したところ、ヒ素等が検出されたことから、本件土地の汚染浄化工事を被告長谷工に依頼し、その孫請業者である被告田中環境開発によって本件浄化工事が実施され、浄化効果の確認の結果、本件土地のヒ素が環境基準値以下となっている旨の報告がされたこと、被告江南化工は被告都築鋼産を用いて本件土地の一部につき本件土壌入替え工事を行ったことは前記1認定のとおりである。しかし、これらの事実は、本件売買契約当時、本件土地の地表から地下1mまでの部分に環境基準値を超えるヒ素が含まれていたとの事

実と矛盾するものではなく、本件売買契約当時に本件土地の地表から地下１ｍまでの部分に環境基準値を大幅に上回るヒ素が含まれていたとの前記推定を左右するものではない。

　そうすると、本件売買契約は本件土地を原告において戸建て住宅分譲事業を行うことを目的とするものであるから、本件瑕疵担保責任制限特約の対象となる本件土地の地表から地下１ｍまでの部分に環境基準値を大幅に超える高濃度のヒ素が含まれることは、宅地として通常有すべき性状を備えたものということはできず、本件土地の瑕疵に当たる。そして、原告は、本件売買契約の際に、被告江南化工から、本件土地につき本件浄化工事を行い、浄化効果の確認の結果、環境基準値を下回ったとの報告を受けたことは前記１認定のとおりであって、本件土壌に環境基準値を大幅に超える高濃度のヒ素が含まれていることを知らなかったのであるから、上記瑕疵は「隠れた」瑕疵に当たる。

　イ　原告は、本件売買契約の本件瑕疵担保責任期間制限条項について、本件土地に瑕疵のあることにつき被告江南化工に悪意又は重過失がある場合には無効であるとし、被告江南化工は本件土地に環境基準値を大幅に超えるヒ素が含まれていることにつき悪意又は少なくとも重過失があったから無効であって、瑕疵担保責任を負うと主張する。

　しかしながら、本件瑕疵担保責任期間制限条項は有効であって、本件土地の引渡しから６か月が経過しているから、被告江南化工が瑕疵担保責任を負うことはないと解される。その理由は、次のとおりである。

　　(ｱ)　民法572条は、売主は、567条から前条までの規定による担保の責任を負わない旨の特約をしたときであっても、知りながら告げなかった事実〈証拠略〉については、その責任を免れることはできない旨規定している。この規定は、売主が知りながら告げない事実については、公平の見地から瑕疵担保責任の免責特約の効力を否定する趣旨のものである。このような同条の文言及び趣旨に照らせば、本件瑕疵担保責任制限条項は、本件土地に環境基準値を超えるヒ素が残留していたことにつき被告江南化工が悪意の場合に無効となるが、本件土地の土壌に環境基準値を超えるヒ素が残留していたことを知らない場合には、知らなかったことにつき重過失があるとしても、その効力が否定されることはないと解するのが相当である。

　　(ｲ)　しかるところ、被告江南化工は本件土地の地表から地下１ｍまでの部分につき環境基準値を超えるヒ素が含まれていないとの前提で、原告と本件売買契約をしたこと、被告江南化工は、本件売買契約に先立ち、土壌汚染を調査

した上で、専門業者である被告長谷工らに本件土地の浄化工事を依頼し、その工事完了後の調査の結果として、ヒ素が環境基準値を下回るとの報告を受けていたことは前示のとおりである。これらの事情に照らせば、本件土地の地下1m及びその周辺に環境基準値を超えるヒ素が残留していたことを被告江南化工が知っていたことを認めるに足りる証拠はない（もっとも、調査結果の中には深さ6mのところに高濃度のヒ素の汚染があるとの資料が含まれており、被告江南化工はこの事実を知っていた可能性があるが、被告江南化工は本件瑕疵担保責任制限特約において地表から1mまでの範囲での土壌汚染について責任を負うことを約束したにとどまるから、深さ6mのところに上記汚染があるとの認識があることをもって、悪意であったということはできない。）。なお、念のため付言すると、前記1認定の事実関係の下において、本件土地の地表から地下1mまでの部分に環境基準値を超えるヒ素が残留していることを被告江南化工が知らなかったことにつき重過失があるということもできない。

　(ｳ)　したがって、本件瑕疵担保責任期間制限条項は有効である。そうすると、本件土地の引渡し時である平成16年8月31日から責任制限期間6か月が経過しているから、被告江南化工は瑕疵担保責任を負わない。

　(2)　争点1(2)　（被告江南化工の汚染浄化義務違反の有無）について
　ア　本件売買契約の売主である被告江南化工は、本件土地に環境基準値を上回るヒ素が含まれている土地であることを事前に知っていたのであるから、信義則上、本件売買契約に付随する義務として、本件土地の土壌中のヒ素につき環境基準値を下回るように浄化して原告に引き渡す義務を負うというべきである。ただし、被告江南化工は原告との間で本件瑕疵担保責任制限特約により、地表から地下1mまでの部分に限り瑕疵担保責任を負担する旨の合意をしていることに照らせば、上記汚染浄化義務は本件土地の地表から地下1mまでの部分に限定されると解するのが相当である。

　しかるに、被告江南化工は、本件売買契約の時点で本件土地の地表から地下1mまでの部分に環境基準値を大幅に超える高濃度のヒ素が残留しているのに、そのままの状態で本件土地を原告に引き渡したことは前示のとおりであるから、被告江南化工は上記汚染浄化義務に違反したというべきである。」

≪実務上の留意点≫
　この事案は、元工場用地につき汚染調査を実施し、発見された砒素の浄化工事を施工した後、共同住宅の建築を目的として売買されたところ、土壌汚染が発見されたため、買主が売主に対して瑕疵担保責任、債務不履行に基づき損害

賠償を請求する等した事件である。この事案では、売主の債務不履行責任の成否も問題になっているが、この債務不履行の内容は契約締結の準備段階における信義則上の義務違反とは異なる内容の主張であり、別途この信義則上の義務違反の主張も可能であったものである。

　この判決は、瑕疵担保責任制限特約が有効であるとし、売主の瑕疵担保責任を否定したが、土地につき信義則上の汚染浄化義務を認めた上、この義務違反を肯定したものである。この判決の設定した汚染浄化義務は、一読すると、巧みな論理構成であるように思われるものの、その法的な根拠、その義務設定の合理性、相当性に疑問が残るものである。

[19] 東京地判平成21.2.6判タ1312.274
≪事案の概要≫
　不動産業者であるX株式会社は、平成17年4月、Yから代金3150万円で購入し、平成17年6月、A株式会社に売却し、Aが平成18年3月頃に地中調査を実施したところ、地下に井戸が存在することが判明し、Aから瑕疵担保責任に基づく損害賠償を求められ、580万円を支払う内容の和解が成立したため、XがYに対して瑕疵担保責任に基づき損害賠償を請求した。この判決は、井戸の存在が隠れた瑕疵に当たるとし、撤去工事費用相当額の損害を認め（97万500円）、請求を認容した。

≪判旨≫
「1　争点(1)　（本件井戸が存在することが本件土地の瑕疵といえるか否か）について

　(1)　本件土地は、原告と被告との間で、宅地として売買されたものであるところ（前提事実(2)）、本件土地の別紙図面記載の㋐として円状に囲まれた場所に、鉄筋コンクリート製の井戸蓋と、直径1.35メートル、深さ約6.6メートルの井戸孔からなる本件井戸が存在したことが認められる（前提事実(4)）。本件井戸の位置及び大きさに照らすと、本件土地の買主が本件土地を宅地として利用するためには、本件井戸を撤去し、これに伴う地盤改良工事等を行う必要があるものと認められるから、本件土地は、宅地として通常有すべき性状を備えていないものと認めるのが相当である。したがって、本件井戸の存在は本件土地の瑕疵といえる。

　(2)　被告は、本件土地の南東側隣地に地上3階の鉄骨建物が建築されていることを根拠に、本件土地上にも通常の2、3階建ての鉄骨建物の建築に耐え

得る程度の強度がある旨主張する。しかし、本件井戸の井戸孔は、本件土地の南東側隣地にまたがって存在したものの、同隣地上の建物の基礎下にまでは及んでいなかったことが認められるから（甲17）、同隣地に地上3階建ての鉄骨建物が建築されていることをもって、上記認定を覆すことはできず、この点についての被告の主張は採用できない。

また、被告は、本件井戸を掘削しなければならないのは、A社が本件土地いっぱいに建物を建築しようとしたからであって、通常の建物を建築する場合には本件井戸の存在は問題とならない旨主張する。しかし、本件土地が東京都港区白金台という住宅地帯に所在し、その面積も41.81㎡と宅地として利用するには手狭であること（甲2、11、弁論の全趣旨）に照らすと、本件土地いっぱいに建物を建築することは通常予想されることであるうえ、本件井戸の位置及び大きさに照らすと、本件井戸が通常予定される建物の建築をも妨げるものと認められるから、被告の主張は採用できない。

2　争点(2)（本件井戸の存在による本件土地の瑕疵が本件売買契約締結当時隠れたものであったか否か）について

(1)　確かに、本件土地上の南西（接道側）角付近には、本件売買契約締結当時から、井戸用の手押しポンプが設置されていたことが認められる（甲4の1ないし31、甲12、14、17、乙1の1ないし6、弁論の全趣旨）。

しかし、本件井戸の井戸孔の中心は上記ポンプから1.8メートル離れており（甲17、18、弁論の全趣旨）、その井戸孔が直径1.35メートル、深さ約6.6メートルもの大きさで存在したこと（前提事実(4)）、原告が平成17年6月8日に本件土地の近隣住民である丙川大介に対して本件井戸を取り壊さないことを約する趣旨で提出した念書には「本地セットバック部分にある井戸」との記載があること（乙7の1、2）、原告とA社との間の本件土地の売買契約の締結に当たって作成された求積図には、本件井戸が上記位置に存在することが記載されておらず（甲15）、同契約の際に作成された重要事項説明書にも、井戸の存在についての言及があるにもかかわらず、建物の建築に影響が及ぶ旨の記載が見当たらないこと（甲11）などに照らすと、原告は、本件売買契約締結当時、本件井戸が上記位置に上記大きさで存在することを知らなかったものと認めるのが相当である。

また、本件井戸の位置及び大きさについては、本件土地の売買契約に不動産仲介業者として関与した株式会社B及び株式会社Cの担当者がいずれも本件井戸が上記位置に存在することについて気付かなかったことが認められるうえ

（甲11、12）、原告が本件売買契約締結当時、本件井戸の正確な位置を知るためには、少なくとも上記ポンプの周辺部分について地中障害に関するボーリング調査をする必要があったものと認められるところ（弁論の全趣旨）、本件井戸周辺の地盤調査費用ですら36万円と見込まれていること（甲10の1、甲18、19）に照らすと、上記ボーリング調査にはこれを上回る相当額の費用が見込まれ、代金額が3150万円である本件売買契約の締結に当たって、原告に上記ボーリング調査をする義務があったとまでは認め難い。そうすると、本件売買契約締結当時において、本件井戸が上記位置に上記大きさで存在したことを予見することは、一般人を基準とした場合はもとより、不動産業者である原告を基準としても困難であったと認めるのが相当である。

したがって、本件井戸の存在による本件土地の瑕疵は、本件売買契約締結当時隠れたものであったといえる。」

≪実務上の留意点≫

この事案は、土地が売買されたところ、地中に井戸が発見されたため、不動産業者である買主が個人である売主に対して瑕疵担保責任に基づき損害賠償を請求した事件である。この事案では、契約締結の準備段階における信義則上の義務（説明義務、告知義務）違反として構成することが可能である。

この判決は、井戸の存在につき隠れたものであったことを認め、売主の瑕疵担保責任を認めたものであるが、事実関係に照らすと、買主の過失を認めることも不合理ではないと考えられ、その結論につき議論があろう。

[20] 東京地判平成22.3.9 判タ1342.190

≪事案の概要≫

Xは、Y₁株式会社所有の土地につき、Y₂有限会社の仲介により、現況求積図、公図を示される等してY₁から購入し、本件土地を賃貸駐車場として利用していたところ、Aから本件土地の大半はAが購入した土地であり、明渡しを求める旨の通知を受けたため、Xが土地の現況と公図の記載が異なっており、将来紛争の発生の可能性があったことが瑕疵に当たる等と主張し、Y₁に対して瑕疵担保責任等に基づき損害賠償等、Y₂に対して債務不履行に基づき損害賠償を請求した。この判決は、隠れた瑕疵を認め、Y₂の説明義務違反も認め（売買代金の30％が損害であるとした）、請求を認容した。

≪判旨≫

「(1) 本件土地の瑕疵の存否

第2章　売買契約の成否をめぐる裁判例

　前記認定のとおり、本件土地の地番が23番11であるか23番31であるかを確定することができないこと（上記3）、原告が、23番31の土地の登記を有するBから、本件土地の明渡し等を請求されていること（上記1(13)）によると、本件売買当時、本件土地についてはその所有権をめぐる紛争が将来生じる可能性があったものといわざるを得ず、このような土地は、売買取引をするについて通常有すべき性能を備えていないものということができるから、本件土地には瑕疵があったものと認められる。

　被告Y₁社は、公図は、あくまでも土地の大まかな位置や形状を知るための資料であって、土地売買の当事者間において公図の正確性は強い関心事ではないと主張するが、公図は、現在の不動産取引においてもなお、登記簿に記載された地番の土地の位置や形状を知るための重要な資料として利用されており、土地所有権の存否等を判断する際の一資料となり得るものであって、これを軽視することはできないから、被告Y₁社の上記主張は採用できない。

　また、被告Y₁社は、公図の混乱という事態は、我が国の不動産登記制度が抱える一般的な問題であって、本件土地固有の問題ではないとも主張するが、本件土地の外にも公図と現況の一致しない土地が存在しているからといって直ちに、本件土地に瑕疵が存しないということはできないから、上記主張は採用できない。」

≪実務上の留意点≫

　この事案は、土地が売買されたところ、土地の現況と公図の記載が異なっていたため、買主が売主に対して瑕疵担保責任に基づき損害賠償を請求した事件である。この事案では、契約締結の準備段階における信義則上の義務（説明義務、告知義務）違反として構成することが可能である（なお、この事案では、仲介業者につき説明義務違反による債務不履行責任が問われている）。

　この判決は、土地の現況と公図の記載が異なり、将来所有権をめぐる紛争が生じる可能性があることにつき瑕疵担保責任を認めたものであるが、瑕疵の有無の判断につき疑問が残るものである。

[21] 東京地判平成22．5．27判タ1340．177
≪事案の概要≫

　マンション販売業を営むY₁株式会社は、建設業を営むY₂株式会社にマンション（総戸数65戸）の建築を注文し、Y₂が施工したところ、X₁は、Y₁から最上階の専有部分を購入し、X₂とともに居住したが、本件マンションの床材

にはJISのE$_2$の建築材料が使用されていたところ、その後、建築基準法等が改正され、E$_2$のパーティクルボードは化学物質過敏症を防止する見地から居室の床の仕上げ材に使用することが禁止されたため、X$_1$らがY$_1$に対して瑕疵担保責任に基づき損害賠償を請求する等した。この判決は、売買契約の締結後の法令の改正による禁止の床材を使用したことが瑕疵には当たらない等とし、請求を棄却した。

≪判旨≫

「(カ)　Y$_1$は、平成9年ころから、ホルムアルデヒド濃度等の住宅性能につき新規分譲物件を対象としたサンプル調査を行って独自の性能評価基準の策定を模索していたところ、本件マンションが完成してその引渡しを受ける直前の平成10年3月13日、Y$_2$に依頼して、サンプル調査として本件住戸以外の6戸のホルムアルデヒド濃度を測定したところ、その測定結果は、旧厚生省の本件小委員会が提案した指針値（後に策定された厚生省指針値と同じ）をわずかに上回る程度であった。本件マンションには、原告ら以外に住戸から放出されるホルムアルデヒドによる化学物質過敏症を訴える者はいない（甲5、原告花子本人）。

　(2)　上記の諸事情によれば、本件マンションの建築当時、床材にE$_2$相当のパーティクルボードを使用することが法令上禁止されていなかったのみならず、床材にE$_2$相当のパーティクルボードを含む床材を用いることがマンションの通常有すべき性能に欠けることを意味するものということができない。そして、本件売買契約において、原告太郎と被告大京との間で、床材にE$_2$相当のパーティクルボードを使用しないことが合意されたことについては何らの主張及び立証がされていない。したがって、本件住戸の床面にE$_2$相当のパーティクルボードを含む本件床材を用いたことは、本件住戸の瑕疵には当たらないというべきである。また、本件施工不良については、原告太郎は、本件住戸の床面にE$_2$相当のパーティクルボードを含む本件床材を用いたことが本件住戸の瑕疵に当たることを前提に、本件住戸の床面にE$_2$相当のパーティクルボードを含む本件床材を用いたこととともに本件住戸の瑕疵に当たると主張して瑕疵担保による損害賠償請求をしていることが明らかである。

　したがって、被告大京は、原告太郎に対して、本件住戸の床面にE$_2$相当のパーティクルボードを使用する本件床材を用いたこと及び本件施工不良を瑕疵とする瑕疵担保による損害賠償責任を負わないというべきであるし、被告三井住友建設に本件住戸にE$_2$相当のパーティクルボードを使用しないように指示

第2章　売買契約の成否をめぐる裁判例

すべき注意義務があったということはできないから、原告花子に対して、上記注意義務違反を理由とする不法行為による損害賠償責任を負わないというべきである。また、被告三井住友建設は、原告らに対して、上記瑕疵があることを理由とする不法行為による損害賠償責任を負わないというべきである。」

≪実務上の留意点≫

　この事案は、マンションの専有部分が売買されたところ、後日、使用された建築資材の一部がホルムアルデヒド濃度の観点から法令によって使用禁止にされたため、買主が売主に対して瑕疵担保責任に基づき損害賠償を請求した事件である。この事案では、売買契約の成立後の事情が売買契約に影響を与えるかが問題になった興味深い事件である。

　この判決は、売主の瑕疵担保責任を否定したものであり、瑕疵の否定事例として参考になる。

[22] 最三判平成22．6．1判時2083．77
≪事案の概要≫

　X土地開発公社は、平成3年3月、Y株式会社から土地を購入したところ、本件土地には当時法令の規制の対象になっていなかったフッ素が含まれていたが、平成13年3月、環境基本法に基づき定められた環境庁告示によってフッ素についての環境基準が新たに告示され、平成15年2月、土壌汚染対策法、同法施行令の施行によりフッ素が特定有害物質に指定される等したため、XがYに対して瑕疵担保責任に基づき損害賠償を請求した。第一審判決（東京地判平成19．7．25金融・商事判例1305．50）は瑕疵を否定し、請求を棄却したため、Xが控訴した。控訴審判決（東京高判平成20．9．25金融・商事判例1305．36）は、土壌に人の健康を損なう危険のある有害物質が危険がないと認められる限度を超えて含まれていたことが瑕疵に当たるとし、原判決を変更し、請求を認容したため、Yが上告受理を申し立てた。この判決は、売買契約締結後に法令に基づく規制が加えられたフッ素が基準値を超えて含まれていたことが瑕疵に当たらないとし、瑕疵担保責任を否定し、原判決を破棄し、控訴を棄却した。

≪判旨≫

「売買契約の当事者間において目的物がどのような品質・性能を有することが予定されていたかについては、売買契約締結当時の取引観念をしんしゃくして判断すべきところ、前記事実関係によれば、本件売買契約締結当時、取引観念

上、ふっ素が土壌に含まれることに起因して人の健康に係る被害を生ずるおそれがあるとは認識されておらず、被上告人の担当者もそのような認識を有していなかったのであり、ふっ素が、それが土壌に含まれることに起因して人の健康に係る被害を生ずるおそれがあるなどの有害物質として、法令に基づく規制の対象となったのは、本件売買契約締結後であったというのである。そして、本件売買契約の当事者間において、本件土地が備えるべき属性として、その土壌に、ふっ素が含まれていないことや、本件売買契約締結当時に有害性が認識されていたか否かにかかわらず、人の健康に係る被害を生ずるおそれのある一切の物質が含まれていないことが、特に予定されていたとみるべき事情もうかがわれない。そうすると、本件売買契約締結当時の取引観念上、それが土壌に含まれることに起因して人の健康に係る被害を生ずるおそれがあるとは認識されていなかったふっ素について、「本件売買契約の当事者間において、それが人の健康を損なう限度を超えて本件土地の土壌に含まれていないことが予定されていたものとみることはできず、本件土地の土壌に溶出量基準値及び含有量基準値のいずれをも超えるふっ素が含まれていたとしても、そのことは、民法570条にいう瑕疵には当たらないというべきである。」

≪実務上の留意点≫

　この事案は、土地が売買されたところ、土地にフッ素が含まれており、後日法令によって特定有害物質に指定されたため、買主が売主に対して瑕疵担保責任に基づき損害賠償を請求した上告審の事件である（控訴審判決は瑕疵担保責任を肯定した）。この事案も、売買契約の成立後の事情が売買契約に影響を与えるかが問題になった興味深い事件である。

　この判決は、売主の瑕疵担保責任を否定したものであり、瑕疵の否定事例として参考になる。

[23] 福岡高判平成23．3．8判時2126．70

≪事案の概要≫

　Y_1は、マンションの一室を所有し、Aに賃貸し、Aは、アロマセラピーと称してマッサージ業を営んでいたところ、Xは、不動産業者であるY_2株式会社の仲介により、本件居室を購入し、入居したが、本件居室で風俗営業が営まれていたことが判明したため、XがY_1に対して瑕疵担保責任、不法行為に基づき、Y_2に対して説明義務違反に基づき損害賠償を請求した。第一審判決が瑕疵を否定し、Y_1に対する請求を棄却し、Y_2の説明義務違反を認め（慰謝料

として70万円を認めた)、請求を一部認容したため、X、Y₂が控訴した。この判決は、風俗営業につき隠れた瑕疵を認め、Xの控訴に基づき原判決を変更し、請求を認容し（対価的不均衡が生じたとし、民事訴訟法248条を適用し、100万円の損害を認めた）、Y₂の控訴を棄却した。

≪判旨≫

「二　争点1（本件居室に瑕疵があるか）について

　売買の目的物に民法570条にいう瑕疵があるというのは、その目的物が通常有すべき性質を欠いていることをいうのであり、その目的物が建物である場合には、建物として通常有すべき設備を有しないなど物理的な欠陥があるときのほか、建物を買った者がこれを使用することにより通常人として耐え難い程度の心理的負担を負うべき事情があり、これがその建物の財産的価値（取引価格）を減少させるときも、当該建物の価値と代金額とが対価的均衡を欠いていることから、同条にいう瑕疵があるものと解するのが相当である。

　これを、本件についてみるに、前記一の事実によれば、本件居室の前入居者は、本件居室において実質的に性風俗特殊営業を営んでいた。そこで、管理組合は、一審被告乙山及び本件居室の前入居者に対して、本件居室において風俗営業又はこれに類似する営業を行っているため、本件マンションの住民に対して不安や不快感等を与えるほか、本件居室における上記営業が外部に知られると本件マンションの財産的価値が下落するなどとして、本件居室の明渡し等を請求する訴訟を提起した。そして、同訴訟の第一審裁判所は管理組合の上記請求を全部認容し、前入居者は、同訴訟の控訴審における和解に基づいて本件居室を明け渡したというのである。このような経緯からすれば、本件マンションの住民は本件居室で性風俗営業が行われていたことを認識していたものと推認され、現に、本件マンションの理事会や総会で目的外使用の防止が議論された際に、本件居室における風俗営業の事例が引き合いに出されていたものである。そして、将来においても、本件マンションの目的外使用に関して本件居室の事例が引き合いに出されることは容易に予測される。

　以上によれば、本件居室が前入居者によって相当長期間にわたり性風俗特殊営業に使用されていたことは、本件居室を買った者がこれを使用することにより通常人として耐え難い程度の心理的負担を負うというべき事情に当たる（現に、一審原告の妻はこの事実を知ったことから心因反応となり、長期間にわたり心療内科の治療を受けたほか、一審原告及びその妻はいまだに本件居室が穢れているとの感覚を抱いている。）。そして、住居としてマンションの一室を購

入する一般人のうちには、このような物件を好んで購入しようとはしない者が少なからず存在するものと考えられるから（現に一審原告が事実を知っていたら本件居室を購入しなかったものと考えられる。）、本件居室が前入居者によって相当長期間にわたり性風俗特殊営業に使用されていたことは、そのような事実がない場合に比して本件居室の売買代金を下落させる（財産的価値を減少させる）事情というべきである（現に、管理組合も上記訴訟において同旨の主張をしていたものである。）。

したがって、本件居室が前入居者によって相当長期間にわたり性風俗特殊営業に使用されていたことは、民法570条にいう瑕疵に当たるというべきである。」

≪実務上の留意点≫

この事案は、マンションの専有部分が売買されたところ、従前、風俗営業が営まれていたことが判明したため、買主が売主に対して瑕疵担保責任に基づき損害賠償を請求した事件である。この事案では、契約締結の準備段階における信義則上の義務（説明義務、告知義務）違反として構成することが可能である（なお、この事案では、仲介業者につき説明義務違反による債務不履行責任が問われている）。

この判決は、売買の目的物である部屋で風俗営業が営まれていたことが瑕疵に当たるとし、心理的瑕疵を認め、売主の瑕疵担保責任を肯定したものであるが、瑕疵を相当に拡大したものであり、疑問が残るとともに、議論を呼ぶ判断である。

第3章

売買交渉をめぐる裁判例

1　売買交渉の決裂

　不動産の売買交渉の実情の概要と法的な枠組みは、既に説明したが、具体的に紛争になり、さらに訴訟に発展した事例を紹介したい。

　紹介する裁判例は、昭和から平成の現在に至るまでの長い年月であり、個々の事案の内容を考慮しても、契約締結上の過失責任の法理、契約締結の準備段階における信義則上の義務の法理が拡大し、発展していく過程を実感することができる。現在、不動産の売買交渉を行う場合、その交渉期間が長期間になればなるほど、交渉内容が具体化し、煮詰まれば煮詰まるほど、費用を使えば使うほど、書面を取り交わせば取り交わすほど、その後、契約の交渉を中止し、契約の締結を拒否したときは、特段の理由（その理由の内容については議論があり、正当な理由、やむを得ない理由、相当の理由などが取り上げられている）がない限り、交渉の相手方に対して損害賠償責任を負う可能性が高くなっている。不動産の売買交渉においては、一昔前のように自由に契約締結を拒否することができる時代は既に終わり、このような損害賠償責任のリスクにも配慮して交渉を進行させ、契約締結の許否等を判断することが必要になっている。

[24]　福岡地小倉支部判昭和51．6．21判時848.102、判タ347.264
≪事案の概要≫
　A市は、昭和26年頃、公営住宅を建築し、Xらが入居し、その頃、将来の払い下げが示唆されていたところ、昭和38年、A市議会において建物払い下げの承認決議がされたものの、所要の手続がされるまでにA市が合併し、Y市になり、その後、Y市は、払い下げが相当でないとしたため、XらがYに対して主位的に売買契約の成立を主張し、所有権移転登記手続、予備的に契約締結上の過失、不法行為に基づき損害賠償を請求した。この判決は、売買契約の成立、契約締結上の過失等を否定し、主位的請求、予備的請求を棄却した。
≪判旨≫
「また原告らは被告の払下を実行しない所為は昭和38年2月1日の旧小倉市議会における払下承認議決の趣旨を無視した点において過失があると主張する。

成程旧小倉市長提案に基き旧小倉市議会において払下承認の議決がなされた以上特段の事由がない限り爾後右議決の趣旨に副って払下の執行手続きが進められるであろうし、払下を受けるべき原告らも之を大いに期待するであろうことは察するに余りあるのであるが、さればといって地方公共団体の議会のこの種議決がそれ自体対外的効力を有しないのはもとより執行機関の政治上行政上の責任の問題は兎も角として、その後における執行機関に対する拘束力を有するものでもないことは議決が地方公共団体の内部的意思決定たる性質を有するに止まることからして明白であり、払下の執行はあくまで執行機関の専権に属し、執行機関の長はその後の各種事情の変化に応じて最終的な結論を下す権利を失わないというべきであって、内部的な手続にすぎない議会の議決により長が対外的に議決どおりの執行をなすべき法律上の作為義務を負担すると解することはできない。ましてや被告北九州市長が旧小倉市長以上に合併前の内部的意思決定に拘束さるべき対外的な法律上の義務を負担したと解すべき論拠は何もないのであって、被告が旧小倉市議会の議決の趣旨に反し払下を実行しないからといって契約締結上の過失をもって問責することはできない。」

≪実務上の留意点≫

　この事案は、市の公営住宅の入居者が入居の頃に払い下げが示唆されており、市議会において払い下げ承認決議がされ、市と交渉が行われたものの、市の合併等により払い下げが実行されなかったため、合併後の市に対して契約締結上の過失に基づき損害賠償等を請求した事件である。この事案は、市の公営住宅の払い下げが問題になったこと、市の払い下げが市によって示唆され、市議会の承認決議がされたこと（入居者に期待が生じたものである）、払い下げにつき契約締結上の過失が問題になったこと、主位的に売買契約の成立が主張されたことに事案としての特徴がある。この事案では、市営住宅の払い下げという売買交渉、売買契約が問題になったものである。

　この判決は、売買契約の成立を否定し、市議会の承認決議は市の内部的な手続にすぎず、払い下げを実行しなかったからといって契約締結上の過失は認められないとしたものであり、売買契約の成立を否定した事例として参考になるとともに、契約締結上の過失を否定した早い時期の裁判例として参考になる（「契約締結上の過失」の用語が使用されている）。

　この判決は、市営住宅の払い下げという特徴のある事案について、売買契約の成立を否定するとともに、市の契約締結上の過失責任を否定した事例判断として参考になる。この事案は地方自治体であっても契約の締結交渉のトラブル

に巻き込まれることを示している。

[25] 東京高判昭和54.11.7 判時951.50、判タ408.106、金融・商事判例589.13

≪事案の概要≫
　Yは、所有土地の売却につきXと交渉を重ね、売買代金額、手付金額を合意し、公正証書の作成日も取り決めたが、Yが作成日に公証役場に来ず、本件土地を他に売却したため、XがYに対して売買契約の成立と履行不能を主張し、債務不履行に基づく損害賠償を請求した。第一審判決は、売買契約の成立を認めず、請求を棄却したため、Xが控訴した（Xは、控訴審において信義則違反による不法行為に基づく損害賠償請求を追加した）。この判決は、売買契約の成立を否定し、控訴を棄却したが、予備的請求については、契約締結の利益を侵害した不法行為を認め（金融機関からの借入利息、手形振出用印紙代の損害を認めた）、請求を認容した。

≪判旨≫
「被控訴人がその所有地を控訴人に売却するについて、控訴人との間で交渉を進め、売買代金を始め、約定すべき事項について、相互の諒解に達し、一旦、契約を締結すべき予定日まで取り決めたけれども、被控訴人は右期日における契約締結の延期を申し入れると共に、建物取壊費用の負担について、控訴人に不利益に変更する申入をして、控訴人からその承諾を得た後、再度契約締結日を相互で取り決め、かつ被控訴人は控訴人の求めに応じて契約事項の確認を目的とした土地付建物売買契約書と題する書面の売主欄に、その記名用ゴム印を押捺したばかりでなく、被控訴人自らも特約事項を記載した書面を作成して控訴人に交付したことは、前示のとおりである。してみれば、控訴人としては、右交渉の結果に沿った契約の成立を期待し、そのための準備を進めることは当然であり、契約締結の準備がこのような段階にまでいたった場合には、被控訴人としても控訴人の期待を侵害しないよう誠実に契約の成立に努めるべき信義則上の義務があると解するのを相当とし、被控訴人がその責に帰すべき事由によって控訴人との契約の締結を不可能ならしめた場合には、特段の事情のない限り、控訴人に対する違法行為が成立するというべきである。しかして、被控訴人は、控訴人とあらかじめ定めた期日における契約の締結に応じなかったばかりでなく、右契約の目的となる筈であった本件土地を被控訴人に秘して東京都墨田区に売却してその相当部分について所有権移転登記手続きを経由し、控

訴人が右土地を買い取ることを不可能ならしめたのであって、控訴人が右の挙に出ざるを得なかった特段の事情については被控訴人において主張立証するところがないから、被控訴人の右所為は、控訴人の有する契約締結の利益を侵害した点において違法というほかない。そして、前記認定したところによれば、右違法行為については、被控訴人に故意か少なくとも過失があったというべきである。」

≪実務上の留意点≫

　この事案は、個人の間で土地の売買につき交渉が行われ、売買代金額、手付額、公正証書の作成日が決められたものの、作成日に売却予定者が公証役場に来なかったため、買受予定者が売却予定者に対して債務不履行等に基づく損害賠償を請求した控訴審の事件である。この事案は、土地の売買交渉が行われたこと、売買契約の具体的な内容が確定したこと、予定された公正証書が作成されなかったこと、売買契約の成立が主張されたこと、控訴審において信義則違反による不法行為に基づく損害賠償責任が追加されたことに事案としての特徴がある。この事案では、売買契約の交渉が煮詰まり、公正証書の作成を待つばかりの段階であったところ、売却予定者が最終的に公正証書（売買契約書）の締結を拒否したわけである。

　この判決は、売買契約の成立を否定したこと、買受予定者は交渉の結果に沿った契約の成立を期待し、そのための準備を進めることは当然であるとしたこと、契約締結の準備がこのような段階にまで至った場合には、売却予定者としても買受予定者の期待を侵害しないよう誠実に契約の成立に努めるべき信義則上の義務があるとしたこと、この事案については、契約締結の利益の侵害による不法行為を認めたこと、金融機関からの借入利息、手形振出用印紙代の損害を認めたことに特徴がある。

　この判決は、まず、売買契約の成立を否定したものであるが、予定されていた売買契約に関する公正証書が作成されなかったものであり、事例判断として参考になる。

　また、この判決は、前記の段階で売買契約の締結を拒否した売却予定者の信義則上の義務違反を肯定した不法行為を肯定したものであり、実質的に契約締結上の過失責任を認めた事例として参考になる。なお、この判決は、前記の売却予定者の損害賠償責任の損害額を算定した事例判断としても参考になる。

[26] 最三判昭和56. 1. 27民集35. 1. 35、判時994. 26、判タ435. 75、金融・商事判例618. 32

≪事案の概要≫

　X株式会社は、Y村内に製紙工場の建設を計画し、Yに工場の誘致、Y所有地の譲渡を陳情し、Yの当時の村長Aは、村議会に工場誘致の可否を諮問し、村議会は、工場誘致、土地の譲渡を決議し、Aが全面的な協力を約したところ、Xは、工場敷地を選定し、予定地の耕作者に離作補償料を支払い、排水処理施設の見積もり、機械設備の発注、敷地の整備工事を完了する等したが、村長選挙においてAに代わってBが当選し、工場の誘致に反対し、工場建設を断念せざるを得なくなったため、XがYに対して不法行為に基づき損害賠償を請求した。第一審判決（那覇地判昭和50. 10. 1判時815. 79、判タ334. 286）は、工場誘致に協力の継続をしなくなったことが違法ではないとし、請求を棄却したため、Xが控訴した。控訴審判決も、同様な判断を示し、控訴を棄却したため、Xが上告した。この判決は、本件での協力拒否は、やむを得ない客観的事情が存するのでない限り、違法な加害行為に当たり、不法行為を免れないとし、この範囲で原判決を破棄し、本件を原審に差し戻した。

≪判旨≫

「二　そこで、原審の右判断の当否について検討するのに、地方公共団体の施策を住民の意思に基づいて行うべきものとするいわゆる住民自治の原則は地方公共団体の組織及び運営に関する基本原則であり、また、地方公共団体のような行政主体が一定内容の将来にわたつて継続すべき施策を決定した場合でも、右施策が社会情勢の変動等に伴つて変更されることがあることはもとより当然であつて、地方公共団体は原則として右決定に拘束されるものではない。しかし、右決定が、単に一定内容の継続的な施策を定めるにとどまらず、特定の者に対して右施策に適合する特定内容の活動をすることを促す個別的、具体的な勧告ないし勧誘を伴うものであり、かつ、その活動が相当長期にわたる当該施策の継続を前提としてはじめてこれに投入する資金又は労力に相応する効果を生じうる性質のものである場合には、右特定の者は、右施策が右活動の基盤として維持されるものと信頼し、これを前提として右の活動ないしその準備活動に入るのが通常である。このような状況のもとでは、たとえ右勧告ないし勧誘に基づいてその者と当該地方公共団体との間に右施策の維持を内容とする契約が締結されたものとは認められない場合であつても、右のように密接な交渉を持つに至つた当事者間の関係を規律すべき信義衡平の原則に照らし、その施策

の変更にあたつてはかかる信頼に対して法的保護が与えられなければならないものというべきである。すなわち、右施策が変更されることにより、前記の勧告等に動機づけられて前記のような活動に入つた者がその信頼に反して所期の活動を妨げられ、社会観念上看過することのできない程度の積極的損害を被る場合に、地方公共団体において右損害を補償するなどの代償的措置を講ずることなく施策を変更することは、それがやむをえない客観的事情によるのでない限り、当事者間に形成された信頼関係を不当に破壊するものとして違法性を帯び、地方公共団体の不法行為責任を生ぜしめるものといわなければならない。そして、前記住民自治の原則も、地方公共団体が住民の意思に基づいて行動する場合にはその行動になんらの法的責任も伴わないということを意味するものではないから、地方公共団体の施策決定の基盤をなす政治情勢の変化をもつてただちに前記のやむをえない客観的事情にあたるものとし、前記のような相手方の信頼を保護しないことが許されるものと解すべきではない。

これを本件についてみるのに、前記事実関係に照らせば、与儀前村長は、村議会の賛成のもとに上告人に対し本件工場建設に全面的に協力することを言明したのみならず、その後退任までの2年近くの間終始一貫して本件工場の建設を促し、これに積極的に協力していたものであり、上告人は、これによつて右工場の建設及び操業開始につき被上告人の協力を得られるものと信じ、工場敷地の確保・整備、機械設備の発注等を行つたものであつて、右は被上告人においても予想し、期待するところであつたといわなければならない。また、本件工場の建設が相当長期にわたる操業を予定して行われ、少なからぬ資金の投入を伴うものであることは、その性質上明らかである。このような状況のもとにおいて、被上告人の協力拒否により、本件工場の建設がこれに着手したばかりの段階で不可能となつたのであるから、その結果として上告人に多額の積極的損害が生じたとすれば、右協力拒否がやむをえない客観的事情に基づくものであるか、又は右損害を解消せしめるようななんらかの措置が講じられるのでない限り、右協力拒否は上告人に対する違法な加害行為たることを免れず、被上告人に対しこれと相当因果関係に立つ損害としての積極的損害の賠償を求める上告人の請求は正当として認容すべきものといわなければならない。」

(判例評釈として、小早川光郎・法協99巻11号144頁、前田達明・民商88巻1号85頁、古崎慶長・民商94巻5号38頁、滝沢正・ジュリスト768号43頁がある)。

第3章　売買交渉をめぐる裁判例

≪実務上の留意点≫

　この事案は、製紙工場の建設を計画した企業が村に働きかけ、村有地の購入を予定し、村長が工場の誘致に積極的な姿勢をとり、村議会も誘致、村有地の売却を決議したこと等の事情から（要するに、企業が工場の建設を計画し、村に働きかけることによって交渉が開始され、村長、村議会が一体となって工場の誘致を図るに至ったわけである）、企業が工場敷地を選定し、予定地の耕作者に離作補償料を支払い、排水処理施設の見積もり、機械設備の発注、敷地の整備工事を完了する等したところ、村長選挙で誘致に消極的な村長に交代したことから、工場建設を断念したため、企業が村に対して不法行為に基づき損害賠償を請求した上告審の事件である。この事案は、企業が村有地の購入、工場の建設を計画したこと、工場の用地につき売買交渉が行われたこと、村長が工場の誘致に積極的な姿勢をとったこと、村議会で誘致、村有地の売却を決議したこと、企業が工場建設のために費用を支出したこと、村長選挙で工場の誘致に反対する者が村長に当選したこと、企業が工場建設を断念したこと、工場用地の売買を断念したことに事案としての特徴がある。この事案では、村の工場用地の売却交渉の後における売買契約の締結拒否につき、村が不法行為に基づく損害賠償責任を負うかが問題になった。

　この判決は、地方公共団体のような行政主体が一定内容の将来にわたって継続すべき施策を決定した場合、特定の者に対してこの施策に適合する特定内容の活動をすることを促す個別的、具体的な勧告ないし勧誘を伴うものであり、かつ、その活動が相当長期にわたる当該施策の継続を前提としてはじめてこれに投入する資金又は労力に相応する効果を生じうる性質のものであるときは、この特定の者は、この施策がこの活動の基盤として維持されるものと信頼し、これを前提としてこの活動ないしその準備活動に入るのが通常であるとしたこと、このような状況の下では、たとえ勧誘に基づいてその特定の者と地方公共団体との間にこの施策の維持を内容とする契約が締結されたものとは認められない場合であっても、密接な交渉を持つに至った当事者間の関係を規律すべき信義衡平の原則に照らし、その施策の変更にあたってはかかる信頼に対して法的保護が与えられなければならないとしたこと、この特定の者が社会観念上看過することのできない程度の積極的損害を被る場合には、地方公共団体において損害を補償するなどの代償的措置を講ずることなく施策を変更することは、それがやむを得ない客観的事情によるのでない限り、当事者間に形成された信頼関係を不当に破壊するものとして違法性を帯び、地方公共団体の不法行為責

任が生じるとしたこと、この事案では、不法行為が認められる可能性があるとしたことに特徴がある。

この判決は、地方公共団体が工場の誘致を行ったものの、途中で施策を変更してこれを拒絶した場合における地方公共団体の不法行為責任の成否が問題になった事案について、社会観念上看過できない程度の積極的損害を被るような一定の段階に進んだ場合には、やむを得ない客観的事情があるときは別として、損害補償等の代償的措置を講ずることなく施策を変更することは不法行為に当たり得るとしたものであり、理論的に注目される判断を示したものである。この判決は地方公共団体の施策の遂行につき途中で変更し、これによって損害を被った企業等に対する不法行為の成立する可能性を認めるものであり、契約締結上の過失と同様な法理を認めるものであり、契約締結上の過失の法理にとっても参考になるものである（この判決の提示する法理は、契約締結上の過失よりも広い範囲に適用される可能性がある）。また、この判決は、村との間で工場用地の売買交渉が行われ、村議会の売却の決議等がされた場合には、売買契約の締結が村によって拒否され、売買契約が締結されなかったときは、村が工場用地の購入を希望した企業に対して不法行為責任を負うことを認めた事例としても参考になる。

なお、この判決は、地方公共団体だけでなく、国が推進する施策にも適用されるものであって、国、地方公共団体が特定の施策を決定し、推進したところ、後に政権、首長が選挙等によって交替し、この施策が中止されたような場合に広く適用されるものであり、最近の政治情勢の下では重要な法理として機能することが予想される。

[27] 東京地判昭和56.12.14判タ470.145
≪事案の概要≫

Xは、A所有の土地上にマンションを建築し、その一部をAに提供し、残余を自ら分譲することを計画し、B株式会社に建物の建築を請け負わせるとともに、購入者の募集を開始していたところ、Yが歯科医院を経営するために区分所有建物の購入を希望し、歯科医院とするため自己の希望する電気容量の増加等の設計を施工させたが、売買契約の締結に至らなかったため、XがYに対して債務不履行に基づき損害賠償を請求した。この判決は、契約準備段階における契約責任を認め、請求を認容した（雑誌に紹介された判文においては、認められた損害は明らかではない）。

≪判旨≫
「1　被告は、契約締結上の過失は契約が締結されたことを前提とするものであると主張するが、取引を開始し契約準備段階に入ったものは、一般市民間における関係とは異なり、信義則の支配する緊密な関係にたつのであるから、のちに契約が締結されたか否かを問わず、相互に相手方の人格、財産を害しない信義則上の義務を負うものというべきで、これに違反して相手方に損害を及ぼしたときは、契約締結に至らない場合でも契約責任としての損害賠償義務を認めるのが相当である。

　2　これを本件についてみるに、先に認定した事実によれば、被告は、大野ハイツ102号室の売買に関し昭和54年11月20日から原告との交渉に入り、昭和55年1月中旬頃既に基本的には本件物件がスペースの面で自己の希望する条件に適合しないとの結論に達していたにもかかわらず、その後電気容量が不足であることを指摘して原告をして電気容量増加のための諸行為（変電室を設けるための設計変更と施工、東京電力との契約内容の変更等）をさせ、原告から右変更の手続をしたこと及び約500万円の出費となることをきいても別段中止を求めることはせず、その後も2階部分の賃借交渉、見積書の作成を依頼するなど右設計変更を容認する態度に出ていたのであるから、自らの都合で契約締結に至らなかった以上、右契約締結準備段階における行為により原告に生じた損害を賠償すべきものと考える。」

（判例評釈として、円谷峻・判タ499号107頁がある）。

≪実務上の留意点≫
　この事案は、マンションの分譲をしていた者が購入を希望した歯科医師と売買交渉をし、歯科医師の希望を容れ、歯科医院としての設計変更・施工をしたところ、歯科医師が購入しなかったため（売買契約の締結を拒否したわけである）、分譲者が購入希望者に対して債務不履行に基づき損害賠償を請求した事件である。この事案は、マンションの専有部分の売買交渉が行われたこと、購入希望者が歯科医師であったこと、専有部分で歯科医院の開業を予定していたこと、歯科医院のための設計を変更し、施工したこと、購入希望者が売買契約を締結しなかったこと、契約締結準備段階における契約責任が主張されたことに事案としての特徴がある。この事案では、専有部分の分譲者が売買交渉において購入希望者の希望を容れて歯科医院用の仕様に合わせて設計の変更、施工をし、そのための出費をしたことが問題になったものである。

　この判決は、取引を開始し、契約準備段階に入ったものは、信義則の支配す

る緊密な関係に立つものであり、後に契約が締結されたか否かを問わず、相互に相手方の人格、財産を害しない信義則上の義務を負うとしたこと、この信義則上の義務に違反して相手方に損害を及ぼした場合には、契約締結に至らない場合でも契約責任としての損害賠償義務を認めるのが相当であるとしたこと、この事案では、購入希望者の希望によって設計変更、施工がされ、出費があったことから、契約締結準備段階における行為により生じた損害を賠償すべきであるとしたことに特徴がある。この判決は、契約締結上の過失責任を肯定した事例として参考になる。

　この判決が購入希望者の損害賠償責任を肯定したのは、売買交渉において購入希望者が歯科医院用の仕様を求め、分譲者がこれを容れて設計変更をし、購入希望者もこれを認め、現に設計変更の後に施工されたことが重要な事情になっている。

[28] 東京地判昭和57.2.17判時1049.55、判タ477.115

≪事案の概要≫

　Xらは、事務所等の敷地を所有していたところ、Yらとの間で土地の売買の交渉を行い、代金額等の条件につき概ねの合意がまとまったことから、正式契約書の作成日、手付け額を定め、さらに具体的細部事項を定めて正式契約を締結する旨の仮契約書を取り交わしたものの、Yらが正式契約の締結の直前になって土地上に高圧線のために設定された地役権の存在、土地上のLPGスタンドの営業の可能性等の問題点を指摘し、売買契約の締結を拒否したため、Xらが Yらに対して第一次的に売買契約の成立を主張し、手付金の倍額の支払を、第二次的に契約締結上の過失に基づき損害賠償を請求した。この判決は、売買契約の成立を否定し、正当な事由がなく契約締結を拒否したときは、債務不履行に当たるとしたものの、契約締結の拒否につき正当な事由があったとし、第一次的請求、第二次的請求を棄却した。

≪判旨≫

「そこで次に、本件仮契約に基づき、その当事者である被告東海興業に売買契約締結義務が生ずるか否かについて判断すると、同被告が売買契約の締結を拒否したことは原告らと同被告との間において争いがない。しかしながら、原告らの主張する売買契約締結の申込みの意思表示に対して、被告東海興業がいかなる場合にも無条件で承諾の意思表示をなす義務というような趣旨のものであるのならば、前記二で認定したとおり、本件仮契約自体が正式契約を締結すべ

く交渉の継続を予定しているものであって、交渉の過程で当事者に売買契約の締結を強制することが公平の見地からみて妥当でないような事情が発生、発見された場合には、当事者の一方は売買契約の締結を拒否することもできると解するべきであるから被告東海興業に前記のような意味での売買契約締結義務が存しないことは明らかであるが、本件仮契約は、正式な売買契約を締結することを目的とするものであるから、その性質上、旧原告らと被告東海興業とは、互いに、売買契約が締結できるように努力すべくその売買契約に盛り込むべき具体的細部事項について誠実に交渉をなすべき義務を負うに至ったものというべきであり、正式契約を締結させることが公平の見地からみて不合理である事情が判明するなどの正当な事由が存在しないのに、当事者が正式契約の締結を拒否すれば、右誠実交渉義務違反による債務不履行の責を免れないものと解すべきである。原告らの主張する売買契約締結義務は、かかる誠実交渉義務をも含むものと解されるので、以下、被告東海興業に、右誠実交渉義務違反があったか否かについて判断することとする。

（中略）

3　ところで、本件地役権は本件高圧線の設置及び保全のために設置されているものであるから、本件高圧線が存在する限り抹消不可能なものであるし、本件高圧線の存在自体は一見して明白なのであるから、これが本件仮契約書（甲第一号証）四条において、売主が抹消を約した『買主の所有権取得を阻害する一切の権利及び負担』に形式的には該当するからといって、直ちに旧原告らが本件地役権の抹消を約したものと認めることはできないが、前示のとおり本件仮契約が締結された当時、地役権による負担の及ぶ範囲も未確定であって、正式契約までになお調査、検討することとされていたのであるから、本件地役権の存在が買主の将来における本件土地の利用上相当な障害となり、それが当初から判明していたならば、売買契約の締結を差し控える程度のものである場合には、買主は、これを理由に売買契約の締結を拒否することができるものと解するのが相当である。これを本件についてみるに、〈証拠〉によれば、本件仮契約の目的とされた仮換地後の本件土地の面積は、約3443平方メートルであったことが認められ、このうち本件地役権の及ぶ土地の面積は180.18平方メートル、これに築造する建築物の高さが制限される区域を加えると539.72平方メートルに達しており、しかもこのように建築物の築造が禁止又は制限されている土地の部分は本件土地の公道に面した出入り口の部分を占めているのである。そのうえ本件土地内には本件LPGスタンド施設が存在しているから、

建築物を築造できる範囲はさらに限定されるところ、ちなみに〈証拠〉によれば、その後昭和47年4月20日に至り、原告杉並産業は富士鉱油株式会社に対し、本件土地のうち本件LPGスタンド施設が存在する部分の土地1321.54平方メートルを売却したが、右程度の土地は本件LPGスタンド施設を使用してその営業を行うために要求される保安距離を確保するために必要な土地であったものと認められるので、本件土地のうち建物を建築するための敷地として利用できる土地はこれを除いた約2121平方メートル程度にとどまるものと考えられる。そして〈証拠〉によれば、前記建築物の築造が禁止又は制限される区域は、そっくり、右建物敷地として利用できる土地部分に含まれていることが認められるのでその面積の割合は、本件土地のうち右建物敷地として利用できる土地を基準とすると、その約4分の1に達している。

　右のとおりであるから、本件土地の買主が本件土地に建物を建てようとする場合、本件地役権ないし高圧線の存在が相当の障害となることは明らかであり、かかる事実関係を売主が当初から説明し、又は買主においてこれが判明していたならば、買主としては、その使用目的いかんによっては売買契約の締結を差し控える程度のものであるということができ、してみると被告東海興業の売買契約の締結拒否には正当の事由があったものというべきである。」

　（判例評釈として、鎌田薫・判タ484号17頁、円谷峻・判タ499号107頁がある）。

≪実務上の留意点≫
　この事案は、企業間で事務所用の敷地として土地の売買交渉が行われ、代金額等の条件につき概ねの合意がまとまったことから、正式契約書の作成日、手付け額を定め、さらに具体的細部事項を定めて正式契約を締結する旨の仮契約書を取り交わしたものの、購入予定者が正式契約の締結の直前になって土地の問題点を指摘し、売買契約の締結を拒否したため、売却希望者らが購入希望者らに対して第一次的に売買契約の成立を主張し、手付金の倍額の支払を、第二次的に契約締結上の過失に基づき損害賠償を請求した事件である。この事案は、土地の売買契約が問題になったこと、土地の売買交渉が問題になったこと、売買の内容が概ねまとまり、仮契約書が取り交わされたこと、正式契約の直前に購入希望者が土地の問題点を指摘し、契約の締結を拒否したこと、売買契約の成立が主張されたこと、契約締結上の過失が主張されたことに事案としての特徴がある。この事案では、土地の売買交渉に当たって仮契約書が締結され、さらに売買契約の締結直前になり、その締結が拒否されたものである。

この判決は、売買契約の成立を否定したこと、正当な事由がなく契約締結を拒否したときは、債務不履行に当たるとしたこと、この事案では、契約締結の拒否につき正当な事由があるとしたこと、契約締結上の過失を否定したことに特徴があり、売買契約の成立を否定し、土地の売買契約につき契約締結上の過失を否定した事例として参考になる。この事案のように、売買契約の締結が相当に煮詰まり、契約締結が予定された段階であっても、契約の締結を拒否すべきかどうかが問題になることがある。土地の売買交渉が最終段階に至った場合であっても、売買契約の締結を拒否せざるを得ない事態があり得るが、このような場合、締結拒否をどのような理由で、どの段階で行うかが契約実務上問題になることが少なくない。この判決は、契約締結の拒否につき正当な事由があったとし、契約締結上の過失を否定したものであり、一つの事例として参考になるものである。もっとも、この判決のように、契約の締結を拒否するために、拒否のために正当な事由が必要であるかについては議論がある。正当な事由のような厳格な理由ではなく、より緩和された理由で足りるとする見解も十分になり立ち得る。

　また、この判決は、土地の売買契約の成立を否定した事例判断としても一つの事例を加えるものである。

[29] 最三判昭和58.4.19判時1082.47、判タ501.131
≪事案の概要≫
　前記の [25] 東京高判昭和54.11.7判タ408.106の上告審判決であり、Yが上告した。この判決は、契約利益の侵害による不法行為を認め、上告を棄却した。
≪判旨≫
「所論の点に関する原審の事実認定は、原判決挙示の証拠関係に照らして肯認することができ、その過程に所論の違法はなく、右事実関係のもとにおいて、被上告人の契約締結の利益の侵害を理由とする不法行為に基づく損害賠償請求を認容した原審の判断は、正当として是認することができる。」
（判例評釈として、石田喜久夫・民商89巻2号133頁、円谷峻・金融商事687号46頁がある）。
≪実務上の留意点≫
　この事案は、土地の売買につき交渉が行われ、売買代金額、手付額、公正証書の作成日が決められたものの、作成日に売主が公証役場に来なかったため、

買受予定者が売却予定者に対して債務不履行等に基づく損害賠償を請求した上告審の事件である。この事案は、土地の売買交渉が問題になったこと、売買契約の具体的な内容が確定したこと、予定された公正証書が作成されなかったこと、売買契約の成立が主張されたこと、控訴審において信義則違反による不法行為に基づく損害賠償責任が追加されたこと、控訴審判決が信義則上の義務違反を肯定したことに事案としての特徴がある。

この判決は、買受予定者は交渉の結果に沿った契約の成立を期待し、そのための準備を進めることは当然であるとし、契約締結の準備がこのような段階にまで至った場合には、売却予定者としても買受予定者の期待を侵害しないよう誠実に契約の成立に努めるべき信義則上の義務があるとした上、この事案につき契約締結の利益の侵害による不法行為を認めた控訴審判決を是認したものであり（金融機関からの借入利息、手形振出用印紙代の損害を認めたものである）、最高裁として実質的に契約締結上の過失責任を認めた事例として参考になるものである。

[30] 神戸地豊岡支部判昭和58.8.12判時1146.74
≪事案の概要≫
　X_1、X_2は、土地を所有していたところ、台風によって橋が損傷し、Y_1町において新しい橋を架設することが計画され、そのために本件土地が必要になり、X_1らを売主、Y_1を買主とする売買仮契約が締結され、X_1らが手付金2000万円の交付を受けたが、その後、Y_2が町長に就任し、町議会に本件土地の取得に関する議案を締結したところ、否決されたため、X_1らがY_1らに対して債務不履行、不法行為に基づき損害賠償を請求した。この判決は、町長の個人責任を追及することはできないし、地方自治法上議会の議決を得なければならない契約であり、議会の承認がなかったから当然に無効になった等とし、請求を棄却した。
≪判旨≫
「4　以上のとおり、本件仮契約は議会の議決が得られなかったものであるから、被告八鹿町は本契約を締結することはできず、また、そもそも仮契約の法的性格が前述したものであることから、本契約を締結しないことについて債務不履行責任を問われることはないものといわなければならない。従って、原告らの被告八鹿町に対する請求は理由がない。
　なお、地方自治体の契約締結に関する地方自治法上の定め及び法を受けた条

例等の定めは、単に内部的な制約にとどまらず、第三者に対しても対抗しうるものであると解せられる。

即ち、契約締結あるいは、財産の取得又は処分につき、法第96条第1項第5号、第7号に定めるものは、議会の議決を得なければならないのであるが、右議会の議決は、単に内部的な同意ではなく、議会の議決を得ることによって初めて地方公共団体の意思が確定するものであり、議会の議決を経ずになされた契約は当然無効となるのである。」

≪実務上の留意点≫

この事案は、町において橋の架設が計画され、そのための土地の売買が交渉され、町と土地の所有者らとの間で売買仮契約が締結されたところ、町長が交代し、町議会で土地の取得が否決されたため、土地の所有者らが町らに対して不法行為、債務不履行に基づき損害賠償を請求した事件である。この事案は、地方公共団体の売買交渉が問題になったこと、売買仮契約が締結されたこと、町議会の議決が得られなかったこと、売買契約が締結されなかったこと、町の不法行為、債務不履行が主張されたことに事案として特徴がある。この事案では、土地の売買交渉が仮契約が締結された段階まで進行していたところ、購入希望者の町の町長の交代、町議会の反対によって売買交渉が頓挫したものである。

この判決は、町議会の議決が得られず、町が契約を締結することができず、仮契約の法的性格に照らし、債務不履行責任が問われることはない等とし、町の債務不履行、不法行為を否定したものであるが、実質的には契約締結上の過失責任を否定した事例を提供するものである。

地方公共団体との不動産の売買交渉に当たっては、交渉者の意向だけでなく、議会の動向、首長の交代等の政治的な状況によって売買契約の締結が影響を受けるが、この場合であっても、売買交渉が相当に煮詰まり、契約内容の履行の準備が行われる等した状況においては、地方公共団体の契約締結の拒否につき不法行為が成立する余地があることは否定できない。

[31] 最三判昭和58.12.6 判時1123.85、判タ532.125
≪事案の概要≫

Y市は、Xの所有する土地を道路用地として買収するに当たり、買収交渉が難航したことから、Yの職員AがXに対して、X以外の者から道路用地として購入した土地のうち道路敷地としない残地につき他に優先する者がいない限り

Xに払い下げる旨を言明したところ、残地を他に処分したため（他の被買収者との間でその所有地と交換した）、Xが主位的に売買契約の成立、履行不能を主張し、債務不履行に基づき損害賠償を、予備的に払い下げを受ける地位の侵害による不法行為に基づき損害賠償を、並列的に利用価値の低下に伴う損失補償を請求した。第一審判決は、主位的請求、予備的請求を棄却し、補償請求を認容したところ、Xが主位的請求、予備的請求につき控訴した。控訴審判決は、売買契約の成立を否定したものの、地位侵害の不法行為を認め、原判決を変更し、予備的請求を認容したため、Yが上告した。この判決は、不法行為を否定し、破棄し、本件を原審に差し戻した。

≪判旨≫

「三　ところで、およそ地方公共団体においては、地方自治法等関係諸法令により機関の設置、権限、事務の分掌が定められており、原審の確定したところによれば、上告人市の都市計画課長にすぎない平尾課長は、単に本件道路用地の買収交渉事務を担当していたにとどまり、用地買収につき売買契約の締結権限を与えられていたのではなく、ましていったん道路用地として買収され上告人市の所有となった土地のうち道路敷地として使われなかった残地の払下げに関する売買契約締結権限を授与されていたものとは特別の事情のない限り考えられないところであるうえ、このような売買契約締結は市議会の承認事項であることも関係法令により窺えるところである。そして、右平尾課長の被上告人に対する残地払下げに関する原判示の言辞にしても、その趣旨とするところは、残地の払下げについては、買収協力者であり、かつ、当該残地に隣接して土地を所有する者に優先的に払下げるという上告人市の従来の取扱の抽象的基準を示し、右基準によれば、被上告人が本件㈣土地に隣接する本件㈢土地を所有していれば、他に優先者のない限り払下げを受けられる可能性が高いというにすぎないものと理解されるのであり、また、平尾課長は、被上告人が本件㈡土地の売買契約書に将来本件㈣土地を払下げる旨を明記するよう申し出たのに対し、市議会との関係上できないとしてこれを拒否しているのであつて、もとより本件㈣土地の払下げにつき売買予約がされたり、その払下げが本件㈡土地の売買の条件とされたわけではない。

そうすると、前示のような権限しかない平尾課長の言辞によつて示され、被上告人が信じたとする被上告人の本件㈣土地の払下げを受けうる地位（利益）なるものは、上告人市の従来の一般的取扱によれば、右土地が将来道路敷地の残地とされて払下げられる場合には、他に優先者がなければ、被上告人が買収

協力者であり、かつ、右土地の隣接所有者として右土地の払下げを受けうる可能性が高いという程度のかなりの不確定的要因を含む事実上の期待的利益でしかないというほかはない。そして、上告人市から交換により本件㈣土地を取得した小林とても北大利町所在の多数筆の自己所有地につき本件道路敷地として買収に応じた買収協力者であるうえ、本件㈥土地についても昭和44年頃から同48年9月までの間これを道路敷地として上告人市に無償で提供し、かつ、被上告人同様に本件㈣土地に隣接した別の土地（60番の1）を所有していた者なのであるから、上告人市が、小林の申出に応じ、小林所有土地のうち一部は買収により一部は残地との交換により本件道路用地の取得をはかつたため、小林に本件㈣土地の所有権を取得させるに至ったとしても、右の交換は、いわば上告人市の道路用地獲得の手段としてされたものなのである。この結果被上告人が本件㈣土地の払下げを受けることができなくなつたとしても、被上告人にとつて右のような事実上の期待的利益がその期待をみたされないで終るというにすぎないのであり、被上告人の右の地位（利益）を失わせた上告人市の前示行為は、その被侵害利益の面からみてもまた行為の態様、程度の面からみても、いまだ違法性を有するものとすることはできないというべきである。」

（判例評釈として、前田達明・民商90巻5号125頁、手島孝・判評312号20頁、谷五佐夫・判例地方自治7号35頁がある）。

≪実務上の留意点≫

この事案は、市が道路用地の買収交渉をした際、交渉が難航し、土地の所有者が市の担当者から残地につき払い下げの可能性があることを言明され、買収がまとまった後、市が残地を他に処分したため、買収に応じた者が市に対して売買契約の成立等を主張し、債務不履行等に基づき損害賠償を請求した上告審の事件である。この事案は、市による土地の買収交渉が問題になったこと、市の担当者が残地の払い下げの可能性を言明したこと、残地の払い下げが実行されなかったこと、市の担当者が払い下げの権限を有していなかったことに事案としての特徴がある。この事案では、控訴審判決が残地の売買契約の成立を否定したものの、払い下げの地位の侵害という不法行為を認めたものであり、その不法行為の成否が重要な問題になったものである。この事案では、市が道路用地の買収のために、市の担当者が土地の所有者に甘言を弄して売却させ、その甘言に係る約束を履行しなかったものである。

この判決は、買収に応じた者の地位（利益）を失わせた市の行為は、その被侵害利益の面からみても、また行為の態様、程度の面からみても、いまだ違法

性を有するものとはいえないとし、不法行為を否定したものである。この判決は、市の買収交渉による期待侵害を否定した事例判断を提供するものであるが、他方、期待の具体性、合理性によっては期待侵害による不法行為の余地を認めることにも注意を払いたい。

[32] 最三判昭和59.9.18判時1137.51、判タ542.200
≪事案の概要≫
　前記の [27] 東京地判昭和56.12.14判タ470.145の上告審判決であり、Yが控訴したところ、控訴審判決が請求を一部認容すべきものとしたため、Yが上告した。この判決は、契約準備段階における信義則上の注意義務違反を認めた原判決を是認し、上告を棄却した。
≪判旨≫
「原審の適法に確定した事実関係のもとにおいては、上告人の契約準備段階における信義則上の注意義務違反を理由とする損害賠償責任を肯定した原審の判断は、是認することができ、また、上告人及び被上告人双方の過失割合を各五割とした原審の判断に所論の違法があるとはいえない。」
（判例評釈として、今西康人・民商92巻1号110頁、松本恒雄・判評317号23頁、門口正人・ジュリスト831号94頁、円谷峻・ジュリスト838号80頁がある）。
≪実務上の留意点≫
　この事案は、マンションの分譲を計画していた者が購入を希望した歯科医師の希望を容れ、歯科医院としての設計施工をしたところ、購入をしなかったため、分譲者が購入希望者に対して債務不履行に基づき損害賠償を請求した上告審の事件である。この事案は、マンションの専有部分の販売が問題になったこと、マンションの専有部分の売買交渉が行われたこと、購入希望者が歯科医師であったこと、専有部分で歯科医院の開業を予定していたこと、歯科医院のための設計を施工したこと、購入希望者が売買契約を締結しなかったこと、契約締結準備段階における契約責任が主張されたこと、第一審判決、控訴審判決ともに契約締結上の過失責任（契約準備段階における信義則上の注意義務違反を理由とする損害賠償責任）を肯定したことに事案としての特徴がある。この事案では、売却希望者が購入希望者の意向を汲んで設計を行い、販売の準備を行ったものである。

　この判決は、実質的に契約締結上の過失責任を肯定した控訴審判決が是認できるとしたものであり、重要な事例判断として参考になる。この判決による

第3章　売買交渉をめぐる裁判例

と、不動産の売買交渉が進行し、交渉当事者の一方が他方の意向を前提とし、契約の内容の履行の準備を始めると（当然のことながら、費用をかけることになる）、その後に契約の締結を拒否した場合には、特段の事情のない限り、法的な責任（損害賠償責任）を負う可能性が相当に高まるということができる。

[33] 大阪高判昭和59.10.26判時1146.69
≪事案の概要≫

前記の［30］神戸地豊岡支部判昭和58．8．12判時1146．74の控訴審判決であり、X₁らが控訴し、予備的請求を追加した。この判決は、本件仮契約は、議会の議決がなければ効力が生じないものであり、条件付権利を侵害するような違法な行為はなかった等とし、控訴を棄却し、予備的請求を棄却した。

≪判旨≫

「㈠　昭和51年9月に旧舞狂橋が台風の被害を受け、新舞狂橋を架設する必要が生じたところ、その工事に控訴人ら所有の土地が必要となったため、被控訴人町の前町長細川が控訴人らと折衝して本件仮契約を締結し、新舞狂橋建設の起工承諾書が作成されたことは、当事者間に争いがなく、その際右細川が本件仮契約は議会の議決を得なければ本契約を締結しえないものである旨を控訴人らに説明しなかったことは、被控訴人町の明らかに争わないところである。

㈡　しかしながら、被控訴人町（町長細川）において控訴人らにその主張のような誤信を誘発させる積極的作為があったとの主張立証は何もないし、また、〈証拠〉によれば、本件仮契約書にはそれが『仮』契約である旨明示されており、控訴人らもそれが『仮』契約であることを了知していたものと認められるのであり、この事実と上記認定説示の地方自治法上の制約の趣旨及び本件仮契約の趣旨・性格に鑑みると、本件仮契約締結の前記経緯を考慮に入れても、また、控訴人らがその主張のとおり法律的に無知であったとしても、右仮契約締結に至る過程において、被控訴人町（町長細川）に控訴人ら主張の告知・説明義務が生じていたものとはなし難い。

㈢　そして、他に被控訴人町（町長細川）に契約締結上の過失があったものとなすに足る主張立証はないから、予備的請求原因㈢に基づく各請求も失当たるを免れない。」

≪実務上の留意点≫

この事案は、町において橋の架設が計画され、そのための土地の売買が交渉され、町と土地の所有者らとの間で売買仮契約が締結されたところ、町長が交

代し、町議会で土地の取得が否決されたため、土地の所有者らが町らに対して不法行為、債務不履行に基づき損害賠償を請求した控訴審の事件である。この事案は、地方公共団体の売買交渉が問題になったこと、売買仮契約が締結されたこと、町議会の議決が得られなかったこと、売買契約が締結されなかったこと、町の不法行為、債務不履行が主張されたこと、第一審判決が不法行為等を否定したことに事案として特徴がある。

この判決は、町の契約締結上の過失責任を否定したものであり、事例判断として参考になるものである。もっとも、この事案のような仮契約を締結した場合には、交渉当事者が契約締結に相当な期待を抱くことは否定できないところであり（契約締結上の過失責任を肯定すべき事情の一つとして考慮される）、仮契約の内容、その説明には十分な注意が必要である。

[34] 京都地判昭和61.2.20金融・商事判例742.25

≪事案の概要≫

X₁株式会社、X₂株式会社は、結婚式場を経営するY株式会社と、X₁らの所有に係る土地につき将来売買契約を締結するのに先立ち、A市の開発行為等に関する指導要綱に基づき事前協議書を提出し、審査を受け、特殊建物（結婚式場）の建築可能の見通し等を条件とし、1坪当たり38万円の売買代金とする等の内容の協定を締結し、交渉を行ったが、Yが協定を破棄したため、X₁らがYに対して売買契約の予約等を主張し、債務不履行に基づき損害賠償を請求した。この判決は、本件協定において本件土地上に結婚式場を建築することができるための諸条件を成就させるように努力し、かつ本件土地の売買契約を締結することができるよう互いに誠実に交渉すべき義務を負うことを合意したものとし、A市との間で何ら事前協議をせず、協定を破棄したことに正当事由があるとは認められないとし、売買協定の債務不履行を認め（借入金利、転売差損、信用失墜による無形の損害に関する主張を排斥し、結婚式場の建築に必要な道路用地の購入に関連する損害としてX₁の損害を認めた）、X₁の請求を認容し、その余の請求を棄却した。

≪判旨≫

「四、本件売買協定は、前記二の2に判示のとおり、本件土地の売買契約を締結するまでの前記条件成就の努力義務、誠実交渉義務を定めたものであるが、右売買契約の締結を妨げる問題が生じ、それが当事者の責に帰すべき事由によらないものである場合には、当事者の一方は本件売買協定を破棄することが許

されると解すべきである。しかし、そのような事由がないのに当事者が一方的に本件売買協定を破棄した場合には、前記二の2に判示した条件成就の努力義務、誠実交渉義務違反による債務不履行の責を免れないものと解すべきである。原告らの主張する売買予約不履行は、このような条件成就の努力義務違反、誠実交渉義務違反による債務不履行（履行不能）を含むものと解されるので、以下被告に、右債務不履行があったか否かを検討する。

1　本件土地が国土法による届出が必要な土地であったこと、本件土地につき、長岡京市の開発行為に関する指導要綱によって、被告と同市との間で事前協議をなすことが必要であったこと、被告が昭和58年5月6日開発行為等に関する事前協議申出書を同市長に提出したこと、同年6月1日、同市長は、被告に対し、16項目の指導事項を記載した通知書を発したこと、同月24日被告が原告らに対して本件売買協定を破棄する旨通告したこと、の各事実は当事者間に争いがない。右事実によると、被告は、右通告をもって、確定的に、前記条件成就の努力及び本件土地の売買契約締結のための誠実に交渉をなす意思のないことを表示したものであるから、前記判示の破棄の正当事由がないかぎり、被告の右行為は、本件売買協定の債務不履行（履行不能）に当たるものといわなければならない。

2　被告は、長岡京市からの右通知書のうち、東側のうちを含めた緑化計画を提出する旨の行政指導がなされたことに対し、被告が右緑化計画を検討した結果、右指導を満たすことは不可能であった旨主張し、証人水田洋道、被告代表者も右主張にそう供述をしている。しかし、成立に争いのない乙第二号証によると、長岡京市長の発っした前記通知書（事前協議通知書）は、その第三項において、『東側農地を含め土地利用計画を検討願います。尚、工業地域でもあるため緑化計画を提出願います』との記載があるのみであることが認められ、右記載によると、緑化計画に関する同市の要望を記載したにすぎず、被告が主張するように、同市において、被告に、本件土地の東側農地の取得、あるいは賃借をさせて、緑化計画を義務づけた趣旨と解することはできない。のみならず、被告代表者尋問の結果によると、被告代表者の山下は、右規定の趣旨を長岡京市に対して電話で問い合わせたに止まったこと、山下は、被告が同市に対する事前協議申出書の提出等の手続を依頼していた訴外平岡建築設計事務所にも右行政指導について何ら相談することなく、右緑化計画は不可能であると判断して、同市との間の事前協議をすることなく、本件売買協定を一方的に原告らに対して破棄通告したことが認められ、さらに、〈証拠略〉によると、

被告が本件売買協定を破棄した後、原告らが本件土地を訴外松本勇輔らに売却した際、本件と同様に、同市から事前協議通知書が右松本に対して交付され、その第三項には、前記事前協議通知書（乙第二号証）と同一文書で本件土地の東側農地を含めた緑化計画をなす旨の同市の回答が記載されていること、これに対し、松本は、本件土地上のみの緑化計画図だけを添付して、同市に緑化計画の報告をなし、これにより、同市長から協議済証の交付を受けていることが認められるので、右認定事実によると、被告主張の本件緑化計画は必ずしも東側農地の取得、あるいは賃借までを含んだものではなく、事前協議によってその内容を変更し得るものであることが推認できる。そうすると、被告が本件土地の緑化計画についての行政指導を満たさないと判断して、長岡京市との間で何らの事前協議をなさず、前記のとおり一方的に本件売買協定を破棄する旨通告した行為をなしたことについては、前記判示の破棄の正当事由があることは認められない。してみれば、被告は本件売買協定の債務不履行（履行不能）をなしているものである。」

≪実務上の留意点≫

　この事案は、行政上の規制を受ける事業用の土地の売買について交渉が行われ、将来売買契約を締結するのに先立ち、市の開発行為等に関する指導要綱に基づき事前協議書を提出し、審査を受け、特殊建物の建築可能の見通し等を条件とする協定を締結し、交渉を行った後、購入希望者が協定を破棄したため、売却希望者が購入希望者に対して債務不履行に基づき損害賠償を請求した事件である。この事案は、事業用の土地の売買が問題になったこと、土地の売買交渉が行われたこと、土地の売買に関する協定が締結されたこと、購入希望者が協定を破棄したこと、売買契約が成立しなかったこと、売買の予約が主張されたこと、購入希望者の債務不履行責任が問題になったことに事案としての特徴がある。

　この判決は、本件協定は、土地の売買契約を締結するまでの条件成就の努力義務、誠実交渉義務を定めたものであるとしたこと、売買契約の締結を妨げる問題が生じ、それが当事者の責に帰すべき事由によらないものである場合には、当事者の一方は協定を破棄することが許されるとしたこと、相手方当事者の責に帰すべき事由がないのに当事者が一方的に協定を破棄した場合には、条件成就の努力義務、誠実交渉義務違反による債務不履行の責を免れないとしたこと、この事案では破棄の正当事由が認められないとし、購入予定者の協定の債務不履行を認めたことに特徴がある。この判決の提示する協定破棄に関する

理論は、理論的に疑問がある。この判決の結論の当否は別として、その理由にはさらに十分な検討が必要である。

[35] 仙台高判昭和63．5．30判時1286．85、判夕679．204
≪事案の概要≫
　Y₁学校法人の理事Y₂（代表権を有しない者であった）は、Y₁が設置する高等学校の校長であり、高校の施設が手狭になったことから、他に移転して拡張することを計画し、理事長Aとは不仲であり、Aに知らせないまま計画を進め、不動産業を営むX株式会社に土地買収を依頼し、Xは、移転先の土地を探し、地権者らと買収交渉をし、国土利用計画法に基づく手続をする等したところ、土地買収契約を締結する前に、Aの同意が得られないことが判明したものの、地権者らとの間に買収契約を締結し、代金を支払う等したのに、移転計画は実行されなかったため、XがY₁及びY₂に対して不法行為に基づき損害賠償を請求した。第一審判決は、XがY₂が代表権を有していないことを知って買収契約をした等とし、不法行為を否定し、請求を棄却したため、Xが控訴した。この判決は、土地買収につき有効な委託契約が成立し、また、成立するであろうと期待させる行動があり、契約締結の準備行為につき過失があったとし、不法行為を肯定し（土地の買収等の費用につき損害賠償を認め、融資の利息につき損害賠償を認めなかったが、約2割の過失相殺を認めた）、原判決を変更し、請求を認容した。
≪判旨≫
「五　控訴人は、予備的に、被控訴法人の理事である被控訴人瀧沢に不法行為の責任があり、被控訴法人には理事の行為について法人としての責任があると主張しているところ、右四において説示したとおり、被控訴人瀧沢は、学校用地取得のために当然必要とされる被控訴法人内部の諸手続を経ず自己が代表権がないにも拘わらず、それを秘して、将来理事長の同意を得、或は所要の手続を無事経ることができるであろうとの安易な見込みのもとに、控訴人代表者との間に各種の話合いをなし、口頭により本件委任契約と同一の協議をし（契約としての合意の成立と効力は認められないにしても）、控訴人をして、「本件委任契約」が成立したものとの認識を抱かせてその前提のもとに事務処理として野村不動産との間で本件土地の売買契約を結ぶに至らせた外、諸種の活動とそれらのための費用支弁をさせた。そして結局は、事態が見込み通りに進展せず、本件委任契約を成立させることができなかったために控訴人の以上の諸活

動を徒労に帰させ、費用支弁の効用をも一部無に帰させる結果となったことは先に認定した事実関係から明らかである。したがって前記事実関係のもとでは、本件委任契約は法的拘束力を有する合意としては成立しなかったとしても被控訴人瀧沢は被控訴法人の理事としてその職務を行うについて通常必要な注意義務を欠いた過失により第三者たる控訴人に対し損害（その具体的な内容と数額は、後に更に検討する。）を生じさせたものということができ、被控訴人瀧沢は行為者本人として民法709条により、被控訴法人は同理事の属する法人として、私立学校法29条、民法44条により、それぞれ、相当因果関係に立つ損害について賠償の責任があるというべきである。」

≪実務上の留意点≫

　この事案は、学校法人の理事が理事長の了解を得ないまま、不動産業者に学校用地の購入を依頼し、不動産業者が土地の所有者と売買交渉をし、売買契約を締結し、代金を支払ったものの、学校法人が土地を購入しなかったため、不動産業者が学校法人らに対して不法行為に基づき損害賠償を請求した控訴審の事件である。この事案は、学校法人の土地の売買が問題になったこと、学校法人の理事が不動産業者に土地の購入を依頼したこと、学校法人の土地買収に関する委任契約の成立が問題になったこと、学校法人の理事が理事長の了解を得ないまま契約交渉を行ったこと、不動産業者が土地を購入し、代金を支払ったこと、学校法人が売買契約を締結しなかったこと、第一審判決が学校法人らの不法行為を否定したことに事案としての特徴がある。

　この判決は、委任契約の成立を否定したものの、学校法人の理事が不動産業者に土地の購入につき協議をし委任契約が成立したものとの認識を抱かせ、その前提のもとに事務処理として土地の所有者との間で土地の売買契約を締結させる等の諸種の活動、費用の負担をさせたとし、学校法人の理事としての通常必要な注意義務を欠いた過失があったとし、学校法人らの不法行為を認めたものであり、実質的にみて契約締結上の過失責任と同様な損害賠償責任を認めた事例として参考になるものである。

　また、この判決は、損害賠償として、土地の買収等の費用を損害として認めたが、融資の利息については損害として認めなかったものであり、議論があるものの、この判断も事例判断を提供するものである。

　この判決は、損害賠償額につき、「2　被控訴人らに対する民法44条及び709条に基づく損害賠償請求（予備的請求㈠）について

　㈠　前述五で説述した如く、被控訴人らは、控訴人に対し、本件委任契約が

成立したものとしてその委任事務の処理として行動し、費用の支弁をしたのについて、それぞれ、民法の前記法条に基づき損害賠償責任を負うべきものである。

そこで、その損害額について更に検討するに、〈証拠略〉によると控訴人は野村不動産から本件土地を買い受けたことにより、土地代金2565万1000円のほか、契約書印紙代、登記手続費用、土地取得税、固定資産税、測量関係費及び出張費用（ただし『本件委任契約』について口頭の協議がなされた昭和54年10月12日以後のものに限る。）として少なくともその主張の金額を支出した（出張費用については右同日以後のものでも、少なくとも控訴人主張の金額に達する。）ので、その合計額2849万9760円の損害を受けたものと認められる。もっともそのうちには、本件委任契約の成立が危ぶまれる昭和54年11月下旬以降の分も含まれるが、被控訴人龍沢は被控訴法人代表者の説得に努める旨を約してその努力を続け、控訴人側もそれを信じて行為をし、また、その後の事後処理に要する費用（測量費用を含めて）として相当であると認められるから、被控訴人龍沢の不法行為によって生じた損害と認めるのが相当である。

㈡　控訴人はこの外に、土地買入資金借入の利息641万2500円を損害として主張するが、不法行為に基づく損害賠償においては現実に出費し、或は得べかりし利益を失った金額に対する法定利率による金額をもって、通常有すべき損害と目すべきものであって、控訴人主張の如き借入金利息は特別事情に基づく損害というべきであり、本件においてはそれを容認するのを相当とすべき事情は認められない。

㈢　ところで、控訴人は、右損害額中の土地代金2565万1000円については、その後本件土地を1500万円で他に売却処分してその金額の限度で損害を回復したと主張し、これを控除して賠償請求額を計算しているところ、本件土地が右主張の代金額により他に売却処分されたことは先に認定したとおりであるから、この金額は損害の回復として損害賠償額からこれを差し引くべきものである。

被控訴人法人は右売却代金が低廉に過ぎると主張するけれども、控訴人が右代金額により本件土地を処分するに至った事情は先に認定したとおりであり、この事情のもとでは、買受希望者との相対的な交渉の経過を経て決定した売買価格が、事情変更前の土地鑑定評価額より相当程度下回るに至ったとしても、これをもって、不当に低廉な価格決定とすることはできないのであり、本件においては、右の売却価額を不当に低廉なものとすべき理由はない。」

[36] 京都地判平成元.1.26判時1320.125
≪事案の概要≫
　X株式会社は、所有に係る土地建物をY₁株式会社、その代表者の夫Y₂に転売を目的として売却したところ（Y₃株式会社に転売する予定であった）、Y₃が代金を支払わなかったこと等から、Y₁らが代金の支払を遅滞したため、XがY₁らとの間の売買契約を解除し、Y₁、Y₂に対して約定の違約金の支払を請求するとともに、Y₃に対して違約金支払請求権を保全するためY₁のY₃に対する違約金支払請求権、信義則上の損害賠償請求権を代位行使した。この判決は、Y₁とY₃との間の売買契約の成立を否定し、Y₃が自己の一方的な翻意によりY₁との契約の締結を拒否したことが信義則上の注意義務違反に当たるとし（違約金相当額の損害を認めた）、請求を認容した。
≪判旨≫
「契約の準備段階に入ったものは、互いに相手方に対し、財産上の損害の発生を防止すべき信義則上の義務があり、右準備段階において事実上交渉した内容をもって、相手方に対し、契約が成立するとの信頼を抱かせながら、正当な理由なく契約交渉を打ち切った場合これにより相手方が蒙った損害を賠償すべき責任があると解される。
　本件についてみるに、前記一で認定した事実によれば、本件土地の売買取引における被告勤労者住宅サービスの立場は、実質的には仲介であって、前記違約金の約定を含む本件売買契約㈠の締結は、被告フレールに本件土地の所有権を取得させることを唯一の目的としてなされたものであり、したがって同契約は最終的には被告勤労者住宅サービス及び被告フレール間で実質的に同一条件の売買契約がなされることを前提とし、したがって、また、本件売買契約㈠に基づく被告勤労者住宅サービスの債務の履行は、同被告と被告フレール間の売買契約に基づく債務の履行と少くとも同時になされることを前提とし、かつ本件売買契約㈠は、被告フレールの事前の了承のもとになされたものであり、したがって、被告勤労者住宅サービス自身も、被告フレールが自己と売買契約を成立させるものと信頼して原告との間で本件売買契約㈠を締結したものであるところ、被告フレールは、自己の一方的な翻意により、被告勤労者住宅サービスに対し、本件土地の売買契約をしない旨通告し、結局被告フレールと被告勤労者住宅サービス間の右土地の売買契約が不成立となったため、被告勤労者住宅サービスは、原告に対する本件売買契約㈠に基づく第一回代金支払い債務の履行ができず、その期限を徒過した昭和61年1月24日、原告に対し、違約金

2000万円を支払うべき義務を負うに至ったものであるから、被告フレールは、自己の仲介人である被告勤労者住宅サービスに対し、前記経緯のもとに、違約金の定めにある本件売買契約㈠を同被告が原告と締結することを事前に了承することにより、同被告に、同被告と被告フレールとの本件土地の売買契約が成立すると信頼させておきながら、正当な理由なく被告勤労者住宅サービスとの売買契約を不成立に至らしめ、その結果同被告に前記違約金2000万円相当の損害を蒙らせたものというべきである。」

≪実務上の留意点≫

　この事案は、契約締結上の過失責任の範囲で紹介すると、不動産の売主が買主に対して債権者代位権を行使し（民法423条参照）、買主がその不動産の転売契約上の違約金を、転売契約が成立していない場合には信義則上の注意義務違反による損害賠償を請求した事件である。この事案は、売却に係る不動産の転売契約の成立が問題になったこと、転売契約の成立が主張されたこと、転売交渉における信義則上の注意義務違反が問題になったことに特徴がある。

　この判決は、契約の準備段階に入ったものは、互いに相手方に対し、財産上の損害の発生を防止すべき信義則上の義務があるとしたこと、契約の準備段階において事実上交渉した内容をもって、相手方に対し、契約が成立するとの信頼を抱かせながら、正当な理由なく契約交渉を打ち切った場合には、これにより相手方が蒙った損害を賠償すべき責任があるとしたこと、この事案につき売買契約が成立すると信頼させておきながら、正当な理由なく転売に係る売買契約を不成立にさせたとし、損害賠償責任を肯定したことに特徴がある。この判決が契約の準備段階における信義則上の義務違反を認めたことは、事例判断として参考になる。

　この判決の提示する契約の準備段階における信義則上の義務に関する法理（実質的には、契約締結上の過失責任である）は、契約の準備段階が無限定に重要な判断基準になっているという問題があるし、契約の締結拒否につき正当な理由が必要であるということは拒否事由が厳格に過ぎるのではないかという疑問が残る。なお、契約の締結交渉が頓挫し、契約締結上の過失責任が訴訟において追及された場合には、この判決は、このような緩和された基準で損害賠償責任が認められるリスクを示すものとして参考になる。

[37] 東京地判平成 5 . 1 . 26判時1478.142、金融・商事判例940.38
≪事案の概要≫
　X株式会社が融資を受けて取得した所有地上に建物（ワンルームマンション）を建築することを計画し、建物の購入を希望するY株式会社と交渉し、国土利用計画法所定の届出後、不勧告通知が出ることを前提として売買契約の締結に努める旨の協定を締結したが、Yがワンルームマンションの取引が不況になるなどしたことから、売買契約の締結を拒否したため、XがYに対して信義則上の義務違反による債務不履行、不法行為に基づき損害賠償を請求した。この判決は、信義則上の義務違反による不法行為を認め（建築事務所に支払った設計監理料の損害を認めたが、金融機関に支払った利息、仲介業者に支払った売買手数料、経済的信用毀損の損害に関する主張を排斥した）、請求を認容した。
≪判旨≫
「ところで、一般に、契約締結の交渉過程において、契約当事者が、右契約の締結に向けて緊密な関係に立つに至ったと認められる場合には、契約当事者は、相手の財産等に損害を与えないように配慮すべき信義則上の注意義務を負い、右注意義務に違反して損害を与えた場合には、不法行為を構成し、その損害を賠償する義務が生じるというべきである。
　これを本件についてみるに、本件協定が成立した段階では、国土利用計画法の手続が未了のため、不確定要素は残ってはいるものの、本件不動産の売買価格、支払方法は合意に達している上に、右協定成立後直ちに原告が本件建物の建築確認申請手続きを行うことが定められていたのであるから、本件協定の成立により、原告及び被告は、本件協定に沿った本件不動産の売買契約の締結に向けて緊密な関係に立つに至ったと認めるべきである。したがって、被告は、原告に損害を与えないように配慮すべき信義則上の注意義務を負い、右注意義務に違反して損害を与えた場合には、不法行為を構成し、その損害を賠償する義務があるというべきである。
　そして、前記認定事実によれば、被告は、不動産への融資に対する金利の引き締め等の規制が行われ始め、税制の改正の関連の中でワンルームマンションに対する批判が高まる等、ワンルームマンションを売る状況が悪化し始めたことを理由として、本件不動産の売買契約の締結を拒否したことが認められる。しかしながら、右のような状況になったとしても、ワンルームマンションの販売が不可能になったわけではなく、またこのような状況になったことにつき原

告には全く責任がない。そうすると、原告が本件協定の内容に沿って、本件建築の準備の一環として、既に建築事務所に依頼して建築確認申請手続きをした後の段階で、被告が、このようなことを理由に一方的に売買契約の締結を拒否することは信義則上の注意義務違反に違反するといわなければならない。

　四　そこで、原告の主張する損害について検討を加える。

　1　原告は、建築業界においては、通常、本契約の際、売買代金の1割が損害賠償予定（手付金）額として定められるものであるところ、本件の場合、本契約の締結が予定されていたため、本件協定上では、損害賠償予定額が定められていなかったが、1割の賠償金は、同業界では事実たる慣習として定着していると主張する。しかし、このような場合に売買代金の1割の賠償金を支払うべきことが事実たる慣習として定着していることを認めるに足りる証拠はない。

　よって、原告の右主張は採用できない。

　2　次に、原告は、本件協定締結前に本件不動産につき売買の交渉をし、その準備として、被告の要望等に基づき、各種の設計図面の作成に当たり、かつ、本件協定締結後は、本件建物の建築のため、金融機関に対する融資枠の獲得等の交渉、建築業者との見積の検討、請負業者の内示、資材発注承認業務等を通じて、原告の社会的、経済的信用をすべて傾注し、本件協定に関する事業の遂行に当たってきたのであるから、被告のした本件協定の解除、売買契約の解除又は売買契約締結の期待権を不法に侵害することにより被った原告の社会的及び経済的信用上の損害は、本件不動産の売買代金の1割である2億1876万0750円をもって相当と考えると主張する。

　しかしながら、本件不動産の売買契約が成立に至らなかったことによる原告の社会的及び経済的信用上の損害を具体的に認めるに足りる証拠はないから、原告の右主張は理由がない。

　3　さらに、原告は、次のような損害を被ったと主張する。
① 　皆川建築事務所に支払った設計監理料　合計1917万7000円
② 　本件土地の購入資金に関する金融機関からの融資に対する本件協定成立日（平成2年8月7日）から解除の日（同年12月12日）までの利息　合計1931万3411円
③ 　グリーン企画に支払った売買手数料　6000万円
④ 　社会的、経済的信用毀損による損害　1億3000万円
　そこで、以下検討する。

① 設計監理料について

　前記のとおり、本件協定おいては、本件協定後直ちに原告が本件建物の建築確認申請手続を行うことが定められており、前期認定のとおり、原告は、皆川建築事務所との間の業務委託契約に基づき、必要な図面を作成して添付した上、建築確認申請をし、同設計事務所に対し、平成2年8月6日に合意した設計監理の報酬の第1回内金として637万5000円を、同年12月10日に第2回内金として1280万2000円をそれぞれ支払った。そして、本件建物の建築が不可能になったのであるから、その結果、原告は右出費1917万7000円につき損害を受けたものというべきである。

② 金融機関に支払った利息について

　〈証拠略〉によれば、原告は、本件土地の取得資金として、株式会社日貿信から3億5000万円の、太平洋銀行川崎支店から3億円の各融資を受けており、本件協定の成立した平成2年8月7日から同年12月12日までの間において、株式会社日貿信に対しては1089万1232円の利息を、太平洋銀行に対しては848万2190円の利息をそれぞれ支払ったことを認めることができる。

　しかしながら、〈証拠略〉によれば、原告は、本件土地については、前所有者である塚越健二との間で、平成元年8月ころ代金約6億5000万円で売買契約を締結し、中間金を支払った同年12月27日に所有権移転請求権仮登記をし、その後、平成2年8月20日に所有権移転登記をしたものであることが認められる。

　そうすると、原告は、被告との間で本件不動産について売買交渉を開始する以前に本件土地につき前所有者との間で売買契約を締結し、中間金を支払っているのであるから、本件土地の取得にかかる費用と被告の信義則上の注意義務違反との間に相当因果関係は、認められない。

　よって、原告の主張は理由がない。

③ グリーン企画に支払った売買手数料

　原告は、平成2年8月10日、本件売買手数料として、仲介業者たるグリーン企画に対し、6000万円を支払ったと主張し、これに沿う〈証拠略〉もあるが、前記認定のとおり、右売買契約は成立するに至らなかったのであるから、原告において仲介業者において手数料を支払ういわれはないから、仮にこのような出費があったとしても、被告の信義則上の注意義務違反との間に相当因果関係は、認められない。

④ 社会的、経済的信用毀損による損害について

原告が、被告の行為によって、1億3000万円の社会的、経済的信用毀損による損害を被ったことを具体的に認めるに足りる証拠はない。」
（判例評釈として、彦坂孝孔・判夕882号92頁がある）。

≪実務上の留意点≫
　この事案は、所有地上に建物（ワンルームマンション）を建築することを計画した会社が、建物の購入を希望する会社と売買交渉をし、国土利用計画法所定の届出後、不勧告通知が出ることを前提として売買契約の締結に努める旨の協定を締結したところ、購入希望者が売買契約の締結を拒否したため、建物の建築を計画した者が信義則上の義務違反による債務不履行、不法行為に基づき損害賠償を請求した事件である。この事案は、建築予定の建物（マンション）の売買契約が問題になったこと、売買交渉が行われたこと、売買につき協定が締結されたこと、購入希望者が売買契約の締結を拒否したこと、信義則上の義務違反が問題になったこと、債務不履行、不法行為の成否が問題になったことに事案としての特徴がある。この事案は、マンションの売買交渉をし、協定が締結されたところ、マンション不況等の経済情勢を理由に購入希望者が売買契約の締結を拒否したものである。

　この判決は、契約締結の交渉過程において、契約当事者が契約の締結に向けて緊密な関係に立つに至ったと認められる場合には、契約当事者は、相手の財産等に損害を与えないように配慮すべき信義則上の注意義務を負うとしたこと、この信義則上の注意義務に違反して損害を与えた場合には、不法行為が認められるとしたこと、この事案では、建築の準備の一環として、建築事務所に依頼して建築確認申請手続きをした後の段階で、マンションの市況の悪化を理由に一方的に売買契約の締結を拒否したものであり、信義則上の注意義務に違反するとしたこと、購入希望者の不法行為を認めたこと、損害賠償として、建築事務所に支払った設計監理料の損害を認め、金融機関に支払った利息、仲介業者に支払った売買手数料、経済的信用毀損の損害に関する主張を排斥したことを判示したものである。この判決は、信義則上の注意義務が生ずるのは、「契約当事者が契約の締結に向けて緊密な関係に立つに至ったと認められる場合」であるとし、他の裁判例と比較すると、限定的に解しているところに特徴があり、契約締結の交渉過程における信義則上の注意義務違反の不法行為（契約締結上の過失責任）を肯定した事例として参考になる。

　また、この判決は、損害賠償額として、前記のとおり、設計監理料相当の損害を認めたものであるが、この事案の特性を考慮したものであり、事例判断を

提供するものである。

[38] 福岡高判平成 5 . 6 .30判時1483.52、判夕848.235
≪事案の概要≫
　X株式会社は、メディカルスポーツセンターを建設するため、Y$_1$ないしY$_3$から土地を39億円余で購入することとし、交渉の結果、売買代金額も定まり、所有権移転登記、代金の支払等を実行することになったが、実行日の前日、本件土地の権利証がないことが判明し、Y$_1$が担保提供をすることに難色を示したところ、再度、代金の支払等を実行することになったものの、Y$_1$らが実行日に履行を拒否したため、XがY$_1$らに対して売買契約の成立を主張し、本件土地の所有権移転登記手続を請求した。第一審判決は、売買契約の成立を否定し、請求を棄却したため、Xが控訴した（控訴審では、Xは、予備的に、契約準備段階における信義則上の注意義務違反に基づく損害賠償請求を追加した）。この判決は、売買契約の成立を否定し、控訴を棄却したが、信義則上の注意義務違反（不法行為）を認め（融資の取扱手数料、収入印紙代、利息、登記手数料の損害を認めた）、予備的請求を認容した。
≪判旨≫
「このような事実経過からすれば、控訴人としては、右交渉の結果に沿った契約の成立を期待し、そのための準備を進めることは当然であり、契約締結の準備がこのような段階にまで至った場合には、被控訴人らとしても控訴人の期待を侵害しないよう誠実に契約の成立に努めるべき信義則上の注意義務があると解するのが相当である。被控訴人らが、正当な理由がなく控訴人との契約締結を拒否した場合には、控訴人に対する不法行為が成立するというべきである。そして、被控訴人らは、控訴人とあらかじめ定めた期日における契約の締結に応じなかったのであって、正当な理由についてこれを認めるに足りる証拠はない（被控訴人純一、同修子は、原審において、保証書による登記申請用の委任状に署名押印をしたことについて、司法書士から、権利証の代わりになる法務局からの葉書（確認申出書）だけでも作っておいた方が良いと言われたからである旨の供述をするが、司法書士が、控訴人と被控訴人らとの具体的取引を離れて、確認申出書が権利証の代わりになるとの趣旨の説明をする筈がなく、これを否定する原審証人の竹下の供述に照らしても、右被控訴人両名の供述は採用できない。ひいては、平成元年10月20日に、本件売買契約はしない旨石村社長らを通じて、控訴人に連絡した旨の被控訴人純一の原審における供述も採用

し難い)。被控訴人らの右行為は、控訴人の有する契約締結の利害を侵害した点に違法があり、しかも、前記認定したところによれば、右違法行為について、被控訴人らに故意か少なくとも過失があったというべきである。したがって、被控訴人らは、右不法行為によって被った控訴人の損害を賠償すべきである。」

≪実務上の留意点≫

　この事案は、土地の購入を希望した会社が土地の所有者らと売買交渉を行い、土地の売買交渉がまとまり、実行日が決められたものの、売却希望者らが権利証がない等の事態が判明し、売買契約書を取り交わすこと等ができなかったため、買受希望者が売却希望者らに対して売買契約の成立を主張し、土地の所有権移転登記手続を請求した控訴審の事件であるが（第一審判決は契約の成立を否定し、請求を棄却した）、控訴審において、予備的に契約準備段階における信義則上の注意義務違反に基づく損害賠償請求が追加された事件である。この事案は、土地の売買交渉が問題になったこと、売買交渉が具体化し、実行日の前日に締結が拒否されたこと、売買契約の成立が主張されたこと、控訴審において契約準備段階における信義則上の注意義務違反（実質的には、契約締結上の過失責任）に基づく損害賠償責任が問題になったことに事案としての特徴がある。この事案では、土地の売買交渉がまとまり、翌日実行される段階になって売却希望者の事情から売買契約書が取り交わされなかったものである。

　この判決は、売買契約の成立を否定したこと、契約締結の準備が契約の成立を期待し、そのための準備を進めたような段階に至った場合には、交渉の当事者は相手方の期待を侵害しないよう誠実に契約の成立に努めるべき信義則上の注意義務があるとしたこと、交渉の当事者が正当な理由がなく相手方との契約締結を拒否した場合には、相手方に対する不法行為が成立するとしたこと、この事案では、売買契約の締結拒否につき売却希望者らに正当な理由が認められないとしたこと、売却希望者らの不法行為を認めたこと、融資の取扱手数料、収入印紙代、利息、登記手数料の損害を認めたことに特徴がある。この判決は、売買契約の交渉が実行日の前日に至った段階で正当な理由なく締結が拒否された事案について、売却希望者の契約準備段階における信義則上の注意義務違反の不法行為を認めた事例として参考になるとともに、損害賠償額につき融資の取扱手数料、収入印紙代、利息、登記手数料の損害を認めた事例としても参考になるものである。

　この判決は、損害について、「(二)　そこで、控訴人の損害について検討する。

1 売買交渉の決裂

　控訴人は、被控訴人らとの間で売買代金についての合意ができ、当初の代金決済日が決定した段階で、登記費用等の経費等も見込んで、ノンバンクである国内信販との間で、返済期日平成7年10月30日、利息年7.2パーセント、取扱手数料0.5パーセント、平成元年10月20日を融資実行日とする44億円の融資を受け、その際、取扱手数料2200万円、公正証書作成費用107万1600円、契約証書作成用収入印紙代40万円、6箇月分の利息1億6751万3422円等の天引前払いのうえで借り受ける契約をし、当初の代金決済日である平成元年10月20日に国内信販の担当者に小切手にして決済場所に持参させ、同日、代金決済方法の変更により保証書による所有権移転登記申請に必要な費用分を除き、国内信販の担当者に小切手を持ち帰る方法による保管を頼み、平成元年12月19日に至り、仮処分のための保証金分の借入れの残額はすべて国内信販に返済したこと、その際、前記取扱手数料等は天引き前払い計算されたことは前示のとおりである。右44億円の小切手は、保証書による登記申請費用相当額及び仮処分のための保証金分を除き、国内信販から控訴人に交付されることはなかったことは前示のとおりであるから、控訴人と国内信販の間の本件融資契約は、小切手未交付分につき諾成消費貸借契約であると見るのが相当である。しかし、右契約により、国内信販は契約金額につき資金の拘束を受けるのであるから、これに対し、控訴人は取扱手数料、利息等の負担をする必要があり、これらの負担を定める控訴人と国内信販との契約部分は有効であると解すべきである。そうであれば、控訴人の負担した取扱手数料、利息等は、被控訴人らの右所為によって被った損害というべきである。

　(三)　そこで、控訴人の右損害と被控訴人らの右所為との相当因果関係の有無について判断する。

　　(1)　取扱手数料について

　本件のように、極めて高額の不動産取引に当たっては、その資金を金融機関、それもノンバンクからの融資に依存することは通常予想されるところであり、その場合に、利息のほかに取扱手数料が支払われることが通常であることは、前示のとおりである。そうすると、本件の売買代金39億5640万円に対する0.5パーセントの取扱手数料金1978万2000円について、本件不法行為と相当因果関係のある損害と認められる。被控訴人らは、右取扱手数料は実質金利であるから、日割計算すべきである旨主張するが、右取扱手数料は繰上げ返済した場合も返還されないものであり、本件は、貸金請求しているのではないから、利息制限法3条のみなし利息の規定があるからといって、取扱手数料について

の控訴人の損害を日割計算すべきものとは解されない。被控訴人らの右主張は採用できない。

(2) 公正証書作成費用について

控訴人が、公正証書作成費用金107万1600円を負担したことは前示のとおりである。ところで、前記事実によれば、本件売買は、平成元年10月24日を決済日とし、同日売買契約が締結される予定であったところ、被控訴人純一の仲介業者により、同被控訴人が契約締結を白紙に戻す意思であることを決済日当日の朝控訴人に知らされたもので、控訴人は、被控訴人純一の真意を確かめるべく、あるいは、被控訴人純一に白紙撤回を翻意させるべく同人との直接の連絡をとるために努力していたとみることができる。そうであれば、本件が極めて高額の不動産取引であること、控訴人の本件各土地の購入目的等を考慮すると、被控訴人純一の契約締結拒否の意向の連絡があった平成元年10月24日からなお相当の期間は、控訴人において、売買契約締結のために努力を重ねたとしてもやむをえなかったというべきである。したがって、この期間に生じた控訴人の損害についても、被控訴人らの信義則違反による不法行為と相当因果関係のある損害とみるべきであるが、その後については、控訴人の思惑によるものであって、被控訴人らの信義則違反による不法行為との相当因果関係は否定されるというべきである。そして、本件においては、右相当の期間は、前記の事情のもとでは、契約締結拒否の意向の連絡から少なくとも1週間、すなわち、平成元年10月31日までとみるべきである。

ところで、本件公正証書が作成されたのが、平成元年12月12日であることは、前示のとおりである。そうすると、本件の公正証書作成費用は、本件不法行為と相当因果関係のある損害とはいえない。

(3) 収入印紙代について

控訴人が収入印紙代40万円を負担したことは、前示のとおりである。しかし、売買代金約39億5000万円を越える約4億5000万円に対する収入印紙代10万円（印紙税法別表第一）は、本来控訴人において負担すべきものであるから、これを控除した30万円について、本件不法行為と相当因果関係のある損害と認められる。

(4) 利息について

控訴人が、国内信販に対し、44億円に対する平成元年10月20日から同年12月19日までの年7.2パーセントの割合による利息を負担したことは前示のとおりである。右負担額のうち、本件売買代金39億5640万円に対する平成元年10月20

日から同年10月31日までの12日間につき年7.2パーセントの割合による利息936万5286円については、前記(2)の理由により、本件不法行為と相当因果関係のある損害と認められるが、その後の利息については、相当因果関係のある損害とは認められない。なお、控訴人は、甲第34号証の契約書第9条の繰上弁済による違約金の負担との対比において、2箇月分の利息の方が右違約金より少ないので、2箇月分の利息全額を本件の損害と認めるべきである旨の主張をするが、控訴人の右損害の請求は、利息負担による損害の請求であって、違約金負担による損害を請求するものではないから、採用できない。

(5) 司法書士登記手数料

控訴人が、平成元年10月20日、竹下司法書士に対し、保証書による登記申請費用11万3900円を支払ったことは、前示のとおりである。右費用は、本件不法行為と相当因果関係のある損害と認められる。」と判示しており、議論の可能性があるものの、事例として参考になる。

[39] 東京地判平成6.1.24判時1517.66

≪事案の概要≫

X株式会社とY株式会社は、不動産業者であり、Xがリゾートマンションを建築した上、Yに売却し、Yが顧客に分譲販売する計画を立て、売買協定を締結し、Xが建築確認を受け、売買契約の締結を要求したが、バブル経済の崩壊もあって、Yが拒否したため、XがYに対して債務不履行に基づき損害賠償を請求した。この判決は、売買契約の締結の拒否に正当な事由が認められないとして、請求を認容した(損害賠償が認められたのは、設計監理の費用であり、土地の売却損害、金融機関からの融資の利息等は認められなかった)。

≪判旨≫

「以上によれば、本件協定は、建築確認の取得や国土利用計画法の不勧告通知を受けた後に、売買契約を締結することを目的として、売買契約締結の準備段階においてなされた合意であって、これにより、当事者としては、売買契約の成立に向けて誠実に努力、交渉すべき信義則上の義務を負うに至ったというべきである。したがって、一方の当事者が、正当な事由もないのに売買契約の締結を拒否した場合には、右信義則上の義務違反を理由として相手方の被った損害につき賠償すべき責任を負うものと解するのが相当である。

なお、原告は、売買の予約である旨主張するが、本件取引は土地付建物の売買であるから建物の建築確認をとる必要があり、さらに、国土利用計画法の届

け出をしなければならないところ、同法24条の勧告がなされた場合には予定した売買代金の見直しが必要となる等不確定な要素もあることや本件協定の文言からしても、本件協定は売買契約締結のための交渉を予定しているというべきであるから、本件協定が原告の主張するような売買の予約であると認めることはできない。

　また、被告は、本件協定は、売買契約締結に至るまでの交渉段階ないし準備段階における合意であって、原告と被告の交渉過程でまとまった取引条件を双方が確認する趣旨で書面化したものに過ぎず、何ら法的拘束力を持つものでない旨主張するが、前記の事実に照らし、被告の右主張は採用できない。

（中略）

　以上によれば、被告が売買契約の締結を拒否したのは、主としていわゆるバブル景気が崩壊したことによるマンション市況の悪化が理由であると認められる。そして、被告は大手のマンション販売業者であるから、本件協定を締結するに当たっては当然景気の動向等諸般の事情を総合的に検討したはずであり、それにもかかわらず本件協定後わずか1年で市況の悪化を理由に売買契約の締結を拒否するのは、正当な理由であるとは認め難いというべきである。

（中略）

　以上によれば、被告には契約準備段階における信義則上の義務に違反し売買契約の締結を拒否したというべきであるから、これにより原告が被った損害を賠償すべき責任がある。」

≪実務上の留意点≫

　この事案は、不動産業者同士がリゾートマンションを建築し、売却し、顧客に分譲販売する計画を立て、売買協定を締結し、建築予定の業者が建築確認を受ける等したものの、他方の不動産業者が売買契約の締結を拒否したため、不動産業者が信義則上の義務違反による債務不履行に基づき損害賠償を請求した事件である。この事案は、不動産業者間のマンションの売買契約が問題になったこと、建築、売買等の協定が締結されたこと、一方の不動産業者が売買契約の締結を拒否したこと、拒否の理由がバブル崩壊後の市況の悪化であったこと、他方の不動産業者が建築確認を得る等の準備をしたこと、契約締結の準備段階における信義則上の義務違反（実質的には契約締結上の過失責任）が問題になったことに事案としての特徴がある。この事案では、不動産業者同士で建築されるマンションの売買交渉が行われ、交渉が進行し、売買協定が締結されるに至ったが、購入希望者がバブル経済の崩壊等を理由に売買契約の締結を拒

否したものである。

　この判決は、売買協定は売買契約締結の準備段階においてなされた合意であること、この段階においては、当事者としては、売買契約の成立に向けて誠実に努力、交渉すべき信義則上の義務を負うとしたこと、一方の当事者が、正当な事由もないのに売買契約の締結を拒否した場合には、この信義則上の義務違反を理由として相手方の被った損害につき賠償すべき責任を負うものとしたこと、この事案では、市況の悪化を理由に売買契約の締結を拒否したものであり、正当な事由がないとしたこと、信義則上の義務違反を認めたこと、損害賠償として設計計画費（設計費用）の損害を認めたものの、他の損害を否定したことを判示している。

　この判決は、建築予定のマンションの売買につき協定が締結された後、売買契約の締結が拒否された事案について、契約締結の準備段階における信義則上の義務違反（実質的には契約締結上の過失責任）を肯定した事例として参考になる。この判決は、協定の締結後、売買契約の締結を拒否するには、正当な事由が必要であるとし、相当に厳格な理由を要件とするものであるが、議論を呼ぶところである。

　また、この判決は前記のとおり、損害賠償の範囲として、設計計画費（設計費用）に限定しているが、この事案の事実関係を前提としたものであり、事例判断を提供するものである。

　この判決は、損害について、「三　そこで、損害について判断する。
　1　原告主張の損害(1)について
　前記認定の事実及び〈証拠略〉によれば、原告は、平成2年3月29日、オルトとの間で、金5459万円（消費税込み）で設計監理委託契約を締結し、同社は設計図を作成したこと、原告は、右約定に従い、同月29日及び同年12月28日に、各1360万円を支払ったことが認められる。
　ところで、〈証拠略〉によれば、原告は、被告が売買契約の締結を拒否したことにより、被告との契約を断念したが、平成4年3月16日、ユニヴァーサルコンサルタントと共同事業協定を締結し、その後平成5年5月6日、共同事業契約を締結したこと、そして、原告は、前記オルトに設計監理を委託し、原告は、設計変更費用としてオルトに金2000万円を支払ったことが認められる。そして、右認定の事実に、〈証拠略〉を総合すると、前記オルトの作成した本件建物の設計図は、ダイヤパレス標準仕様といわれる被告独自の仕様によるものであるから、ユニヴァーサルコンサルタントとの共同事業によるマンション設

計には流用できなかったものと認められる。
　したがって、原告が設計費用としてオルトに支払った前記金2720万円は、被告の前記義務違反と相当因果関係のある損害と認められる。
　2　原告主張の損害(2)について
　原告は、被告の強い要求により松下所有の土地を建設予定地に含めることになったと主張し、それに沿う証拠として甲59及び証人鈴木康弘（第1回）があるが、〈証拠略〉に照らすと、被告が本件取引に強い関心を示していたとは必ずしも認められず、原告の主張に沿う前記各証拠はたやすく措信できない。
　のみならず、仮に原告主張のとおりであったとしても、被告の要求は、本件協定を締結する以前の時期のものであり、協定締結後であればともかく、その前の段階においてより商品価値の高いものであれば商談に応じるというのは経済活動としてむしろ当然の行動というべきである。
　一方、被告の要求に応じても採算がとれるかどうかは、原告の経営判断に任されているというべきであって、原告としては被告の要求を断ることも可能であったのである。そして、本件において原告は、松下からの買収の条件が原告にとって厳しいものであっても、それにより商品価値が高まり、被告が売買に応じてくれることによって、採算がとれると判断したからこそ、買収に踏み切ったというべきであるから、被告の前記義務違反とは相当因果関係のある損害とは認められないというべきである。
　3　原告主張の損害(3)について
　原告は、被告に売買契約の締結を拒否されたことを知ったユニヴァーサルコンサルタントの足下をみられたことにより、本来の価格である坪当たり金150万円より低い価格で同社に売却せざるを得なくなったと主張し、これに沿う証拠として甲78があるが、甲78には算定の根拠が示されていないのみならず、正確な価格評価はできないと記載されており、原告がユニヴァーサルコンサルタントと共同事業協定を締結した平成4年3月ころは、いわゆるバブル景気が崩壊して土地の価格が下落傾向にあったことは公知の事実であることにも照らすと、他に原告の主張を認めるに足りる的確な証拠はないというべきである。
　したがって、原告の主張は認められない。
　4　原告主張の損害(4)について
　原告主張の損害の発生を認めるに足りる的確な証拠はないし、仮に原告主張のような損害が生じたとしても、本件のような契約の準備段階における被告の前記義務違反と相当因果関係のある損害とは認め難いというべきである。

5　原告主張の損害(5)について
〈証拠略〉によれば、原告は、平成3年2月28日以降株式会社三和銀行から借り入れたことが認められる。
ところで、前述したとおり原告の損害として認められるのは、前記設計計画費であるところ、原告がオルトに設計費として支払ったのは、平成2年3月と同年12月であり、右借入金による支払いではないと認められるから（なお、証人鈴木康弘は、原告は、土地を取得して建築確認をとる資金はあるが、その後の建築資金まではないと証言（第1回）している。）、結局、右借入金による利息支払いは、被告の前記義務違反と相当因果関係のある損害とは認め難いというべきである。」と判示しており、事例として参考になる。なお、判決中、原告主張の損害(1)は設計計画費、(2)は松下せんに対する特別対策費、(3)は土地売却損、(4)は名誉毀損による損害、(5)は利息支払である。

[40]　福岡高判平成7.6.29判時1558.35、判タ891.135
≪事案の概要≫
　不動産業を営むX株式会社とマンションの分譲業を営むY株式会社がマンションの分譲用地としてXが購入し、Yが買い受けるとの交渉を行い、Yが買付証明書を作成して交付する等し、Yが値下げの交渉をしたのに、Xがこれによる売渡証明書を作成して交付する等したものの、売買契約書を取り交わすに至らなかったため、XがYに対して売買契約の成立、予約の成立を主張し、違約金の支払を請求した。第一審判決は、売買契約の成立等を否定し、請求を棄却したため、Xが控訴し、予備的に契約締結上の過失を主張し、債務不履行、不法行為に基づく損害賠償を請求した。この判決は、第一審判決を引用し、売買契約の成立等を否定し、控訴を棄却したものの、Xの期待を侵害しないよう誠実に契約の締結に努めるべき信義則上の注意義務があるところ、正当な理由もなく契約の締結を拒んだとし、契約締結上の過失を肯定し（土地取得のための銀行借入利息の損害を認め、土地の購入に要した費用、土地の農地転用許可、開発行為等に要した費用、慰謝料に関する主張を排斥した）、予備的請求を認容した。
≪判旨≫
「前記認定のとおり、本件売買契約ないし予約が成立したと認めるに足りないものの、以上に認定した一連の事実経過に鑑みると、本件売買契約の締結に向けて、むしろ被控訴人の方が主導的に手続きを進めていたことが明らかであ

る。確かに、前記買い付け証明書には被控訴人本社の稟議決裁を条件とする旨が記載されており、控訴人としてもこの点は認識していたものではあるが、宮崎は契約締結に向けて精一杯努力することを約束しており、右時点以降、被控訴人が本件土地の購入を断念する旨の通知をするまでの間に右条件が改めて確認された形跡を窺うことはできない上、本件売買契約締結に向けられた被控訴人九州支店のその後の行動、交渉態度等に鑑みると、控訴人において右交渉の結果に沿った本件売買契約が成立することを期待し、そのための準備を進めたのも無理からぬものがあったと言うべきである。そして、契約締結の準備がこのような段階にまで至った場合には、被控訴人としても控訴人の右期待を侵害しないよう誠実に契約の成立に努めるべき信義則上の注意義務があると解するのが相当であって、被控訴人が正当な理由もないのに控訴人との契約締結を拒んだ場合には控訴人に対する不法行為が成立するものというべきである。そして、被控訴人が本件売買契約の締結をしなかったことにつき正当な理由があることを認めるに足りないから、被控訴人の右行為は少なくとも過失による不法行為を構成するものというべきである。

　この点に関し、被控訴人は、本件はそもそも契約締結上の過失の適用領域ではない旨主張するが、たとえ不動産取引の専門業者間の取引であって、買主が右取引により高額の利益を得ようとしていた場合であっても、契約締結に至る準備的段階（交渉過程）において信義則が適用されることは自明のことであって、被控訴人が主張するように自己責任の原理を考慮するとしても、少なくとも本件のように、被控訴人が主導的に契約締結に向けての手続きを進め、その結果被控訴人本社の稟議決済さえおりれば売買契約が成立する段階にまで進んでいる事案においては、契約締結上の過失は当然に考慮されるべきであって、被控訴人の右主張を採用することはできない。

　したがって、被控訴人は、被告人に対してこれにより控訴人が被った損害を賠償すべき責任がある。」

　（判例評釈として、影浦直人・判夕945号86頁がある。）

≪実務上の留意点≫

　この事案は、不動産業者間でマンションの分譲用地の売買契約の交渉が行われ、買付証明書、売渡証明書が交付されたものの、売買契約書を取り交わすに至らなかったため、購入希望者が債務不履行、不法行為等に基づき損害賠償等を請求した控訴審の事件である。この事案は、不動産業者間における土地の売買交渉が問題になったこと、売買交渉の対象となった土地はマンションの建築

分譲用地であったこと、売買契約の成立、予約の成立が主張されたこと、控訴審において予備的に契約締結上の過失責任が主張され、債務不履行、不法行為が問題になったことに事案としての特徴がある。この事案では、不動産業者間で売買交渉が進行し、買付証明書、売渡証明書が交付されたものである。

　この判決は、売買契約の成立を否定したこと、予約の成立を否定したこと、交渉の一方の当事者が交渉の結果に沿った売買契約が成立することを期待し、そのための準備を進めた段階にまで至った場合には、他方の当事者はこの期待を侵害しないよう誠実に契約の成立に努めるべき信義則上の注意義務があるとしたこと、他方の当事者が正当な理由もないのに契約締結を拒んだ場合には、不法行為が成立するとしたこと、この事案では、売却希望者が売買契約の締結を拒否するにつき正当な理由があることを認めるに足りないとしたこと、売却希望者の不法行為を認めたこと、不動産取引の専門業者間でも契約締結上の過失責任が適用されるとしたこと、損害賠償として、土地取得のための銀行借入利息の損害を認め、土地の購入に要した費用、土地の農地転用許可、開発行為等に要した費用、慰謝料に関する主張を排斥したことに特徴がある。この判決は、事業用の土地の売買について不動産業者間で契約締結上の過失責任を肯定した事例として参考になるとともに、土地取得のための銀行からの借入の利息の損害を認めた事例としても参考になるものである。この判決は、契約締結の過程における信義則上の注意義務の発生時点について、交渉の一方の当事者が交渉の結果に沿った売買契約が成立することを期待し、そのための準備を進めた段階にまで至った場合であるとし、従来の裁判例と比較すると、より明確な判断基準を提示したものである。

　この判決は、損害について、「2　そこで、控訴人の損害の点について順次検討する。

　(一)　控訴人は、本件土地の購入に要した費用（請求原因(1)①）が損害に当たる旨主張するが、〈証拠〉によれば、控訴人は、被控訴人担当者の訪問を受ける前から、本件土地を購入していったん所有権移転登記を受けた上で、同土地上に一戸建ての木造建物を建築し、これを戸建て分譲する計画を有しており（控訴人の代表取締役である当審証人石橋は、本件土地に隣接して久留米大学医学部があるため、その教職員住宅等として必ず完売できると確信していた旨当審で供述するところである。）、平成元年夏ころには本件土地の買収交渉を開始してその一部については手付金も支払い、同年4月12日には、株式会社福岡銀行花畑支店に対して、本件土地を分譲住宅地として造成し、これを7区画に

分けて、同年8月から分譲を開始し、販売期間を10か月として、約2800万円の粗利益を見込んでいるとして、1億2000万円の融資を申し込んだこと（控訴人は、本件土地の購入手続きや事業計画は白紙の状態であり、仮に第三者に転売するにしても中間省略登記手続きを利用できた旨主張し、石橋千睦作成の陳述書にはこれに副う供述記載があるが、同人は、当審において、同銀行に対する融資申込みの時点では本件土地の名義をいったん控訴人に移転する計画であったことを認めており、これに当審での調査嘱託の結果をも併せ考慮すると、右供述記載を採用することはできない。）が認められ、右の事実によれば、控訴人による本件土地の購入、造成、販売の計画は、相当程度の具体性を有していたものと解されるから、被控訴人からの専有面積買いの話が持ち込まれなくても、当初の計画どおり本件土地を購入して所有権移転登記も経由した公算が強く、従って、控訴人が本件土地の購入に要した費用として請求する各費用の支出と前記不法行為との間に因果関係があるとは認め難いから、請求原因(1)①の主張は理由がない。

(二) 次に、本件土地の農地転用許可や開発行為等に要した費用（請求原因(1)②）についても、原判決添付物件目録(一)の(1)、(3)の各土地の地目はいずれももと田であったから、控訴人の前記戸建て分譲の計画によっても開発行為の許可や地目の変更手続きは必要となるし、これを宅地として造成することも必要であるから（控訴人は、分譲マンション用地としての開発と一戸建て分譲の場合とでは土地区画の方法や道路の取付け方等が異なるから、分譲マンション用に開発したものを一戸建て住宅用に変えるにはすべてをやり直す必要がある旨主張し、〈証拠略〉にはこれに副う供述記載があるが、〈証拠略〉によれば、控訴人は、平成3年12月3日、本件土地を久留米大学に売却した（争いがない）が、その際開発工事のやり直しはしていないこと、その後、本件土地には共同住宅1棟が建築されたことが認められるところ、右事実に鑑みると、右供述記載を採用することはできない。）、同様に前記不法行為との間に因果関係があるとは認め難いと言うべきである。

(三) 本件土地取得のための銀行借入利息等の点（請求原因(1)③）については、〈証拠略〉によれば、控訴人は、本件土地の購入資金1億2000万円を株式会社福岡銀行花畑支店から借り入れる予定にしていたところ、本件土地の開発行為許可申請書に銀行の残高証明書を添付する必要があったところから、平成2年6月28日に右金員を同支店から借り入れ（利息の約定は年7.625パーセント、最終弁済期は平成3年6月28日）、これを普通預金口座に入金して残高証

明書を入手し、平成2年8月24日に右金員から平成3年12月3日までの利息合計1383万2132円を同支店に支払い、併せて右借入れの際の印紙代24万円の負担を余儀なくされたこと、当初の計画では融資実行日が平成2年6月とされていたことが認められる。

　右認定の事実によれば、控訴人は、当初の戸建て分譲の計画においても本件土地の購入資金として1億2000万円の借入れを予定しており、その時期、弁済期も本件とほぼ同時期であった（当初の計画の下での借入金の弁済期が何時であったかは必ずしも明確とは言えないが、本件の事実経過に鑑みると、ほぼ同時期であったと推認するのが相当である。）から、右弁済期までの利息の支払い及び印紙代の支払いと前記不法行為との間には因果関係がないものと言うべきであるが、弁済期である平成3年6月28日よりも後の利息分として支払われた利息相当額については、前記不法行為と相当因果関係のある損害と認めるのが相当である。なお、本件のように高額の不動産取引においては、その資金を銀行等の金融機関から借り入れることは通常予想されるところであるから、前記7.625パーセントの割合による利息全額が本件不法行為と相当因果関係の範囲内の損害と認められる。

　そうすると、平成3年6月29日から同年12月3日までの年7.625パーセントの割合による利息に相当する金員396万0822円が本件で控訴人が被った損害と言うことになる。

㈣　最後に、慰謝料請求の点については、控訴人は、関係各官公署に種々の許可や承諾を求めたり、陳情するなどしたのに、被控訴人が予定建物の建築を止めたため、久留米市内において控訴人がこれまで築いてきた信用や名誉が害された旨主張するが、本件全証拠によっても、予定建物の建築ができなかったことにより控訴人の信用や名誉が害されたことを認めるに足りない。」と判示している。

[41] 福島地判平成8．3．18判例地方自治165．42
≪事案の概要≫
　Y市は、勤労者総合福祉センターの建設予定地としてA株式会社の所有する土地を取得する交渉をしたところ、AがXの親族の所有する土地の取得を希望したことから、YがXに土地の譲渡を打診したところ、XがX所有土地の立退問題の解決が先決であるとし、これが解決されなければXの親族の土地の譲渡には応じられないとし、YとXとの間でX所有土地とYの提供する代替地の交

換の交渉が行われ（Xは、所有土地につき締結されていた駐車場契約を解約した）、確認事項と題する書面が取り交わされたものの、Yが交渉を取り止めることを通知したため、XがYに対して債務不履行、契約締結上の過失、不法行為に基づき損害賠償を請求した。この判決は、交換等の契約の成立を否定し、X所有土地の取引に関する基本的事項につき一応合意に達していたものである等とし、契約締結の交渉に際して財産上の損害発生を防止すべき信義則上の義務違反があったとし、契約締結上の過失を肯定し、駐車場賃料相当額の損害につき請求を認容した。

≪判旨≫

「三　次に、いわゆる契約締結上の過失の有無につき判断をする。

原告と被告は、前示経緯のとおり契約締結の準備段階にあったが、確認事項書を取り交わすなどして、本件土地の取引に関する基本的事項について一応の合意に達した後、残地価格の決定交換期日の内定など右合意内容に沿った契約条件の詰めの作業を行っていたのであり、このような契約交渉の経過のもとでは、少なくとも平成4年に入った段階で、当事者双方において、互いに相手方に対し、契約締結の交渉に際して財産上の損害発生を防止すべき信義則上の義務が生じていたと認められる。

そして、右のような経過の中で、原告が、近い将来に確認事項書に記載された内容の契約が締結されることは当然であるというべきところ、前記認定事実一5のとおり、原告は、平成4年2月末ころ、本件土地の駐車場の解約につき品竹に確認して、その了承を得たことにより（かかる事実を否定する品竹の証言は信用できない。）、平成4年5月末日限りで駐車場契約をすべて解約したのであるから、その後本件契約が締結されなかったことにより、少なくとも交渉決裂が決定的となった同年11月30日までの右駐車場賃料相当額の損害を被ったと認められる。

しかして、その損害額は、〈証拠略〉によると合計148万2000円と認めることができる。」

≪実務上の留意点≫

この事案は、市が市の施設の建設予定地として会社の所有する土地を取得する交渉をし、会社が個人の親族の所有する土地の取得を希望したことから、市と個人との間で交渉が行われ、確認事項と題する書面が取り交わされたものの、市が交渉を取り止めたため、個人が市に対して契約締結上の過失等に基づき損害賠償を請求した事件である。この事案は、市が土地の購入、交換等の交

渉が行われたこと、確認事項と題する書面が取り交わされたこと、売買契約、交換契約が締結されなかったこと、市が交渉を取り止めたこと、契約締結上の過失責任が主張されたことに事案の特徴がある。

この判決は、交換等の契約の成立を否定し、土地の取引に関する基本的事項につき一応合意に達していたものである等としたこと、契約締結の交渉に際して財産上の損害発生を防止すべき信義則上の義務違反があったとし、契約締結上の過失を肯定したこと、損害として駐車場賃料相当額の損害を認めたことに特徴がある。この判決は、契約締結上の過失責任を肯定した事例判断として参考になる。

[42] 東京地判平成8.3.18判時1582.60
≪事案の概要≫

X株式会社がマンションの分譲を業とするY株式会社との間で、X所有の土地上にマンションを建築し、Yに売り渡すなどの旨の土地建物売買に関する基本協定を締結し、Xがマンションの仕様を確定し、設計図書、標準仕様書等をYに交付し、Yの要望等を受け入れながら実施設計を開始し、完成し、都市計画法に基づく開発行為の許可申請を行い、その許可を得た上、今後、設計変更がないことを合意したが、Yが不動産不況を理由に契約条件の大幅な変更を申し入れたのに対し、Xがこれを拒否したところ、Yが基本協定を破棄したため、XがYに対して不法行為に基づき損害賠償を請求した。この判決は、X、Yは、売買契約締結に向けて誠実に努力すべき義務を負っており、Xは、そのために自己がなすべき義務をほぼYの要請に沿った形で履行したものであり、正当な理由がない限り、基本協定を破棄し、売買契約の締結を拒否することは、信義則上の義務に違反し、不法行為に当たるとし（設計業務の報酬、構造計算の費用、電波障害の事前調査費用の損害を認めたが、その他の設計費用、確認手数料、草刈工事費用、借入金の金利等の損害を否定した）、請求を認容した。

≪判旨≫

「2　右一の経緯によれば、本件基本協定は、国土法の手続終了後に売買契約（本契約）を締結することを目的として、その準備段階においてされた合意である。本件取引においては、右一で認定したとおり、本件土地上の建物について被告の要望に従って建築されることになり、原告は、約8か月間にわたって被告の要望に従った設計作業を行い、特に、一度設計作業がほぼ完了したにも

かかわらず、被告の意向に沿うよう大幅に設計作業をやり直し、これを完成させており、これらに伴い、原告はかなりの額の出費をしている。また、右設計変更後に再度の設計変更がないことを当事者間で確認しており、その間、原告は、近隣住民に対する説明、大宮市に対する建築事業計画の適合通知申請、開発行為の許可申請、建築確認申請などを行っているものである。

　これらの事実によれば、当事者双方は、本件土地、マンションの売買契約の締結に向けて誠実に努力する義務を負っており、原告は、そのために自己がなすべき義務をほぼ被告の要請に沿った形で履行してきているのであるから、被告は、前記正当な理由ないし特段の事情（以下『正当な理由等』という。）のない限り、本件土地、マンションの売買契約に応ずべき信義則上の義務があり、正当な理由等もないのに、本件基本協定を破棄し、売買契約の締結を拒否することは、信義則上の義務に違反し、原告に対する不法行為として、被告は、原告の被った損害について賠償する責任を負うというべきである。

　3　そこで、被告に右正当な理由等があるか否か検討する。

　被告は、平成3年5月の被告による設計等の変更要請は、内容、時期ともに合理的で、理由があるにもかかわらず、原告がこれに一切応じなかったため本件基本協定を破棄したもので、これは、被告に正当な理由等があるから、不法行為に当たらず、被告には責任がないと主張する。

　しかし、被告は、建物の一部の階数を変更することについて、これは、不動産市況の悪化から売りやすいマンションを作るためのもので、正当な理由があると主張するものの、右再度の設計変更の要請は、被告の意向に沿って中柱を抜くという大幅な設計変更が決定されたわずか3か月後であること、平成3年4月には、それ以上設計変更はないことが当事者間で確認されていることなどに照らすと右内容の変更の要請が正当な理由を有するとはいえない。

　また、被告は、被告の設計等の変更要求は、未だ本件マンションの間取りも確定しておらず、実施設計が行われていない段階でされたものであるから許されると主張する。しかし、右一で認定したとおり、被告の右要請時には、実施設計はほぼ完了していたこと（平成3年5月10日には建築確認申請がされている。）、被告取締役も含めた被告の担当者は、右進行状況を十分認識した上で原告との交渉を行っていたと考えられること、仮に、被告において、間取りに関し社内の決裁がおりていなかったとしても、それは被告内部の事情にすぎず、原告との関係では、被告の担当者において、右設計が進行していることを前提として行動していることなどを考慮すると、被告の設計変更の要請に正当な理

由があるとはいえない。

　また、被告は、不動産不況から単価の変更を求めることには正当な理由があると主張するが、前認定の事実に照らすと、本件においては、被告主張事実をもってしては未だ単価変更を求める正当な理由に当たるとは認められない。

　したがって、平成3年5月の段階で、建物の階数を減らすなどの設計変更や単価変更を被告が要請したことは、正当な理由があるものとはいえず、他に被告が本件基本協定を破棄したことについて正当な理由等があるとは認められないから、結局、被告は、契約準備段階における信義則上の義務に違反し、本件基本協定を破棄したことは、違法であり、原告に対する不法行為に当たるというべきである。」

≪実務上の留意点≫

　この事案は、土地を所有する会社がマンションの分譲業を営む会社との間で、マンションの建築、売却等の土地建物売買に関する基本協定を締結し、マンションの仕様を確定し、設計図書、標準仕様書等を交付し、実施設計を完成し、都市計画法に基づく開発行為の許可を得る等したところ、分譲会社が不動産不況を理由に契約条件の大幅な変更を申し入れ、土地所有会社がこれを拒否し、分譲会社が基本協定を破棄したため、土地所有会社が分譲会社に対して不法行為に基づき損害賠償を請求した事件である。この事案は、事業者間の土地建物の売買交渉が問題になったこと、マンションの建築を前提とした売買を内容とする契約の締結交渉が行われたこと、事業者間で基本協定が締結されたこと、不動産不況を理由に契約内容の変更が申し入れられたこと、基本協定が破棄されたこと、契約準備段階における信義則違反が主張されたこと（実質的には、契約締結上の過失責任が主張されたものである）に事案の特徴がある。この事案では、事業者間で売買契約の履行の準備が行われ、基本協定が締結されたところ、不動産不況を理由に売買契約の締結が拒否されたものである。

　この判決は、基本協定が締結され、当事者は売買契約締結に向けて誠実に努力すべき義務を負っているとしたこと、分譲会社は、正当な理由ないし特段の事情がない限り、基本協定を破棄し、売買契約の締結を拒否することは、信義則上の義務に違反し、不法行為に当たるとしたこと、分譲会社の締結拒否には正当な理由がないとしたこと、この事案では、分譲会社は信義則上の義務に違反し、基本協定を破棄したことは不法行為に当たるとしたこと、損害として、設計業務の報酬、構造計算の費用、電波障害の事前調査費用の損害を認め、その他の設計費用、確認手数料、草刈工事費用、借入金の金利等の損害を否定し

たことに特徴がある。

　この判決は、事業者間の土地建物の売買に関する基本協定が締結された後の契約の締結拒否の事案であり、基本協定の破棄には正当な理由等が必要であるとした事例判断、事業者間のマンションの建築、売買契約の締結交渉が行われていた際、基本協定を破棄したことが信義則上の義務違反として不法行為に当たるとした事例判断、損害賠償額を算定した事例判断として参考になるものである。

　この判決は、損害について、「三　損害
　1㈠　〈証拠略〉によれば、平成2年10月7日、原告は三井不動産建設に本件マンションの設計業務等を発注したこと、同年10月、三井不動産建設は、斉田に本件マンションの設計等を委託し、斉田に対し、設計業務に対する報酬として、平成2年10月に1500万円を、平成3年7月ころに2600万円をそれぞれ支払ったことが認められる。
　原告は、少なくとも右の設計報酬額相当の金員を三井不動産建設に支払う義務があるのであるから、右合計4100万円は、被告の違法行為により原告の被った損害といえる。
　㈡　〈証拠略〉によれば、三井不動産建設は、アド構造設計株式会社に、構造計算の費用として441万円を支払ったことが認められ、これは、原告が三井不動産建設に支払う義務がある金員であるから、右441万円も、被告の違法行為により原告の被った損害といえる。
　㈢　〈証拠略〉によれば、原告は、大宮市に対する開発本申請のための印紙費用として9万1000円（損害㈡）を、本件マンションの電波障害事前調査費として株式会社ビイエイシステムに対し25万円（損害㈢）を支払ったことが認められ、これは、被告の違法行為により原告の被った損害といえる。
　2　原告は、他に設計費用として、三井不動産建設が、斉田に対し、平成2年4月27日に支払った500万円が損害であると主張するが（損害㈠の一部）、これは、原告被告が交渉する前の設計等に関するものであり、被告の行為とは因果関係があるとは認められない。
　また、原告は、確認手数料の18万円（損害㈣）が損害であると主張するが、建築確認については、本件マンションに関して申請されたものが、後に原告が分譲した新大宮パークメゾンにも流用されているので、右手数料に関して、原告に損害が生じたとは認められない。
　草刈り工事費である48万5000円（損害㈤）は、原告が土地所有者として出え

んした金員であり、被告の行為との間に因果関係があるとはいえない。
　さらに、原告は、本件土地売買代金及び諸手数料などの借入金に対する金利である4042万6489円（損害㈥）が損害であると主張するが、本件土地購入が借り入れによってされたとしても、それは、被告との交渉以前の原告自身の必要性からされた借り入れであり、被告との交渉の結果、借り入れを行ったものではないから、被告との交渉期間中の金利相当部分が、被告の違法な行為によって被った損害であると認めることはできない。
　諸費用として損害189万6221円（損害㈦）については、その内訳等について具体的な主張、立証がなく、これを認めることはできない。」と判示している。

[43] 東京地判平成8.7.29判タ937.186
≪事案の概要≫
　X有限会社は、Aから店舗を賃借し、寿司店等を営業していたが、業績の悪化等から賃料の支払を滞り、Aから明渡しを迫られるに至ったため、Aの承諾を得て賃借権を譲渡することとし、Xの代表取締役の一人であるBの友人であるYに譲渡方を申し入れ、Xの実質的オーナーで、代表取締役であるCとYは、交渉をし、Aへの債務の引き受け、什器備品の引継ぎなどを内容とする合意をするなどしたが、YがB、Cに不審の念を抱き、将来の資金調達、採算に不安もあったことから交渉を中止したため、XがYに対して契約準備段階における信義則上の注意義務違反による債務不履行、不法行為に基づき損害賠償を請求した。この判決は、確実に契約が成立するとの合理的な期待を抱く段階に至っていなかった等とし、債務不履行、不法行為を否定し、請求を棄却した。
≪判旨≫
「右に検討した諸事情を総合勘案すると、被告が本件賃借権の譲渡契約の締結を拒否した時点において、譲渡条件など契約の基本的内容につき当事者双方が明確な合意に達し、譲渡人となる原告に確実に契約が成立するとの合理的な期待を抱かせるに至っていたとはいえないし、また、被告がこの期待を裏切って正当視すべき理由もなく一方的に契約の締結を拒否するなど契約準備段階にある当事者として信義則上の義務違反と目すべきところがあったということもできない（なお、最高裁昭和59年9月18日第三小法廷判決・裁判集民事142号311頁、平成2年7月5日第一小法廷判決・裁判民事160号187頁参照）。そして、他にこれを認めるに足りる証拠はないから、右義務違反を原告主張のように債務不履行又は不法行為のいずれに構成するかを問わず、原告において、被告が

本件貸借権の譲渡契約の締結を拒否したことにつき、損害賠償責任を追及する余地はないものといわざるを得ない。」

≪実務上の留意点≫
　この事案は、賃借店舗で寿司店等を営業していた会社が、賃借権の譲渡を含む営業譲渡の交渉を開始したものの、交渉の相手方が交渉を中止したため、契約準備段階における信義則上の注意義務違反による債務不履行、不法行為に基づき損害賠償を請求した事件である。この事案は、賃借権の譲渡等の営業譲渡の交渉がされたものであること、賃料不払いを理由に賃貸人から明渡しを迫られていたこと、交渉の相手方が交渉を中止したこと、譲渡契約が成立しなかったことに特徴がある。
　この判決は、交渉の当事者間に譲渡条件など契約の基本的内容につき明確な合意に達し、譲渡人に確実に契約が成立するとの合理的な期待を抱かせるに至っていたとはいえないとしたこと、交渉の相手方がこの期待を裏切って正当視すべき理由もなく一方的に契約の締結を拒否するなど信義則上の義務違反と目すべきところがあったとはいえないとしたことを判示したものであり、事例判断を提供するものである。

[44] 東京地判平成8.12.26判時1617.99

≪事案の概要≫
　X有限会社とY株式会社は、国立公園内等の土地上にリゾートマンションを建築し、XがYに売り渡し、Yが分譲する等の基本協定を締結し、Xが都市計画法に基づく開発行為の許可申請等をし、許可を取得し、建築確認を得て、国土利用計画法23条に基づく届出手続の協力を求めたものの、Yがこれに応じず、事情変更を理由に契約の締結を拒否したため、XがYに対して信義則上の義務違反を理由として債務不履行又は不法行為に基づき損害賠償を請求した。この判決は、契約の準備段階にある当事者として信義則上の義務違反があるとし、不法行為に基づく損害賠償責任を認め（測量費、開発造成工事等費用の損害の因果関係を否定し、開発許可申請費用、建築確認費用の損害を認め、公平の観点から6割の減額を認めた）、請求を認容した。

≪判旨≫
「2　右認定の経緯及び本件基本協定の前記内容を考慮すれば、本件基本協定は、開発許可及び建築確認を取得し、国土法23条に基づく届出手続をした後、不勧告通知が出ることを前提に、改めて土地建物に関する売買契約を締結する

ことを目的として、売買契約締結の準備段階においてされた合意というべきである。本件基本協定中には、売買予定対価及びその支払い方法、土地所有権の移転及び所有権移転登記の時期等の定めがあるほか、本件建物は被告が希望し承認した設計・仕様に基づくものとし、その建築費は法廷床面積一坪当たり90万円を限度として原告が負担するが、これを超過する部分はすべて被告の負担とし、施工業者との間の建築請負契約上の債務についても被告が免責的に引き受け、開発許可及び建築確認の取得も被告の同意の下に行うことが定められ、他方、原告の義務として、開発許可及び建築確認の前提となる本件一土地と隣地との境界線及び境界点の確認と実測図の引渡、有限会社きぬ川館第二別館所有の建物の収去による土地の更地化、借地部分についての原告による所有権の取得などが具体的かつ詳細に約定されている。国土法24条の勧告がされた場合には売買予定対価の見直しが必要になるなど不確定な要素もあり、売買の予約ということができないことは、原告も自認するところであるが、本件基本協定の成立により原告と被告との間には本契約の締結に向けた緊密な関係を生じ、その後、開発許可及び建築確認の段階にまで進んでいる以上、特段の事情がない限り、本契約が成立するとの合理的な期待を抱かせるに至ったものというべきである。したがって、この合理的な期待を裏切り、特に正当視すべき理由もないのに、契約の締結に向けた行為に出ることを一方的に拒否することは、契約準備段階にある当事者として信義則上の義務違反に当たるから、その者は、相手方に対して不法行為による損害賠償責任を負うものといわなければならない（最高裁昭和59年9月18日判決・裁判集民事142号311頁、同平成2年7月5日判決・裁判集民事160号187頁参照）。

　ところで、被告は、本件基本協定は、国土法の届出手続の完了後に改めて売買契約を締結するまでの中間的な合意程度のものにすぎず、国土法の規制の適用を受ける土地の売買については、予約を含め、同法23条に基づく届出をしても、知事が判断する以前は法律上白紙の状態であって、同法24条に基づく知事の勧告通知があれば、契約の締結を中止する事態も考えられ、本件基本協定中に、右届出に関し、関係官庁より価格の変更等の指導を受けた場合には、原告、被告及び訴外会社は協議の上善処すると約定されている一方、ペナルティー条項がないことなどから、本件基本協定には、具体的な権利義務を発生させる法的拘束力がない旨主張する。確かに、国土法の規制を受ける土地の売買については、知事の許可又は不勧告通知等があるまでは、売買契約やその予約の締結が禁止されているが（同法14条1項、3項、23条1項、3項）、その趣旨

は、右のような土地取引については、地価の抑制と土地利用の適正化を図るとの公益目的の見地から知事にその適否を判断させるのが相当とされたことにあり、同法23条に基づく届出が未了のまま終わった本件のような場合において、売買契約の締結に向けた準備段階にある当事者として信義則上の義務違反行為をした者に相手方に対する損害賠償義務を負わせても、同法の趣旨に反するものではない。本件基本協定が売買予約でないことは前示のとおりであるが、その内容及び締結の経緯等にかんがみると、被告主張のような条項上の点を考慮しても、本件基本協定が何らの法的拘束力もないということは到底できない。
（中略）
　右事実からすれば、被告が売買契約の締結に向けた国土法23条に基づく届出手続の協力を拒否したのは、主としていわゆるバブル経済の崩壊によるリゾートマンション市況の悪化が理由であると認められるが、被告は、前示のとおり、土地の造成分譲及び建売等を目的とする資本金4億円の会社であり、本件事業に先立ち、原告が訴外会社に設計・販売計画を委託した分譲リゾートマンション32戸を昭和63年8月から9月にかけて完売した実績も有している。地価高騰を防ぐねらいで、金融機関の不動産業向け融資残高を規制するいわゆる総量規制が平成2年4月から実施されていたことは公知の事実であるから、同年11月30日に至り、被告が原告との間で、その第二次事業としてのリゾートマンション169戸の分譲を目的とする本件基本協定を締結するに当たっては、景気の動向やリゾートマンション市況の現状及び今後の見通し等の諸般の事情を総合的に検討したはずである。また、本件基本協定には、原告の責によらざる事由により開発許可及び建築確認が当初の予定より遅延した場合は、原告及び被告が改めて期限の延長をすることができる旨の約定も存在している。それにもかかわらず、原告側の事情で開発許可及び建築許可が遅延した事情があるからといって、本件基本協定の締結から約2年3か月後に、本契約の締結に向けた行為に出ることを一方的に拒否することは、本契約が成立するとの原告の合理的な期待を裏切るものであり、特に正当視すべき理由もないものというほかはない。したがって、被告には、契約準備段階にある当事者として信義則上の義務違反があり、原告に対して不法行為による損害賠償責任を負うものといわなければならない。」

≪実務上の留意点≫
　この事案は、企業同士がリゾートマンションの建築、売買、分譲を計画し、基本協定を締結し、都市計画法に基づく開発行為の許可申請等をし、許可を取

得し、建築確認を得たものの、マンションを購入する予定であった企業が事情変更を理由に契約の締結を拒否したため、売却を希望した企業が信義則上の義務違反を理由として債務不履行、不法行為に基づき損害賠償を請求した事件である。この事案は、企業間のリゾートマンションの建築、売買等の契約締結の交渉が問題になったこと、企業間に基本協定が締結されたこと、マンション建築の必要な手続が進行していたこと、マンションの購入希望の企業が事情変更を理由に売買契約の締結を拒否したこと、契約準備段階における信義則上の義務違反（実質的には、契約締結上の過失責任である）が主張されたことに特徴がある。この事案では、企業間でリゾートマンションの建築、売買、分譲が計画され、基本協定が締結され、開発等に必要な行政上の許可等を取得した段階で、事情変更を理由に契約締結が拒否されたものである。

　この判決は、基本協定の成立により当事者間には売買契約（本契約）の締結に向けた緊密な関係を生じ、開発許可及び建築確認の段階にまで進んでいる以上、特段の事情がない限り、本契約が成立するとの合理的な期待を抱かせるに至ったとしたこと、基本協定の当事者がこの合理的な期待を裏切り、特に正当視すべき理由もないのに、契約の締結に向けた行為に出ることを一方的に拒否することは、契約準備段階にある当事者として信義則上の義務違反に当たるとしたこと、この事案では、本契約の締結拒否は合理的な期待を裏切り、正当視すべき理由がないとし、不法行為に当たるとしたことに特徴がある。この判決は、契約準備段階における信義則上の義務違反（契約締結上の過失責任）を肯定した事例として参考になる。この判決が提示する判断基準は、契約締結の交渉において契約締結の合理的な期待を抱かせたかどうかというものであり、単なる期待を判断基準とする裁判例よりは妥当であるが、合理的な期待という判断基準の相当性、判断の仕方に議論が必要である。

　また、この判決は、損害賠償額として、測量費、開発造成工事等費用の損害の因果関係を否定し、開発許可申請費用、建築確認費用の損害を認め（公平の観点から6割の減額を認めた）、「二　争点2（被告の損害賠償額）について

1　測量費

　〈証拠略〉によれば、原告は、平成元年1月13日に本件一土地の測量費として200万円を支出したことが認められる。しかし、原告は、前示のとおり、昭和63年に右土地を利用してキャトルセゾン第二次事業を行うことになり、被告とは別の複数の開発会社との間で事業計画を煮詰めた際に右土地の測量を行ったものであり、右会社との間では事業計画がまとまらず、その後、訴外会社の

紹介により被告が本件事業に参画するようになり、本件基本協定を締結するに至ったものであるから、右測量費は、被告の前記義務違反と相当因果関係のある損害とはいえない。

　2　開発造成工事等費用

　本件基本協定において、原告は本件事業につき開発許可及び建築確認を取得すべきものとされ、隣地及び境界線並びに境界点の確認と実測図の引渡のほか、開発許可の前提としての開発行為、すなわち、土地の区画形質の変更、とりわけ更地化のため旅館の建物の収去が原告の義務とされていたことは前示のとおりである。そして、〈証拠略〉によれば、原告は、平成3年2月の事前協議の申請から平成4年7月の開発許可までの間に、磯部建設株式会社（以下「磯部建設」という。）に依頼して右作業を実行し、そのために民民境界協定申請費用16万円、官民境界協定申請費用20万6000円、地質調査工事代226万6000円、現況測量工事代40万1700円、導入路設置等造成工事代2132万1000円、同変更分8万2400円、駐車場出入口設置工事代37万0800円、スポーツ施設測量工事代143万円、バス操車場の移設に伴う移転先の雑木伐採工事代8万2400円、同じく移転先の駐車場造成工事代2317万5000円、乗務員控室工事代412万円、旅館の収去に伴う解体及び伐採工事代4120万円、仮設倉庫工事代401万7000円、樹木の移植及び倉庫棚取付工事代224万5400円、レストランの収去に伴う仮設倉庫代及び冷蔵庫新設工事代463万5000円の合計1億0571万2700円を支払ったことが認められる。

　しかしながら、原告は、前示のとおり、被告から本契約の締結を拒否されて本件事業の遂行を断念した後、平成6年9月9日には、本件二土地の一部を訴外組合に売り渡したところ、〈証拠略〉によれば、本件事業の計画地は約1800坪、訴外組合に対する右売却地は約1350坪であり、両者の範囲及び形状は一致しないが、旅館、レストラン及びバス操車場の跡地など本件事業の計画地の主要な部分において右売却地と重複していること、原告は、前記費用を投じて土地の区画形質の変更工事及び更地化工事等を行った後に、これを訴外組合に対して約6億5000万円で売却したこと、訴外組合は、この買受地上に保養所を新築することとし、平成7年5月に開発許可、同年7月に建築許可をそれぞれ取得して建築業者に施工させ、平成8年夏ころには竣工して現に使用していることが認められる。右事実からすれば、訴外組合は、本件事業とは別に、保養所の新築工事に伴う開発許可及び建築確認を取り直しており、原告が本件事業のためにした開発行為がすべてそのまま有効利用されているとはいえないが、

〈証拠略〉から窺われる、原告のした開発行為の前後における右土地付近の状況及び形状並びに訴外組合による右竣工後の状況等を彼此対照するとともに、原告の訴外組合に対する売却は原告による本件事業の開発行為から約2年後の近接した時点においてされていること、右売却価格が原告の開発行為前の土地の現状有姿を前提にしたものとは到底考えられないことなどを併せ考慮すると、原告は、前記費用を投下して開発造成し価値の増加した状態で右土地を訴外組合に売却し利益を挙げたものと推認するのが相当である。これに反する原告代表者本人の供述は信用することができない。もっとも、右投下費用の中に売却利益によって吸収し得ない部分も含まれていることは否定し難いが、その範囲を的確に確定するに足りる証拠もないから、前示事実関係の下においては、原告が磯部建設に対して支払った諸費用は、被告の前記義務違反と相当因果関係のある損害ということはできない。

3　開発許可申請費用及び建築確認費用（設計費を含む）

　訴外会社は、建築企画等を目的とする会社であり、本件基本協定において、本件建物の企画・設計・管理及び許認可取得業務の担当者として、原告及び被告との協力により、本件事業を達成すべきものとされていたことは前示のとおりである。そして、〈証拠略〉によれば、訴外会社は、本件事業の開発許可申請業務を自ら行い、設計業務及び建築確認業務は株式を6割保有する子会社の訴外株式会社デザインショップ設計事務所（以下『訴外設計事務所』という。）に委託して行ったこと、訴外会社は、これに対する費用及び報酬として、紅葉やから、①　平成元年4月28日に3000万円、②　平成2年11月26日に5000万円、③　平成2年12月31日に6200万円の各支払を受けたほか、④　平成3年11月29日に1030万円、⑤　平成4年5月1日に1000万円、⑥　同年7月6日に4000万円の各支払を受けたこと、訴外会社は、訴外設計事務所との合意に基づき、右①のうち1500万円を訴外会社の、その余を訴外設計事務所の、右③のうち2500万円を訴外会社の、その余を訴外設計事務所の、右④及び⑤を訴外会社の、右⑥を訴外設計事務所の各入金として処理したことが認められる。

　ところで、原告は、紅葉やは単に支払名義を借用したものにすぎず、右支払金は原告がすべてこれを支払った旨主張し、〈証拠略〉には、右支払金が原告からの入金であるかのような記載があり、〈証拠略〉によれば、紅葉やの代表取締役である星文江は、原告の代表取締役星堯の妻であり、原告の取締役でもあること、星堯は、紅葉やの取締役にも就任していることが認められ、名義借用の点については、原告代表者本人も、右主張に沿う供述をしている。しかし

ながら、他方において、〈証拠略〉によると、原告は、昭和17年に旅人宿業等を目的とし、肩書住所地を本店所在地とする資本金480万円の有限会社として設立され、昭和63年11月に不動産の売買等を目的として追加したこと、紅葉やは、昭和52年に旅館業等を目的とし、栃木県塩谷郡藤原町（中略）を本店所在地とする資本金100万円の有限会社として設立され、昭和63年11月に右同様の目的を追加し、平成3年3月に本店所在地を宇都宮市に移転したこと、原告は、原告所有の本件二土地等を担保として金融機関から再三融資を受けているが、紅葉やは、これとは別に右土地等を担保に金融機関から昭和59年6月に1億3000万円、昭和63年6月に5000万円、平成2年3月に6億円の融資を受けていること、紅葉やは、原告が本件事業に先立って行った第一次事業の際には、星堯と並んで被告に対する連帯保証人になっていることが認められ、証人山下市治は、前記①ないし③の各入金は、紅葉やとの約束に基づき、紅葉やに対して請求書を送付し、紅葉やから入金された旨証言している。

　以上の諸点にかんがみると、原告の前記主張に沿う証拠はたやすく採用することができず、右①ないし③の各入金に係る分は、原告の損害と認めることはできないが（なお、右①及び②は本件基本協定の締結前に支払われたものである。）、前記④ないし⑥の各支払に係る合計6030万円は、被告主張のように原告自らのリスクに基づく先行投資として原告自らが全面的に負担すべきものと割り切ることはできず、被告の前記義務違反と相当因果関係のある損害というべきである。もっとも、前示事実関係からすれば、被告が本件事業から撤退することになった原因としては、本件基本協定に基づき原告が行うことになっていた開発許可及び建築確認の取得が当初の予定より遅れ、このことがリゾートマンション市況の悪化と相まったという事情があり、原告としても、当時の客観的な情勢の推移にかんがみれば、本件事業の挫折という事態もある程度は予測し得ないものではなく、それに伴うリスクも契約準備段階にある一方当事者として多かれ少なかれ甘受していたと推測される。そして、原告が、その約1年後には、本件事業としての開発行為を既に完了していた土地の一部を訴外組合に約6億5000万円で売却し、利益を挙げていることなど本件に現れた諸般の事情を総合考慮すると、損害負担の公平を図るため、民法722条2項の規定に従い、右損害の6割を減額し、2412万円を被告に賠償させるのが相当である。」と判示している。

　この判決の損害賠償額の認定、算定についての判断は、木目細かいものであり、事例として参考になるものである。なお、この判決の6割を減額した判断

は、その根拠、判断基準が明確ではないという疑問があるところ、その当否は別として、担当裁判官の公平観、正義感を反映したものといえよう。

[45] 長野地判平成10.2.13判タ995.180、判例地方自治177.58

≪事案の概要≫

Y町は、開設した町立病院に勤務した医師に通算15年以上勤務した場合には、600平方メートル以内の宅地を与える旨の条例を制定、公布していたところ、医師XがこのY条例を信じて常勤の医師としてYに任用され、病院に勤務し、17年が経過したところ、Yが条例を廃止し、住宅用地を与えなかったため、Xは、Yに対して主位的に、600平方メートル以内の宅地の給付を請求する権利の確認を、予備的に、債務不履行、契約締結上の過失に基づき損害賠償を請求した。この判決は、主位的請求を棄却したが、契約締結上の過失を否定したものの、職員の信頼に反し不測の損害を被らせないようにすべき信義則上の義務違反があったとし（宅地価格相当額、逸失利益の主張を排斥したが、慰謝料として300万円、弁護士費用の損害賠償を認めた）、予備的請求を認容した。

≪判旨≫

「前判示のとおり、普通地方公共団体である被告が職員との間で給与等の支給に関し私法上の契約によって合意をすることは許されず、このような契約は無効といわざるを得ないから、雇用契約又は贈与契約に基づく債務不履行あるいは契約締結上の過失の法理による損害賠償請求は、これを認める余地がないといわなければならない。

（中略）

したがって、職員にとっては、法律又はこれに基づく条例によって定められた勤務条件が保証されることを信頼すればこそ、任用に基づく公務員としての勤務関係に入るのであり、このような信頼は、前記のような特殊性のある法律関係を形成する両当事者の間で保護されなければならず、その信頼の保護は両当事者を支配する法原理としての信義則により当然に要求されるものと考えられる。このような見地からみれば、任命者側の地方公共団体が条例によって定める勤務条件は、その内容が根拠となる法律の規定に照らし適正なものであることが要求され、その条例が法律の規定に抵触し無効であるというがごとき事態が生じないようにしなければならないとはいうことはいうまでもない。したがって、地方公共団体は、単に勤務条件を条例で形式的に定めるだけでなく、

その内容が適正か、あるいは法律に適合する有効なものかを常に検討し、必要に応じ適宜条例の制定・改廃を行うことにより、適正かつ適法な勤務条件を整備して、職員の信頼に反し不測の損害を被らせないようにしなければならず、これは公務員としての特殊な勤務関係を形成した両当事者を規律する信義則上の義務であるというべきである。そして、このような義務は法の規定に基づく一般的な義務というにとどまらず、地方公共団体が個々の職員との間の勤務関係に付随して負担する義務と解すべきであり、地方公共団体が右の義務に違反したときには、一種の債務不履行に基づく責任として、これによって損害を受けた職員に対し損害賠償の義務を負うと解するのが相当である。

これを本件についてみると、前判示のとおり、被告は、本件特別報償に係る条例の規定が地方自治上及び地方公務員法に違反し無効であるにもかかわらず、制定時からその後の原告の17年間に及ぶ在職期間を通じ、同規定の改廃等の措置を採らずこれを放置したものであり、被告が原告との関係において勤務条件を適正かつ適法なものに整備すべき義務に違反したというべきであるから、被告は、原告に対し、右の義務違反によって原告が同条例を有効なものと信頼したために被った損害を賠償する責任がある。」

≪実務上の留意点≫

この事案は、町が町立病院の医師を勧誘するために、通算15年以上勤務した場合には、600平方メートル以内の宅地を与える旨の条例を制定、公布していたところ、常勤の医師として町に任用され、病院に勤務し、17年が経過したものの、町が条例をを廃止し、住宅用地を与えなかったため、医師が町に対して債務不履行、契約締結上の過失に基づき損害賠償を請求した事件である。この事案は、医師の任用契約が問題になったこと、町が医師不足の状況で医師を勧誘するために宅地を与えるとの内容の条例を制定、公布していたこと、医師が町の募集に応じて町と任用契約を締結したこと、医師が条例の定める要件を満たしたこと、医師が宅地を取得するとの期待が生じていたこと、町が条例を廃止し、医師に従来の条例に基づく宅地を与えるとの給付を拒否したこと、契約締結上の過失責任が主張されたことに特徴がある。この事案は、不動産の売買交渉が行われたものではないが、常勤の医師としての任用に付随して宅地を与えられるとの条例を重視して任用に応じたものである。

この判決は、地方公共団体の職員は、法律又は条例によって定められた勤務条件が保証されることを信頼すればこそ、任用に基づく公務員としての勤務関係に入り、この信頼は、当事者の間で保護されなければならないとしたこと、

地方公共団体は職員の信頼に反し不測の損害を被らせないようにする信義則上の義務を負うとしたこと、地方公共団体がこの義務に違反したときは、一種の債務不履行に基づく責任として、これによって損害を受けた職員に対し損害賠償の義務を負うとしたこと、この事案では、宅地の給付を内容とする条例が無効であり、契約締結上の過失は認められないしたこと、この事案では、条例が有効なものと信頼したため被った損害につき信義則上の義務違反があったとしたこと、宅地価格相当額、逸失利益の主張を排斥したが、慰謝料として300万円の損害賠償を認めたことに特徴がある。この判決は、契約締結上の過失を否定した事例判断として参考になるが、実質的には同じ内容の信義則上の義務違反による町の債務不履行責任を肯定した事例判断として参考になるものである。なお、この事案では、町の医師募集の対応が悪質なものであり、町の損害賠償責任が認められることは当然であり、問題は、その法理（法的な根拠）と損害賠償額であったものである。この判決は、条例が有効であるとの信頼に対する侵害を根拠に町の損害賠償責任を肯定したものであるが、この信頼は、実質的にみて、他の裁判例の摘示する期待と異なるものではないであろう。

　また、この判決は、損害について、「四　争点4（原告の損害の有無及びその金額）について

　　1　給付されるべき宅地の価格相当額（塡補賠償）について

　この点に関する原告の主張は、原告の被告に対する宅地給付請求権の存在を前提とするものであるところ、前判示二のとおり、右請求権の存在は認められないから、原告の右主張は前提を欠き理由がない。

　　2　給与の差額相当額（逸失利益）について

　原告が他の医療機関に勤務していればその主張額どおりの収入が現実に得られたであろうことを認めるに足りる証拠はない。すなわち、原告は、甲第8、第9号証を提出して民間における医師の給与水準が高いことを立証しようとするが、右は平成6年度の医師の平均賃金を示すものであって、原告が本件町立病院に勤務していた期間の全般にわたる賃金格差を表わす証拠ではないばかりでなく、他方、乙第51号証、第52号証の1ないし18、第53号証の1ないし18及び弁論の全趣旨によって認められる原告が支給を受けてきた給与の額は、一般的には医師の給与が高いことを考慮してもなお低きにすぎるとはいえず、少なくとも他の公立病院医師の給与額よりも低いことを認めるに足りる証拠はないところ、原告は、本件町立病院に勤務していない場合には、他の公立病院に勤務していた可能性も否定できないから、民間病院の勤務医の賃金との格差のみ

第3章　売買交渉をめぐる裁判例

によって逸失利益を立証し得るものではない。したがって、原告のこの点に関する主張も理由がない。

3　慰謝料について

甲第21号証、第30号証、乙第14号証及び原告本人尋問の結果によれば、原告は、大学医学部及び大学院を卒業後、昭和48年5月から1年間長野県上水内郡三水村・牟礼村福祉組合の開設に係る診療所に勤務し、その後、軽井沢町内で開業医をしていた実父の勧めにより、被告の常勤職員に任命されて本件町立病院に勤務するようになったこと、その際、本件特別報償条例についても説明を受け、一定年数勤務するとこれを与えられることが右勤務に就く動機の一つとなっていたこと、その後も、勤務年数の条件を充足すれば宅地の給付を受けられるものと期待していたことが認められる。そして、前判示の各事実によれば、被告が本件特別報償に関する条例の規定を改廃することなく放置したことにより、原告が右規定の有効性を疑うことなく宅地の給付を受けられるとの期待を持ち続けていたことは無理もないというべきであり、その期待が実現不能であることを認識できないまま17年に及ぶ勤務期間を終え、その後に至りこれが判明したことにより、原告が精神的な苦痛を受けたであろうことは推測するに難くない。そして、宅地給付の点は、任命の時点では本件町立病院に勤務することの大きな要素となっていたことは疑いなく、その後において、これを受けられないことが判明していれば、直ちに他に職を求めていたかどうかは証拠上必ずしも断定できないものの、他に勤務条件の有利な稼働先があれば転職していた可能性もまた否定できない。このような原告側の事情、特に本件町立病院に勤務することとなった動機、その後の原告の勤務年数、本件特別報償条例の規定内容その他諸般の事情に照らすと、原告が被告の前判示三の義務違反により被った精神的苦痛を慰謝するための金員としては300万円をもって相当とする。」と判示しているが、事案の内容に照らすと、低額にすぎる賠償額であるといえよう。

[46]　東京地判平成10.10.26判時1680.93

≪事案の概要≫

X_1、X_2が土地、建物を所有していたところ、建築業を営むY株式会社が土地を購入し、マンションを建築することを計画し、X_1らとの間で、X_1らが土地、建物を譲渡し、Yが代替地を取得し、建物を建築し、X_1らが買い受け、Yが協力金を支払うなどの内容の基本協定を締結した後、Yが都市計画法に基

づく開発許可を受け、代替地につきその所有者から売渡承諾書を取得したが、その後は協定の内容を履行しようとせず、マンション市場の冷え込みを理由に履行を拒否したため、X₁らがYに対して売買契約等の債務不履行、契約締結上の過失に基づき損害賠償を請求した。この判決は、売買等の契約の成立を否定し、Yが売買契約の締結を拒否したことが契約の成立に向けて誠実に交渉する信義則上の義務違反を認め、契約締結上の過失を肯定したものの、損害が認められないとし、請求を棄却した。

≪判旨≫

「三　契約締結上の過失を理由とする損害賠償請求について検討する。

契約交渉の開始から契約締結までの間に相当の期間を要し、その間に、両当事者が契約の締結に向けて順次何らかの事実上及び法律上の行為を行っていく場合において、契約交渉の成立に対する強い信頼を与え、その結果、相手方が費用の支出、義務の負担等をした場合には、契約交渉を一方的に打ち切ることによって相手方の信頼を裏切った当事者は、信義則上、相手方が契約が締結されることを信頼したことにより被った損害を賠償する義務を負うものというべきである。

前記認定のとおり、原告らと被告は、平成元年3月頃、本件土地等の売買についての交渉を開始し、その後原告らが取得する代替地が特定され、平成3年7月頃には、被告の開発行為について横須賀市の許可を得るため、原告らが、被告の求めに応じて、被告の開発行為に対する同意書を提出し、その結果、本件土地における建築制限を伴う開発行為の許可がされたものであるから、遅くとも右同意書提出の時点において、被告は、原告らとの間で本件土地等の売買契約の成立に向けて誠実に交渉する信義則上の義務を負うに至ったものというべきである。

また、前記認定の事実によれば、被告は、本件協定書に定める契約締結時期である平成5年12月を1年6か月以上過ぎた平成7年6月になっても、マンション市場の冷え込みという被告が負担すべき経済上の危険を理由として、本件協定書の履行ができないと述べているのであるから、本件協定書に定める契約の締結を拒絶したものというべきであり、そうすると、原告らが右契約が締結されると信頼したことにより被った損害を賠償する責任があるといわなければならない。

原告らが被った損害について検討する。原告らは、被告が本件土地並びに代替地及び住宅の売買契約を締結せず、かつ、本件土地における建築制限を解除

するための開発計画変更の申請をしないために、本件建物の改修工事をすることを余儀なくされ、その結果、右工事費用として3353万5329円、本件訴訟のための弁護士費用として538万8178円の損害を被った旨主張する。しかしながら、〈証拠略〉によれば、本件建物は、昭和39年に建築され、昭和45年に増築されたものであり、平成元年頃には老朽化し修繕が必要な状態になっていたこと、原告らが、平成8年に蛭田建設に請負代金を3191万2393円として本件建物の改修工事を依頼し、平成9年4月末右改修工事が完成したこと、右改修工事により、本件建物が、全体的に修繕されたことが認められ、そうすると、原告らは、現在、右改修工事による利益を享受しているものというべきであるから、右工事代金をもって原告らが本件協定書に定める契約が締結されるものと信頼したことにより被った損害であるということはできない。」

≪実務上の留意点≫

　この事案は、土地・建物の所有者らが不動産業者とマンション用地の売買、代替地の取得・売買、協力金の支払等を内容とする基本協定を締結し、不動産業者が協定の実行のために一部の内容を実行したものの、マンション市場の冷え込みを理由に協定の内容を履行しなかったため、所有者らが売買等の契約の債務不履行、契約締結上の過失責任に基づき損害賠償を請求した事件である。この事案は、土地の所有者らが不動産業者とマンション用地の売買等の交渉をしたこと、不動産業者との間の不動産の売買等を内容とする基本協定が成立したこと、不動産業者が市況の冷え込みを理由に協定の内容の履行をしなかったこと、売買等の契約の成否が問題になったこと、土地の所有者らが不動産業者に対して損害賠償を請求したこと、契約締結上の過失責任が主張されたことに特徴がある。この事案では、マンション用地の売買等の交渉が行われ、土地の所有者らと不動産業者との間で基本協定が締結されたものの、不動産不況を理由に契約締結が拒否されたものである。

　この判決は、土地等の売買契約の成立を否定したこと、契約交渉の開始から契約締結までの間に相当の期間を要し、両当事者が契約の締結に向けて順次何らかの事実上及び法律上の行為を行っていく場合、契約交渉の成立に対する強い信頼を与え、その結果、相手方が費用の支出、義務の負担等をしたときは、契約交渉を一方的に打ち切ることによって相手方の信頼を裏切った当事者は、信義則上、相手方が契約が締結されることを信頼したことにより被った損害を賠償する義務を負うとしたこと、事業者は、開発行為の許可につき所有者が同意書を提出した時点において、土地等の売買契約の成立に向けて誠実に交渉す

る信義則上の義務を負うに至ったとしたこと、この事案では事業者は信義則上の義務に違反し、損害賠償責任を負うとしたこと、損害が認められないとしたことに特徴がある。この判決は、誠実に交渉する信義則上の義務を負う時点を一応明確にし、契約締結上の過失責任を認めた事例として参考になるものの、この事案における損害を否定した判断には疑問が残る。

[47] 仙台地判平成15.12.15判タ1167.202
≪事案の概要≫
　Y県の港事務所が漁港に臨港道路等の国道への取付道路を開設することを計画し、平成10年8月、Aの子であるX₁にこの計画、取付道路用地としてA所有の土地が予定されていることを説明し、本件道路の提供を依頼し、平成11年10月頃、Yから依頼を受けた者が買収に係る物件の調査を実施し、物件調書をX₁に交付し、平成12年2月、X₁に補償に関する内訳が記載された書面を提示する等したが、平成13年1月、計画が変更され、本件土地の買収がされなくなったため、Aの死亡後、その相続人であるX₁、X₂がYに対して債務不履行、不法行為に基づき賃料相当損害金等の損害賠償を請求した。この判決は、契約締結前の準備段階における信義則上の義務違反があったとし、不法行為を認め（前記土地上の建物の約11か月間の賃料相当損害金の損害額を認めたが、移転費用、慰謝料の主張を排斥した）、請求を認容した。

≪判旨≫
「4　争点(2)　（契約締結前の段階おける信義則上の義務違反の有無）について

　(1)　契約交渉がある段階に達し、相手方に対して契約の成立に対する強い信頼を感じさせるに至った場合、その当事者は、契約締結に向けて誠実に努力すべき信義則上の注意義務を負い、正当な理由なく契約交渉を一方的に打ち切って相手方の信頼を裏切ったときは、不当行為として、相手方の契約の締結を信頼して被った損害を賠償する責任があるというべきであり、この理は、一方の当事者が地上公共団体のような行政主体で、社会情勢の変動等に伴う事業計画の変更によって契約の締結を中止せざるをえないような場合であっても同様であると解される。もとより、行政主体は、策定された事業計画に拘束されるものではなく、社会情勢の変動等に伴ってその計画を変更することは原則として自由ではあるが、それは、事業計画の変更に伴って、何らの法的責任も負担しないことまでを意味するものではなく、行政主体が、損害を補償するなどの代

償的措置を何ら講じずに事業計画を変更して契約の締結を中止し、そのために、契約成立に向けて緊密な信頼関係にあった相手方に損害を被らせた場合には、その計画変更が、転変事変等のやむを得ない客観的事情によるのでない限り、行政主体の不法行為責任を生じさせるというべきである（最高裁昭和56年1月27日判決・民集35巻1号35頁参照）。

(2)ア これを本件についてみるに、前記認定事実によれば、平成10年9月までに、石巻漁港事務所の職員が原告らに本件土地の買収予定を説明して、原告らがこれに応じる意向を告げたこと、その上で、同事務所の職員らは、同年10月に、本件土地が道路用地として決定した旨を関係者らに説明し、平成11年10月ころに、原告ら立ち会いのもとで、本件土地の買収に伴って移転を要する物件の調査をし、物件調査を作成して原告千原に提示し、平成12年2月に、原告千原に「補償に関する一覧表」（甲11）を提示して本件土地の買収に関する保証金額の内訳や総額について説明するとともに、本件土地の相続登記をしておくように依頼したこと、これを受けて、原告らは、本件土地が確実に買収されるものと信じ、本件建物内の動産を処分するとともに、業者に本件建物の解体費用の見積もりを依頼し、本件土地の相続登記のための手続を法務局に数回相談したことが認められ、これらの交渉経過によれば、遅くとも本件土地の保証金額を原告千原に提示し、被告の買収意図を具体的に明確化した平成12年2月28日の時点においては、原告らが本件土地の買収を強く信頼するのももっともなことであり、これを生じさせた被告は、信義則上、本件土地の売買契約の成立に向けて誠実に努力すべき注意義務を負ったというべきである。

しかるに、被告が、その後、原告らに対して補償等の代償措置を講ずることなく、本件土地の買収を中止して、原告らの信頼を裏切ったことは前記認定のとおりである。また、全件証拠によっても、本県事業の計画変更、本件土地の買収中止について、転変事変等のやむを得ない客観的事情存したとは窺われない。

以上によれば、被告には、本件土地の買収に関し、契約締結前の段階における信義則上の義務違反行為があり、不法行為に基づき、原告らの損害を賠償すべき義務があると認められる。

イ 被告は、本件事業の計画の変更及びそれに伴う本件土地の買収の中止は、公共事業再評価制度の導入という国策に基づいて事業を見直した結果であるから正当な理由がある旨主張するが、そのような場合であっても、何らの代償的措置を講ずることなく事業計画を変更して相手方に損害を被らせることが

不法行為に該当することは、前記のとおりである。」
≪実務上の留意点≫
　この事案は、県が国道への取付道路を開設することを計画し、土地の所有者に予定を説明し、土地の提供を依頼し、買収に係る物件の調査が実施され、物件調書が交付され、補償に関する内訳が記載された書面が提示される等したものの、計画が変更され、土地の買収が中止されたため、土地の所有者の死亡後、相続人らが県に対して賃料相当損害金等の損害賠償を請求した事件である。この事案は、県による道路用地の買収（売買契約）が問題になったこと、土地の買収交渉が行われたこと、土地の所有者に買収予定の説明が行われたこと、県側によって買収の準備作業が実施されたこと、計画が変更され、土地の買収が中止されたこと、契約締結前の段階における信義則上の注意義務違反（実質的には、契約締結上の過失責任である）が問題になったことに特徴がある。
　この判決は、契約交渉がある段階に達し、相手方に対して契約の成立に対する強い信頼を感じさせるに至った場合、当事者は、契約締結に向けて誠実に努力すべき信義則上の注意義務を負うとしたこと（「契約締結前の段階における信義則上の義務」としている）、交渉の当事者が正当な理由なく契約交渉を一方的に打ち切って相手方の信頼を裏切った場合には、不当行為として、相手方の契約の締結を信頼して被った損害を賠償する責任があるとしたこと、この理は、一方の当事者が地上公共団体の場合、社会情勢の変動等に伴う事業計画の変更によって契約の締結を中止せざるを得ないような場合であっても同様であるとしたこと、この事案では、県の説明、作業によって土地の所有者が土地の買収を強く信頼するのももっともなことであり、これを生じさせた県は、信義則上、土地の売買契約の成立に向けて誠実に努力すべき注意義務を負ったとし、土地の所有者に対して補償等の代償措置を講ずることなく、土地の買収を中止して信頼を裏切ったことは信義則上の注意義務違反に当たるとしたこと、約11か月間の買収計画の対象土地上の建物の賃料相当損害金が損害額であるとしたことに特徴があり、契約締結前の段階における信義則上の義務違反を認めた事例判断として参考になる。もっとも、この判決が明示する契約締結前の段階における信義則上の義務については、契約交渉が「ある段階」に達したとか、「強い信頼を感じさせる」などといった極めて曖昧な要件が使用されているところであり、従来の裁判例とも異なる曖昧なものであって、義務の内容、法理の内容として適切なものであるとはいえない疑問がある。この判決の結論

は事例判断として参考になるものの、その前提となる法理、要件は参考になるとはいい難い。

また、この判決は、損害について、後記のとおり、一定期間の買収交渉の賃料相当損害金そのものが損害額であると判示するが、賃貸に伴う費用を控除すべきであるとも考えられ、なお議論が必要である。

この判決は、損害について、「5　争点(3)　（損害額）について
(1)　そこで、原告らが主張する損害額について検討する。
　ア　賃料相当損害金
　　(ｱ)　原告らは、本件土地の買収を信じて本件建物を他に賃貸しなかったことによる損害を主張するところ、前記認定事実に、証拠（甲16、18、19、原告千原）及び弁論の全趣旨を総合すると、本件建物は、準市の生存中から事実上空家となっており、準市死亡後は完全に空家の状態になったこと、空家となった本件建物の利用方法としては貸家にすることが相当であり、原告らも、かねがね、準市死亡後は本件建物を貸家にする意向を有していたこと、しかしながら、原告らは本件土地の買収に応じることとしたことから第三者に賃貸はできないと考え、これをしなかったこと、現に、本件土地の買収が中止になった後は、直ちに本件建物を補修し、月額5万5000円の賃料で第三者に賃貸したことが認められ、本件土地の買収交渉がなければ、原告らが準市死亡からさほど遠くない時期に、本件建物を他に賃貸したであろうことが容易に推認される。
　　(ｲ)　そこで、本件土地の買収交渉と原告らが本件建物を賃貸しなかったこととの相当因果関係について検討するに、被告が原告らに補償金額まで提示し、原告らがこれを拒絶しなかった段階で、原告らの買収成立への信頼は法的保護に値するものとなり、本件土地は買収予定地としての制約のもとでしか本件土地や本件建物を利用しえない状態となったのであるから、原告らが本件建物を他に賃貸することを控えたことには合理的理由があり、これを被告も十分に認識しえたというべきである。
　　被告は、原告らが本件建物の賃貸を控えたのは、売買契約が成立したものと勝手に思い込んだためであり、被告が賃貸の抑制を求めたわけではない旨主張するが、売買契約の成立まで至らずとも、買収交渉が上記の段階に至ったときは第三者への賃貸を控えるのが通常である上（乙26）、客観的にも、そのような建物を賃借する者は容易に現れないから、事実上他への賃貸は困難で、まして公共事業の買収交渉の場合は、後に強制収用の可能性が残されているから、任意の買収を拒絶して他に賃貸することも事実上困難であり、これらを鑑みる

と、原告らが本件建物の賃貸を控えたのは本件土地の買収交渉に基づく合理的判断であって、これを原告らの勝手な思い込みによるものとする被告の主張は失当である。

　また、被告は、平成12年6月7日以降、原告らに本件事業の計画見直しの可能性を伝え、その見直しの進捗状況や経過を適宜説明していた旨主張しており、同日以降は本件土地の買収交渉と原告らの本件建物の賃貸の抑制との間の相当因果関係がない旨主張の主張とも解されるが、本件土地の買収に関していったん上記のような緊密な信頼関係に至り、買収予定地上の建物として本件建物の賃貸についても事実上制約を加えられた以上、原告らとしては買収計画が撤回されない限り（少なくとも自由な処分を許容する旨の言明があるまで）、その制約を免れることができず、他への賃貸が事実上困難な状態は続くのであるから、上記主張にかかる説明がされた程度では、本件土地の買収交渉と本件建物の賃貸の抑制との相当因果関係が消失したとはいえない。

　㈦　したがって、被告は、原告らに対し、補償金額を提示した平成12年2月28日の翌日以降、本件土地の買収の中止を告知した平成13年1月17日までの、原告らが本件建物の賃貸を抑制したことによる損害を賠償すべきであり、上記認定事実によれば、本件建物の相当賃料額は1か月5万5000円と認めるのが相当であるから、上記期間の損害額は、次のとおり計58万2057円となり、持分2分の1ずつで本件建物を共有していた原告らの損害は、それぞれ29万1028円（1円未満切捨て）と認められる。

平成12年2月分　55,000×1日／29日＝1,896円
同年3月分から同年12月分まで
55,000円×10月＝550,000円
平成13年1月分　55,000円×17日／31日＝30,161円

　㈤　被告は、地方公共団体が施策の変更によって損害賠償責任を負う場合、その損害賠償の範囲は積極的損害に限定されると主張するが、本件は、単なる施策への信頼の事案ではなく、具体的に土地の買収の申入れを受け、これに応じる意向を示して補償金額まで提示され、客観的に土地の収益、処分について制約が生じたのであるから、上記の賃料相当額の損害を賠償させるのが相当である。

　㈥　また、被告は、本件建物を他に賃貸するには、本件建物の補修や不要品の搬出等に相当の費用を要するから、これを損害額から控除すべきとも主張するが、前記認定のとおり、原告らは後に現実に費用をかけて本件建物を他へ

賃貸しているのであるから、本件買収交渉により賃貸のための費用の出費を免れたとはいえず、上記の費用をもって損益相殺の対象とすることはできない。」と判示している。

[48] 東京地判平成20.11.10判時2055.79
≪事案の概要≫

　X株式会社は、平成19年4月、土地建物をY株式会社に売却する交渉を開始し、Yは、売買代金を3億9565万円とする買付証明書を交付し、Xは、排水管の移設、駐車場の解約等を行ったが、同年8月、Yが不動産不況の悪化を理由に売買契約を中止する旨を通知したため、XがYに対して契約締結段階における信義則上の注意義務違反があると主張し、債務不履行、不法行為に基づき損害賠償を請求した。この判決は、売買契約が確実に締結されると期待したことに合理的な理由があり、不動産市況の悪化が誠実に契約の成立に努める義務を免除するような正当な事由とはいえないとし、不法行為を認め（信頼利益の賠償に限定されるとした上、排水管の移設工事費用、駐車場の解約に伴う収入減の損害を認め、借入金利、同意書取得等の人件費に関する損害の主張を排斥した）、請求を認容した。

≪判旨≫

「(2)　そこで、以下、契約締結上の過失の成否について判断する。

　ア　前記第二の二の前提事実(3)及び前記一(1)の認定事実によれば、被告は原告に取り纏め依頼書及び買付証明書を交付し、その後、約3か月の間に7通の契約書案を交換して売買契約の成立に向けて交渉を進め、主たる問題であった本件排水管の処理と本件土地及び隣地の明渡時期に関連して売買代金額や支払時期等についても、被告が原告に7月31日案を交付するところまでには、前者につき、原告が遮断工事を平成19年9月末日までに完了すること、後者につき、本件土地は時間貸駐車場の立ち退きが同年5月25日に完了し、隣地の明渡時期が当初の予定より遅れる分売買代金を減額し4000万円の支払を留保することで、それぞれ解決し、7月31日案を持って最終的に合意すべき条件がほぼ確定していたことが認められる。そして、前記一(1)の認定事実によれば、原告は、交渉経緯の中で被告の求めに応じ、あるいは被告の了承を得て、契約成立の準備行為として、平成19年5月9日から同月21日までの間に対象物件所有者から本件配水管の移設又は付け替えについての同意書を取り付け、同月16日には株式会社パーク王との間で時間貸駐車場の賃貸借契約を解除することを合意

し、同月24日までに本件土地から立ち退かせ、同年7月9日から遮断工事を実施しており、被告も、これらの原告の準備行為を認識して、交渉を継続していたことが認められる。

　以上の事実関係に照らすと、原告が、被告との間で、本件売買契約が確実に締結されると期待したことには合理的な理由があり、遅くとも同月31日の時点で、被告には、契約準備段階における信義則上の注意義務として、原告のかかる期待を侵害しないよう誠実に契約の成立に努める義務があったというべきである。

　イ　被告が、同年8月20日原告に対し、不動産市況の悪化を理由に一方的に本件売買契約の中止を通告し、契約締結に応じなかったことは前記一(1)のとおりである。このような不動産市況の悪化それ自体は外部的事情であるが、その悪化によるリスクは、基本的には契約当事者双方がそれぞれの立場において負担処理すべき内部事情であって、誠実に契約の成立に努める義務を免除するような正当な事由とはいえないから、被告の掲げる理由をもって直ちに、被告による契約の中止の通告が信義則上やむを得ないと認めることは相当でなく、その他、平成19年4月下旬ころの交渉当初と比較して社会的経済的事情が著しく変更したことも窺えない。したがって、被告の売買契約中止の通告は、契約準備段階における信義則上の注意義務違反としていわゆる契約締結上の過失に当たり、被告は、不法行為に基づき、これにより原告に生じた損害を賠償すべき責任を負うというべきである。

（中略）
　(3)　次に、被告の損害賠償義務の範囲（損害額）について、判断する。
　ア　二次的請求について
　被告の契約締結上の過失は、本件売買契約が締結されることに対する原告の信頼を裏切ったことを内容とするから、被告の過失と相当因果関係のある損害は、いわゆる信頼利益に限られると解される。
　したがって、原告が二次的請求として主張する本件違約金規定の準用又は類推適用若しくは逸失利益の一部による7900万円の損害は、被告の過失と相当因果関係のある損害とは認められず、原告の二次的請求は失当である。
　イ　三次的請求について
　　(ｱ)　遮断工事費用について
　〈証拠略〉によれば、原告は遮断工事費用として、448万7970円を支出したことが認められる。

前記一(1)の認定事実によれば、遮断工事は、本件売買契約の交渉の過程で出された本件排水管に関する問題の解決のために、被告の了承を得て、原告が実施した工事であり、本件売買契約の成立に向けた準備行為といえる。したがって、遮断工事費用は、被告の契約締結上の過失と相当因果関係のある損害というべきである。

この点、被告は、遮断工事は、本件土地の利用価値を向上させる工事であり、圧送ポンプの発注及び設置を残すのみでほぼ終了しており、原告の利益になっていると主張する。しかし、早々に本件土地の購入者が現れるかは不明であって、仮に購入者が現れたとしても、遮断工事の続行を当然に求めるとは言い切れないことを考慮すれば、施行済みの部分をどの程度活用できるか疑問であると言わざるを得ず、被告の上記主張は採用することができない。

なお、原告は、対象物件所有者からの同意書の取得に係わる費用も遮断工事費用にかかる損害として主張する。しかし、同意書には、原告が第三者に本件土地を譲渡した場合及び対象物件所有者が当該所有物件を第三者に譲渡した場合も、同意書の内容が引き継がれる旨が記載されており、原告代表取締役自身、他の買主に本件不動産を売却する場合も、対象物件所有者から同意書を取り付けると陳述していることから、同意書の取得は原告の利益になるものと考えられ、その取得に係る費用は、被告の契約締結上の過失と相当因果関係のある損害とは認められない。この点についての原告の前記主張は理由がない。

　(イ)　駐車場解約に伴う収入減について

〈証拠略〉によれば、原告は、株式会社パーク王を賃借人として、本件土地の一部を一時使用駐車場用地として、賃料1か月12万5000円、期間平成18年10月23日から平成19年4月22日まで、契約更新期間半年間と定めて賃貸する旨の賃貸借契約を締結したこと、原告及び株式会社パーク王は、原告の申入れにより同賃貸借契約を平成19年5月25日付けで解除することを合意したことが認められる。

前記一(1)の認定事実によれば、同合意解除は、原告が、本件売買契約の交渉の過程で、問題となった売買代金の支払時期等の解決のために行った事項であり、本件売買契約成立の準備行為といえる。そして、原告は、被告から平成19年8月20日に本件売買契約の通告を受けて、同年9月18日、被告に対し本件売買契約を解除する旨の意思表示を行っていること（前記第二の二の前提事実(3)、(5)）に照らせば、同日以降、原告は本件土地を自由に利用し得る状態であったと認められる。

したがって、株式会社パーク王との間の賃貸借契約の合意解除の翌日である同年5月26日から、原告が本件売買契約の解除の意思表示をした同年9月18日までの賃料相当額47万4192円〔算式12万5000円÷31×6（2万4193円）＋12万5000円×3か月（37万5000円）＋12万5000円÷30×18（7万4999円）〕は、被告の契約締結上の過失と相当因果関係のある損害と認められ、これを超える部分については理由がない。

(ウ) 本件不動産購入資金の借入金利について

原告は本件不動産の購入資金として借り入れた2億円に対する利息分を損害として主張するが、原告が本件不動産を購入したのは平成18年6月8日であるから、原告主張の利息の発生原因である2億円の借入は、原告が被告との間で本件売買契約に関する交渉を始める以前に行われていたものである。したがって、原告主張の利息分は、本件売買契約の成立如何に関わらず原告が本来支払うべき債務であると解すべきであって、特に被告との契約交渉がなければ、確実に他の買主に売却して購入資金を返済し、金利の支払を免れたという特段の事情を認めるに足りる証拠もないので、被告の契約締結上の過失と相当因果関係のある損害とは認められない。

(エ) 対象物件所有者からの同意書取得及び遮断工事に係る人件費について

前記(ア)のとおり、同意書の取得に係る費用は、被告の契約締結上の過失と相当因果関係のある損害とは認められないから、同意書取得にかかる人件費の主張は理由がない。

また、遮断工事に係る人件費として1日1万円の社員出張費の損害を主張するが、これを裏付ける的確な証拠はない。原告の従業員の労働に対する対価は、本件売買契約の成否如何に関わらず、原告が負担すべきものであり、これを被告の契約締結上の過失と相当因果関係のある損害と認めるべき特段の事情は窺えない。

(オ) 三次的請求のまとめ

以上によると被告の契約上の過失と相当因果関係のある損害の額は、合計496万2162円となる。」

≪実務上の留意点≫

この事案は、会社間で不動産の売買交渉が行われ、購入希望者が買付証明書を交付し、売却希望者が排水管の移設、駐車場の解約等を行ったものの、購入希望者が不動産不況の悪化を理由に売買契約を中止する旨を通知したため、売却の希望者が購入の希望者に対して債務不履行、不法行為に基づき損害賠償を

第3章 売買交渉をめぐる裁判例

請求した事件である。この事案は、会社間で契約交渉が行われたこと、不動産売買契約が問題になったこと、購入希望者が買付証明書を交付したこと、売却希望者が不動産の引渡しのための準備を行ったこと、購入希望者が不動産不況を理由に売買契約の締結を拒絶したこと、売買契約契約締結段階における信義則上の注意義務違反（この判決は、いわゆる契約締結上の過失とも呼んでいる）が主張されたことに特徴がある。

　この判決は、売却希望者が売買契約が確実に締結されると期待したことには合理的な理由があるとしたこと、購入希望者は、契約準備段階における信義則上の注意義務として、相手方のこのような期待を侵害しないよう誠実に契約の成立に努める義務があったとしたこと、購入の希望者が契約締結を拒絶した不動産不況は基本的には契約当事者双方がそれぞれの立場において負担処理すべき内部事情であり、誠実に契約の成立に努める義務を免除するような正当な事由とはいえないとしたこと、不法行為としての売買契約契約締結段階における信義則上の注意義務違反（いわゆる契約締結上の過失）を肯定したこと、損害賠償の範囲は信頼利益に限定されるとしたこと、この事案では、排水管の移設工事費用、駐車場の解約に伴う収入減の損害を認め、借入金利、同意書取得等の人件費に関する損害の主張を排斥したことに特徴があり、不動産の売買契約の契約締結上の過失責任を肯定した事例判断として参考になる。

2　売買交渉の成立

　不動産の売買交渉が行われ、交渉が決裂した場合、売買契約が締結されていないことから、売買契約に基づく損害賠償等の請求をすることはできない。しかし、売買交渉の内容、進行状況、交渉期間、交渉期間中の言動、交渉期間中の費用等の事情によっては、交渉当事者の双方又は一方が不満を抱き、我慢をしないことがある。このような場合において、損害賠償を請求する法的な根拠を提供するのが契約締結上の過失責任の法理であり、契約締結準備段階における信義則上の義務の法理（その表現が若干異なるが、実質的にこれらと同様な内容の法理を含む）であると理解されることが多い。このような多数の裁判例が登場していることは、既に紹介してきたところである。他方、売買契約が成立した場合においても、契約締結上の過失責任、契約締結準備段階における信義則上の義務違反が損害賠償を請求するに当たって法的な根拠として利用されることがあり、このような裁判例も存在するだけでなく、比較的古い時代からこのような利用が見られる（歴史的、理論的には、このような利用の方がむしろ古いということもできる）。

　売買契約が成立した後に契約締結上の過失責任等の法理が利用される場合には、契約の締結拒否に対する不満があるものでもなく、契約の締結拒否による損害賠償責任を追及するものでもない。この場合における契約締結上の過失責任等は、契約の締結交渉が行われている段階で、交渉の当事者が相手方に対して契約の内容、対象等に関する調査、説明、告知、情報提供が十分ではなく、調査義務違反、説明義務違反等の義務違反を主張するための法的な根拠として利用されている。しかし、このような場合には、裁判例の中には、売買契約の内容、当事者の地位、情報の保有状況等を考慮し、売買契約の合理的な解釈を介して義務を認めたり、売買契約に付随する義務を認めたりするものが多いし（信義則を根拠に義務を認める裁判例もある）、契約交渉が交渉途中で頓挫し、交渉の相手方に対して損害賠償を請求する場合の損害賠償の範囲、その前提となる要件が相当に異なるものである。このような事情からみると、交渉された契約が締結された後の場合における損害賠償責任と契約締結の交渉が頓挫した場合における損害賠償責任を「契約締結上の

過失責任」などの同じ用語、概念で説明することには相当の無理がある。「契約締結上の過失責任」をめぐる裁判例の現状をみると、この法理は契約締結交渉が交渉途中で頓挫し、契約が締結されなかった場合における交渉当事者の損害賠償責任に関する法理として発展させることが望ましい。

　もっとも、実際には、契約交渉によって契約が締結された後において契約の当事者間に紛争が発生した場合においても、契約締結上の過失責任等が主張された裁判例が存在するところであり、その概要を紹介したい。

[49] 東京地判昭和34.6.22下民集10.6.1318
≪事案の概要≫
　Xは、借地上の建物につき、所有者であるY₁、Y₂の代理人から代金250万円で買い受け、手付金50万円を支払ったが、Y₁が借地権の譲渡につき地主の承諾を得ることができず、契約を履行せず、本件建物を他に賃貸したため、Xが売買契約を解除し、Y₁らに対して手付金の倍額の違約金特約に基づき損害賠償を請求した。この判決は、Y₂につき契約の成立を否定したものの、Y₁の契約締結上の過失を認め、民法418条が契約締結上の過失に基づく損害賠償の額が予定されている場合にも準用されるとし、Y₁に対する請求を認容し、Y₂に対する請求を棄却した。
≪判旨≫
「ついで被告菊地に対する請求について調べると、原告の主張事実のうち、原告主張の如き内容の売買契約が原告と被告菊地淳との間に成立したことは当事者間に争いがない。そして原告主張の約定（請求原因一の㈢並㈤）は、被告菊地は原告に対し敷地借地権の譲渡につき地主の承諾を得ることができたのに拘わらずこれを得なかったばかりでなく、地主が借地権譲渡を承認する意思がなくその承諾を得ることが当初より不可能であった場合及び売買契約後地主の気持が変りそれが不可能となった場合でも被告菊地はその責に任じ損害賠償として原告に手附金の倍額即ち金100万円を支払うことを特約したものと謂うべく、右の趣旨の特約は特段の事情のない限り建物の売主の担保責任の観点からみて有効と判断すべきものである。
　而して原告が被告菊地に手附金五十万円を支払ったこと、結局借地権譲渡について地主の承諾が得られなかったこと、そのため原告が本件売買契約解除の意思表示をしたことは当事者間に争いがないから、特段の事情がない限り被告

菊地は原告に対し金百万円を支払う義務あるものと謂わねばならない。
（中略）
　そして民法第418条は債権法に於ける公平の原則上かかる場合、即ち契約締結上の過失に基く損害賠償の額が予定されている場合にも準用されるべきものと解されるところ、右認定の諸事実を考慮しながら前記の如き原告の過失を斟酌するとき、被告菊地の賠償額を金80万円に軽減するのが相当である。」
≪実務上の留意点≫
　この事案は、借地上の建物の売買において売主が地主の借地権譲渡の承諾を得ることが合意されていたのに、売主がこの承諾を得なかったこと等から、買主が売主に対して違約金特約による違約金の支払を請求したものであるが、この違約金が契約締結上の過失責任に基づき損害賠償として位置づけられているものである。この事案は、借地上の建物の売買契約が問題になったこと、売買契約は締結されたこと、地主の借地権譲渡についての承諾がされなかったことに事案としての特徴がある。
　この判決は、違約金特約に基づく違約金支払義務を認めたものであるが、その理由として「契約締結上の過失に基く損害賠償」であることを明記したものであり、早い時期における契約締結上の過失を認めた事例として参考になる。
　また、この判決を取り上げた下民集は、判示事項として、「契約締結上の過失に基づく損害賠償の額が予定されている場合と民法第418条の準用の有無」として紹介しているが、この時期に契約締結上の過失を使用した事例として注目される。

[50] 東京地判昭和48.4.16下民集24.1～4.202、判時723.61、判タ306.213
≪事案の概要≫
　XとYとの間で借地権付建物の売買契約が締結されたが、地主の承諾が得られなかったため、買主Xが売主Yに対して契約締結上の過失を主張し、損害賠償を請求した。この判決は、契約締結上の過失を肯定したものの、損害に関する主張を排斥し（信頼利益の賠償にとどまり、履行利益の賠償は認められないとした）、請求を棄却した。
≪判旨≫
「つぎに損害賠償の点であるが、原告はこの点に関し、民法561条に基づく損害賠償の範囲は、売主に過失ある時は履行利益にもおよぶと主張する。なるほど、成立に争いのない乙第2号証と弁論の全趣旨によれば、被告と地主広田と

の本件土地の賃貸借契約書中には、「建物その他附属物が第三者の所有に帰属したときは契約は当然消滅する」旨の特約があったこと、被告が賃借権の譲渡につき事前に地主広田の承諾ないし了解を得た形跡のないことが認められるので、売主である被告には契約締結に過失があったものというべきである。

しかし、当裁判所は売主に過失がある場合においても、損害賠償の範囲は信頼利益の範囲に限られ、履行利益にはおよばないものと解する。けだし、一般論として、借地権附建物の売買において、売主が地主の承諾を得られないことを知っていたのにこれを買主に告知せず、あるいは地主の承諾を得ることが実は困難であるのにこれが可能なものと過信して、その困難なことを買主に告知しなかった場合（売主にいわゆる過失のある場合）は、実質的には、買主の契約締結の自由を侵害したことになるので、不法行為をもって問擬することが理論上可能であり、右不法行為を理由とする損害賠償請求において被害者が損害賠償請求できる損害の範囲は、もし売主が前記事実を告知していたならば、買主が蒙らなかったであろうところの損害、換言すれば、告知がなかったため地主の承諾が得られるものと誤信をしたことと相当因果関係に立つ損害（この損害の内容は、結局買取り代金とつぎに述べる範囲の信頼利益の両者を含むことになる）の範囲に限局されるものと解するのが妥当であり、右の損害の賠償請求を認めず、地主の承諾があったことを前提とし、承諾があれば得べかりし利益（履行利益）を認めることは因果関係の法則に背くので肯認できないものというべきである。

このこととの均衡上も、民法561条の類推適用を認めるのを相当とする借地権附建物売買の場合においても、売主に過失のある場合と過失のない場合とを区別することは妥当ではないと考える。

そして、いわゆる信頼利益とは、本件の場合でいえば、㈠積極的損害として、買主が地主の承諾を得られないことを知っていたならば、出捐しなかったであろう金員（調査費用、移転費用、契約費用）その他の財産上の積極的損失のほか、㈡消極的損害として、承諾が得られるものと信じて売買契約をしたため、その結果として、買主が他の得べかりし利益を失ったことによる損害（ただしこの場合は民法416条2項の特別損害となろう）をも含むものと解する。

しかるに、原告が本件の売買による損害として主張するところは、地主の承諾が得られたことを前提とする履行利益にあたるものか、そうでないとしても、信頼利益とは認められないものであるから、原告の善意、悪意を問うまでもなく、その賠償請求は理由がない。」

（判例評釈として、山下末人・判評184号29頁がある）
≪実務上の留意点≫
　この事案は、借地上の建物の売買契約が締結され、地主の借地権譲渡についての承諾が得られなかったため、買主が売主に対して契約締結上の過失に基づき損害賠償を請求した事件である。この事案は、借地上の建物の売買契約が問題になったこと、売買契約が締結されたこと、地主の借地権譲渡の承諾がされなかったこと、契約締結上の過失責任が主張されたことに事案としての特徴がある。この事案は、借地権付建物の売買契約は成立したものの、借地権譲渡の承諾が得られず、買主が売主に対して契約締結上の過失責任に基づく損害賠償責任を追及したものであり、売買契約自体は成立していたものである。
　この判決は、売主の契約締結上の過失を認めたものの、損害賠償の範囲は履行利益には及ばず、信頼利益にとどまるとしたものであり、契約締結上の過失を肯定した事例として参考になるとともに（売買契約が成立した場合において契約締結上の過失責任を認めた事例である）、詳細な理由を説示して損害賠償の範囲を信頼利益にとどまるとした判断も理論的に参考になるものである。この判決の示した理論は、現在でも参考になるものであるが、この事案が契約締結上の過失の法理によってして解決できないのかの疑問が残るし、信頼利益・履行利益の考え方、区分の仕方については議論が必要である。

[51] 福岡高判昭和47．1．17判時671．49、下民集23．1～4．1
≪事案の概要≫
　Yが農地を所有し、藺草を栽培していたところ、Xが農地の購入を希望し、買い受け後に稲作をする予定であり、藺草を早刈りしてほしいとの申し入れをしたことから、Yが藺草を早刈りする等し、売買契約を締結したところ（手付けを交付した）、Xの住所が農地から50㎞以上離れており、農地法所定の知事の許可を得ることができないことが判明し、XとYが合意解約したため、XがYに対して手付けの返還を求めたのに対し、Yが契約締結上の過失による損害賠償請求権との相殺を主張するとともに、反訴として損害賠償を請求した。第一審判決は、Yの主張を排斥し、Xの本訴請求を認容し、Yの反訴請求を棄却したため、Yが控訴した。この判決は、契約締結上の過失を認め、過失相殺を5割認め、原判決中、本訴請求部分を変更し、本訴請求を一部認容し、反訴請求部分に関する控訴を棄却した。

≪判旨≫
「二　そこで、控訴人の抗弁並びに反訴請求についてみるのに、条件付契約の条件が成就せず、契約の目的を達することができないため当事者が后に契約を合意解約した場合においても、当事者の一方が契約締結上相手方の意思決定に影響をおよぼす事項に関する調査報告などについて、契約準備に入った当事者間に生ずる信義誠実の原則に基づく義務違反があるときは、やはり契約締結上の過失として、これによって相手方が契約の効力が生ずるものとして信じてなした履行準備などに要した損害を賠償するべき義務があるものというべきである。

(一)　これを本件についてみるのに、〈証拠略〉を綜合すると、被控訴人は本件土地所在地の熊本県八代郡竜北村から45ないし50粁離れた同県菊地群菊陽村に居住していたにもかかわらず、本件土地を農地として利用する目的で前記売買契約を締結したが、その際本件土地に植栽してあった藺を、被控訴人側の稲作に差支ないように早刈りして貰いたい旨申出たので、控訴人もこれを承諾して、当時遅刈りの方針で行っていた肥培管理の方法を変更して早刈りの処置をとり、昭和44年6月に刈取ったこと、同地方における同年度の藺の収穫は9.91アール（一反）当り早刈りの場合は900疋（240貫）、3.75疋（貫）の価格金4,000円で、遅刈りの場合は1,237.5疋（330貫）、3.75疋（貫）の価格金5,000円であったから、控訴人はこのように早刈りに変更したことにより9.91アール（反）当り金6万9,000円の割により本件土地につきすくなくとも金20万7,000円の利益を失ったこと、もっとも被控訴人は契約締結后の昭和44年4月20日ごろ竜北村農業委員会で調べた結果被控訴人の住所と本件土地との距離の関係で前記売買について知事の許可を受けられる見込みのないことが判明したので、同年5月中旬ころ控訴人との間に本件土地の売買契約を合意解約したが、ときすでに遅く、控訴人としては本件土地に早刈りの施肥を行っていたので、前記のとおり早刈りを行わざるを得なかったこと、および売買契約当時、双方とも知事の許可が受けられない結果となることについて全然考えてもいなかったことが認められる。（中略）

そうすると、以上の事実に照らし、被控訴人には契約締結上の過失を免かれないのであって、知事の許可があることを前提として早期の引渡を求めたことにより、控訴人がその履行準備として早刈りをしたことによる損害を賠償する義務がある。」

≪実務上の留意点≫

　この事案は、農地の売買契約が締結された後、買主につき農地法所定の知事の許可を得ることができないことが判明したため、売買契約を合意解約し、買主が手付金の返還を請求し、売主が契約締結上の過失に基づく損害賠償請求権による相殺を主張し、反訴として損害賠償を請求した控訴審の事件である。この事案は、農地の売買契約が問題になったこと、売買契約が締結されたこと、売主が栽培していた藺草を早刈りし、契約の履行の準備をしたことに事案としての特徴がある。第一審判決は、契約締結上の過失に基づく損害賠償責任を否定したものである。この事案は、農地の売買契約は成立したものの、農地法所定の知事の許可を得ることができない等の状況において、売主が契約締結上の過失責任に基づく損害賠償請求権による相殺の当否が問題になったものであり、売買契約自体は成立していたものである。

　この判決は、売買契約が締結され、その後、契約の目的を達することができないため契約を合意解約した場合においても、当事者の一方が契約締結上相手方の意思決定に影響を及ぼす事項に関する調査報告などについて、契約準備に入った当事者間に生ずる信義誠実の原則に基づく義務違反があるときは、契約締結上の過失として、これによって相手方が契約の効力が生ずるものとして信じてなした履行準備などに要した損害を賠償するべき義務があるとしたこと、この事案につき契約締結上の過失があるとしたこと、売主が契約の履行の準備として早刈りをしたことによる損害を認めたことに特徴がある。この判決は、契約が締結され、その後契約が合意解約された事案についても、契約締結上の過失が認められることを指摘し（売買契約が成立した場合において契約締結上の過失責任を認めたものである）、その要件、法的な根拠、損害賠償の範囲（相手方が契約の効力が生ずるものとして信じてなした履行準備などに要した損害）を明らかにした上、この事案につき契約締結上の過失を認めたものであり、理論的にも、事例としても注目される判断を示したものである。

[52] 東京地判昭和49. 1. 25判時746. 52、判夕307. 246
≪事案の概要≫

　Xら（11名）は、A有限会社が建築し、分譲したマンションの区分所有建物を、Y₁有限会社（Y₂が代表取締役、Y₃が取締役）から南側土地には法的に3階以上の高層建築物が建築されないなどと説明を受け、購入したが、購入の際、Y₁の作成に係る良好な環境を紹介するパンフレットを見て購入したとこ

ろ、その約1年後に、南側隣地の所有者が5階建て建物（マンション）を建築したため、XらがY₁らに対して契約締結上の過失、不法行為等に基づき損害賠償を請求した。この判決は、本件では南側隣地の利用予定につき調査告知義務がないとし、請求を棄却した。

≪判旨≫

「二　ところで、信義誠実の原則は現代においては契約法関係を支配するだけにとどまらず、すべての司法関係を支配する理念とされており、したがってこの信義則は原告らおよび被告会社のように契約関係を結んだ当事者間に作用するのは当然であるが、契約締結に導く準備行為と契約の締結とは有機的な関係を有する以上、右信義則は右準備段階においても作用するものと解するのを相当とする。そして、右準備段階において、契約当事者の一方が、相手方の意思決定に対し重要な意義を持つ事実（必ずしも契約の内容に関するものでなくてもよい。）について信義則に反するような不正な申立てを行ない、相手方を契約関係に入らしめ、相手方に損害を生じさせた場合、あるいは相手方の意思決定に対する原因となるような事実について、契約当事者の一方が、信義則および公正な取引の要請上、調査解明、告知説明する義務を負うものとされる場合において、その者が故意または過失によりこれを怠り相手方を契約関係に入らしめ、相手方に損害を生じさせたときは、たとえ契約が有効に締結されたとしても、これを賠償する責任があるものと解するのを相当とする。

（中略）

　前記説示のとおり契約関係に入らんとする者が、相手方の意思決定に対する原因となるような事実について、信義則及び公正な取引の要請上、調査解明、告知説明する義務を負うものとされるとき、当該事項につき有責の黙秘をなした場合には責任を負わなければならないか、近時の都心およびその周辺の住宅地区におけるマンションブームのもとにおいては、高層住宅建物が従来の普通住宅家屋の日照、通風を阻害するのみでなく、新しい高層住宅建物の出現が従来の高層住宅建物の日照、通風を阻害するに至る事例も少なくないところから、原告ら主張のような事項はマンション等の高層住宅建物の購入者にとって、買受の意思決定をなす一つの要因となりうるものと考えられる。しかし、本件においては前記認定のとおり本件建物の敷地の南側隣接地は山見進一の所有にかかるものであり、これをいかに利用するかは同人の意思に委ねられているものであって、被告らが支配権を及ぼすことができないところのものである以上、本件区分居宅の売買に際し、売主側である被告らに、将来山見の手によ

って本件建物の南側にどのような構築物が築造され得るか、そして、その構築物が本件建物にいかなる影響を与えるかなどについて調査し、その結果を買受人側に誤りなく告知説明しなければならない信義則上の義務が一般的に課せられているものとは解されない。

　したがって、本件区分居宅の売買契約締結に際し、売主側には右のような調査解明、告知説明義務が信義則上一般的に課せられていることを前提として被告らの責任を追及する原告らの主張は失当であるといわなければならない。」
（判例評釈として、下森定・判タ311号86頁がある）。

≪実務上の留意点≫

　この事案は、マンションの区分所有建物の売買契約が締結された後、南側に5階建物のマンションが建築されたため、買主が分譲業者に対して告知義務違反、信義則上の義務違反を主張し、契約締結上の過失等に基づき損害賠償を請求した事件である。この事案は、マンションの区分所有建物の売買契約が問題になったこと、売買契約が締結されたこと、事業者と消費者との間の契約であること、マンションの南側の土地に中高層の建物建築に関する告知義務、信義則上の義務違反が問題になったことに事案としての特徴がある。この事案においては、契約締結上の過失が主張されているが、契約締結の拒絶という問題ではなく、契約の締結に当たっての事業者（分譲業者）の南側の隣地利用に関する調査義務違反、告知義務違反（説明義務違反）、その他の信義則上の義務違反が問題になったものである。

　この判決は、信義則は、契約関係を結んだ当事者間に作用するだけでなく、契約締結に導く準備行為と契約の締結とは有機的な関係を有する以上、準備段階においても作用するとしたこと、契約締結の準備段階において、契約当事者の一方が、相手方の意思決定に対し重要な意義を持つ事実につき信義則に反するような不正な申立てを行い、相手方を契約関係に入らしめ、相手方に損害を生じさせた場合、相手方の意思決定に対する原因となるような事実につき信義則及び公正な取引の要請上、調査解明、告知説明する義務を負うものとされ、その者が故意または過失によりこれを怠り相手方を契約関係に入らしめ、相手方に損害を生じさせた場合には、損害賠償責任を負うとしたこと、この損害賠償責任は、契約が成立したとしても免れないとしたこと、この事案につき告知義務違反、信義則上の義務違反を否定したことに特徴がある。この判決は、契約締結の準備段階における信義則上の義務（実質的には、契約締結上の過失責任である）を問題にしているが、契約の締結後に問題になったものであ

り、現在では法律実務の現場では説明義務、情報提供義務として主張されている法理を示したものであるが、早い時期にこのような法理を示した裁判例として参考になる。この事案の解決に当たっては、契約締結の準備段階における信義則上の義務違反を根拠とする必要はなく、この段階における特有の法律問題でもない。

[53] 札幌地判昭和63.6.28判時1294.110
≪事案の概要≫
　Y₁株式会社は、マンションを建築し、Y₂株式会社、Y₃株式会社に販売を委託し、分譲し、Xらが区分所有建物を購入したが、購入後間もなく、A株式会社が本件マンションの西側隣接地を購入し、10階建てのマンションを建築したため、XらがY₁、Y₂らに対して保証特約違反、契約締結準備段階の信義則上の義務違反による債務不履行、不法行為に基づき損害賠償を請求した。この判決は、契約締結準備段階における信義則上の義務違反等を否定し、請求を棄却した。
≪判旨≫
「前記一及び二で認定した①本件各売買契約の当事者及び売主の代理人らの不動産取引に関する知識・経験・売買目的物件、売買代金額、②本件各売買契約当時の本件マンションの敷地及びその周辺の環境、本件マンションのパンフレットの記載、③本件マンションからの眺望等本件マンションの自然環境が買い主側の本件各売買契約締結を決意する要素の一つになっていたと認められること、他方、④本件西側の空き地は、マンション用地として造成されたもので、将来マンションが建設されるであろうこと自体は原告ら買主にも認識可能であったと推認されること、⑤本件西側の空き地は、川上土地がその所有権を取得したもので、右土地をどのように利用するかは、原則として所有権者の自由であり、第三者である被告会社らが関与・介入できるものではないと認められることなどの事実関係を前提にすると、本件各売買契約の売り主は、信義則上、本件西側の空き地に本件マンションの日照・眺望・通風に影響を与えるおそれのある高層マンションが建設されることを知っていた場合、あるいは、簡単な調査により右のような高層マンションが建設されることを容易に知りえた場合（すなわち、明らかな認識可能性がある場合）には、これを調査・説明する本件各売買契約上の付随的義務があり、右義務を怠ったことによって、買い主に対して損害を賠償する債務不履行の責任を負うと解するのが相当である。

これを本件についてみるに、前記二で認定した本件マンションの建築・販売の経緯、契約書の条項及び物件説明書の作成経緯（契約書24条の条項等は、直接には野村不動産との協定に基づき記載されることになったもので、青木建設が本件西側の空き地に高層マンションを建設することを知ってあらかじめこれに備えたものと認めることはできない。）、青木建設が建築確認を申請した年月日に照らせば、被告らが本件西側の空き地に本件マンションの日照・眺望・通風に影響を与えるおそれのある高層マンションが建設されることをあらかじめ知って本件各居室を原告らに売り渡したことを認めることはできず、他にこれを認めるに足る証拠はない。」

≪実務上の留意点≫

この事案は、マンションが分譲販売されたところ、隣接地にマンションが間もなく建築されたため、購入者がマンションの販売業者らに対して契約締結準備段階の信義則上の義務違反による債務不履行、不法行為等に基づき損害賠償を請求した事件である。この事案は、マンションの分譲販売が問題になったこと、売買契約が成立したこと、売買契約後間もなく隣接地にマンションが建築され、販売業者らの調査・説明義務違反が契約締結準備段階の信義則上の義務違反として問題になったことに事案としての特徴がある。

この判決は、マンションの販売業者らにつき信義則上、高層マンションが建設されることを知っていた場合、あるいは容易に知り得た場合には、売買契約上の付随義務として隣接地に高層マンションの建築契約につき調査・説明義務があるとし、この事案では義務違反を否定したものであり、契約が成立した場合における付随的義務違反を否定した事例判断を一例加えるものである。

[54] 東京地判平成5.11.29判時1498.98

≪事案の概要≫

X有限会社は、マンションの分譲業者であるY株式会社からリゾートマンションの1区画を購入したが、その西側に別のリゾートマンションが建築されたため、北アルプス連峰の眺望が阻害されたことから、XがYに対して主位的に保証特約違反等に基づき売買代金の返還等を、予備的に売買契約上の付随的義務違反、信義則上の告知義務違反を理由に損害賠償を請求した。この判決は、売買契約上の付随的義務違反、信義則上の告知義務違反等を否定し、請求を棄却した。

≪判旨≫

「2　原告は、本件売買契約には本件不動産からの眺望の良好性を保証する特約が存した旨主張する。

　しかしながら、右1に認定のとおり、本件売買契約に関する契約書等に原告主張に係る特約の記載はなく、被告も、本件マンションからの眺望を特段売り物として宣伝していない上、本件全証拠によるも、本件売買契約締結に至る原被告間の接触の過程においても、原告代表者と被告提携会社の現地係員との間に『景色がいいですね。』旨の会話が存し、原告代表者が本件マンションの南西角の物件の分譲状況について説明を求めた以上の事実を認めることは困難である。

　しかも、本件マンションがいわゆるリゾートマンションであるとしても、そのリゾートマンションとしての価値は、単に、各室からの眺望のみならず、マンション周辺の自然環境及びレジャー施設、大都市からのアクセスの容易性、マンション自体の設備の内容、各室の間取り等種々の要素により決定され、かつ、右のような要素のいずれに重きを置くかは購入者の主観に大きく左右されるものであり、また、眺望自体、その性質上、周囲の環境の変化に伴い不断に変化するものであって、永久的かつ独占的にこれを享受し得るものとはいい難いところである。

　以上の認定説示にかんがみれば、明示であると黙示であるとを問わず、原告主張に係る特約の存在を肯認することは困難というほかなく、請求原因4㈠の債務不履行（特約違反）の主張は理由がない。

　3　さらに、原告は、被告は、本件不動産からの眺望を阻害する本件隣接マンションの建築計画が進行中である事実を知り、又は容易に知ることが可能であったのに、契約締結上の付随的義務に違反し、原告に対し、右事実を告知しなかった旨主張する。

　そして、右2に説示のとおり、リゾートマンションの一室たる本件不動産においては、そこからの眺望にも一定の価値があり、これに重きを置いて購入を決意する顧客がいることは容易に推測することができるから、本件不動産のように現に相当な眺望を有する物件を売却するような場合において、近々にこれが阻害されるような事情が存するときは、これを知っている、又は、悪意と同視すべき重過失によりこれを知り得なかった売主は、売買契約締結に際し、買主に対し、右事情を告知すべき信義則上の義務を有しているというべく、この義務に違反した売主は買主に対し債務不履行責任を負うものと解される。

これを本件についてみるに、①本件マンション及び本件隣接マンションの建築は訴外会社グループが計画していた総合的リゾート開発の一部であり、これらの建築計画は後者が前者の跡を追う形で進行していたこと、②被告は、訴外山ノ内地域開発に対し、本件隣接マンションの建築確認において接道のため必要とされた本件土地部分を無償で使用を許諾したこと、③本件委員会は本件隣接マンション建築計画の情報を入手し、本件委員会の委員長が被告提携会社の現地係員に対しこのことを伝えたことは、前二1に認定のとおりである。

　しかしながら、他方、被告の取締役兼不動産事業部長である証人押田伸二は、一貫して、被告は、本件売買契約締結当時、本件隣接マンションの建築計画を知らなかった旨証言するところ、①被告及び訴外東レ建設は、それぞれ、仲介業者を通じ、総合的リゾート開発を計画していた訴外会社グループから敷地を買い受けるなどして、個別に訴外会社グループの右計画を引き継いだこと〈証拠略〉、②被告が訴外会社グループから交付を受けた本件敷地西側付近の図面には本件隣接マンション建築に関する記載はなく、かえって、駐車場として表示されていること〈証拠略〉、③公園設置の関係上、本件保養施設へ大型バスを通行させるため本件土地部分を供する必要性が現に存し〈証拠略〉、被告と訴外山ノ内地域開発との間の契約書、被告発行のパンフレット、本件マンションの管理規約にもその旨記載されていること〈証拠略〉、④本件隣接マンションは本件要綱の適用を受けない建物であり、その建築に被告の同意は要求されていなかったこと〈証拠略〉、⑤被告は東京都に本店を置く会社であり〈証拠略〉、地域住民と接触を有しているとは認め難いこと、⑥本件委員会の委員長が被告提携会社の現地係員に対し本件隣接マンション建築計画について話したのは、未だその建築が流動的とされ具体的な説明がされていない段階においてであり、かつ、単に会話の一部において話題に上ったにすぎず〈証拠略〉、さらに、これが被告に伝わった事実を認めるに足りる証拠はないことに照らせば、前記各事実から、被告が、本件売買契約締結当時、本件隣接マンションの建築計画を知っていたことを推認するのは困難であり、さらに、被告に右計画を知らなかったことについて悪意と同視すべき重過失があったということもできない。

　したがって、請求原因4㈡の債務不履行（告知義務違反）の主張も理由がない。」

　（判例評釈として、吉川栄一・ジュリ1104号175頁がある）。

第3章　売買交渉をめぐる裁判例

≪実務上の留意点≫
　この事案は、リゾートマンションの1区画を購入した者が眺望の良い側にマンションが建築され、眺望が悪化したため、分譲業者に対して売買契約上の付随的義務違反、信義則上の告知義務違反に基づき損害賠償を請求した事件である。この事案は、リゾートマンションの売買が問題になったこと、売買契約が成立したこと、他のマンションによる眺望の悪化が問題になったこと、分譲業者の契約締結上の告知義務違反が問題になったことに事案としての特徴がある。
　この判決は、リゾートマンションからの眺望には一定の価値があるとしたこと、売主が相当な眺望を有する物件を売却するような場合には、近々にこれが阻害されるような事情が存するときは、これを知っているか、又は、悪意と同視すべき重過失によりこれを知り得なかった売主は、売買契約締結に際し、買主に対してこの事情を告知すべき信義則上の義務を負うとしたこと、この義務に違反した売主は買主に対し債務不履行責任を負うとしたこと、この事案では、隣接マンションの建築計画を知っていたことを推認するのは困難であり、悪意と同視すべき重過失があったということもできないとしたこと、売主の信義則上の告知義務違反を否定したことを判示している。この判決は、リゾートマンションの売買契約が成立した後、売買交渉の際の信義則上の告知義務違反を否定した事例として参考になる。

[55]　東京地判平成7．9．6判タ915.167
≪事案の概要≫
　Xが不動産業を営むY株式会社の従業員から勧誘され、投資の目的で、ハワイのホテルのワンルームを購入し、Yに賃貸し、賃料を取得していたところ、Yに売却方を依頼したが、売却が困難であり、Yが買い取ることもできなかったため、XがYに対して錯誤、詐欺、契約締結上の過失を主張し、売買代金の返還、損害賠償を請求した。この判決は、契約締結上の過失を否定する等し、請求を棄却した。
≪判旨≫
「四　原告の契約締結上の過失の主張について
　本件売買契約締結に至る経緯については、前記一のとおりであり、前記二及び三で検討したとおり、被告において3年後の2800万円での転売を約束したり、あるいはその高度の蓋然性があるとの説明をしたことを認めるに足りる証

拠はなく、またその過程での他の説明に格別の不合理性があったと認めるに足りる証拠もない。なお、原告は本件建物は値崩れしないとの説明を受けたと主張するが、現地（ハワイ州）における本件建物の時価額の大幅な低下を窺わせる証拠はない。原告の契約締結上の過失の主張も理由がない。」

≪実務上の留意点≫
　この事案は、不動産業者から外国の不動産の購入を勧誘された顧客（個人）が不動産を購入し、不動産業者に賃貸していたところ、売却を依頼したものの、売却できなかったため、顧客が不動産業者に対して契約締結上の過失責任に基づき損害賠償を請求する等した事件である。この事案は、外国の不動産の売買が問題になったこと、個人の顧客と不動産業者の売買であったこと、売買契約が締結されたこと、顧客の投資の目論見が外れたこと、契約締結上の過失責任が主張されたことに事案の特徴がある。
　この判決は、転売の約束、転売の説明を否定し、契約締結上の過失の主張を簡単に排斥したものであるが、事例判断を提供するものである。

[56] 横浜地平成9.4.23判時1629.103
≪事案の概要≫
　Xらは、マンション業者Yが分譲した区分所有権を、駐車場付の広告、説明で購入したが、実際には個別に第三者の地主と駐車場の賃貸借契約を締結する必要があったため、主位的に債務不履行、予備的に不法行為に基づき駐車場利用権相当額、慰謝料等の損害賠償を請求した。この判決は、契約締結上の過失の問題として売買契約の成否にかかわらず売主に債務不履行責任が生じ得るとした上、駐車場に関する説明義務違反を認め、債務不履行責任を肯定し、慰謝料の損害賠償請求を認容した。

≪判旨≫
「三　争点1㈠⑵　（契約締結上の過失）について
　しかしながら、一般にマンション（集合住宅建物）の区分所有権の売買契約においては、買主に駐車場利用権を取得させる債務が契約の給付の内容に含まれない場合であっても、今日乗用車が日常生活における重要な生活手段となっていることに鑑みれば、売主には駐車場の存否とその利用契約締結の可否について買主に正確に説明すべき付随義務があると解するのが相当である。けだし、駐車場の有無とその利用関係の内容（契約上の相手方、場所、期間、賃料等）について正確な情報の開示を受けることは、買主にとって、売買契約締結

の動機形成上重要な要素となることが多いということができるからである。したがって、特に買主から駐車場の有無を確定することが契約を締結するか否かの判断のために必要である旨が表示されている場合においては、付随義務とはいえ、信義則上、売主の右のような説明義務違反を軽いものとみることはできない。また、売買契約が締結される前の勧誘行為において、右のような説明義務に違反する行為があった場合においても、いわゆる契約締結上の過失の問題として、売買契約の成否にかかわらず、売主に債務不履行責任が生じる余地があると解される。

　これを本件についてみるに、前記認定のとおり、原告永嶋を除くいずれの原告らも、被告の販売担当者から本件マンションの販売勧誘を受けた際に、駐車場の存否を尋ねているか、又は駐車場が確保されていることがマンション購入の必要条件となるという趣旨を告げていたのであるから未だ本件各売買契約が締結されていない状態ではあったが、販売担当者には、本件駐車場の所有関係、利用契約の趣旨内容を、右原告らに説明すべき信義則上の義務があったということができる。右の説明義務は、本件各売買契約が成立した場合には、前述のとおり、当然に右契約の付随義務となるものと解されるが、契約締結前における右説明義務違反は、契約の成否にかかわらず、いわゆる契約締結上の過失の一様態として、売主に債務不履行責任を発生させるものと解するのが相当であり、右の債務不履行責任は、実際に行われた説明を信じたことによる買主の損害（いわゆる信頼利益）の賠償を義務づけるというべきである。

　そこで、被告の右義務違反行為の存否について検討するに、前記認定の事実によれば、被告の販売担当者らは、原告永嶋を除くその余の原告らが販売される本件マンションが駐車場付きであるか否かについてある程度の関心を示していたにもかかわらず、売買の勧誘行為において、複数の原告に対して本件駐車場まで案内した上、駐車場の確保ができていることを告げ、又はその利用権が一年限りのものではないことを説明したに止まり、原告ら全員に対して地主である川崎次郎と鬼澤美枝子との間で個別に賃貸借契約を締結する必要があり、本件マンションの販売業者である被告は、右駐車場の賃貸借契約に何ら関与することがないことを説明しなかったと認められる。したがって、〈証拠略〉によれば、原告らはいずれも本件駐車場の利用契約は被告との間で締結すべきものと理解しており、原告永嶋を除くその余の原告らが実際には第三者地主との間の賃貸借契約を締結しなければならないことを初めて知ったのは、昭和61年6月21日の入居説明会の際であったことが認められ、また、原告永嶋において

も現実に駐車場の必要が生じて本件マンションの管理会社にその利用を申し込んだ平成2年に初めて右の事実を知るに至ったと認められるのである。したがって、これらの経緯を検討すると、被告には本件各売買契約の締結前において、前述の説明義務違反があったといわざるを得ず、また、契約締結後においても、原告らがそれぞれ本件駐車場の利用契約を締結するまで、右の義務違反が解消されることはなかったものと認められる。」

≪実務上の留意点≫

この事案は、マンションの区分所有権を駐車場付の広告、説明で購入したところ、実際には個別に第三者の地主と駐車場の賃貸借契約を締結する必要があったため、購入者らがマンションの分譲業者に対して契約締結上の過失を主張し、債務不履行に基づき損害賠償を請求した事件である。この事案は、マンションの分譲契約（専有部分の売買契約）が問題になったこと、駐車場付の広告、説明があったのに、実際には駐車場付でなかったこと、分譲契約を締結したこと、駐車場を利用するために個別に第三者の地主と駐車場の賃貸借契約を締結する必要があったこと、契約締結上の過失が主張されたこと、債務不履行責任に基づき損害賠償が請求されたことに特徴がある。この事案では、マンションの専有部分の売買契約が成立した後に説明義務違反が契約締結上の過失として問題になったものである。

この判決は、マンションの売主は駐車場の存否とその利用契約締結の可否について買主に正確に説明すべき付随義務があるとしたこと、売買契約が締結される前の勧誘行為において、駐車場に関する説明義務に違反する行為があった場合、契約締結上の過失の問題として、売買契約の成否にかかわらず、売主に債務不履行責任が生じる余地があるとしたこと、この債務不履行責任は、実際に行われた説明を信じたことによる買主の損害（いわゆる信頼利益）の賠償を義務づけるとしたこと、この事案では説明義務違反があったとし、売主の債務不履行責任を認めたこと、慰謝料の損害を認めたことに特徴があり、事例判断を提供するものである。もっとも、事案の内容、判文の説示をみる限り、契約締結上の過失責任を認めなくても、同じ結論を導くことは可能である。

この判決は、慰謝料の損害を認め、「四　争点2（原告らの損害）及び争点3（過失相殺）について

1　そこで、原告らに生じた損害について判断するに、前述のとおり、被告の責任は、本件各売買契約上は附随義務にすぎない前述の説明義務の不履行によるものであり、その賠償の範囲はいわゆる信頼利益であると解される。

第3章　売買交渉をめぐる裁判例

　ところで、原告らが主張する財産的損害と精神的損害はいずれも被告に本件各売買契約上の給付に関する債務不履行があったことによるものであるが、前記認定のとおり、原告らには本件駐車場に対する継続的利用権を取得し得る契約上の権利はないのであるから、原告らの主張する損害は直ちにこれを被告の賠償責任の範囲内にあると認定することはできない。

　2　しかしながら、被告の行った不完全な説明を信じたことにより、原告らに精神的損害が発生したことは、これを容易に認定することができる。すなわち、〈証拠略〉によれば、本件マンションの所在は市街地からやや離れた郊外にあり、最寄りの駅までの交通手段がやや不十分であり、付近住民にとって乗用車の保有は生活上必須であると推認されること、川崎次郎から平成6年6月30日を期限として本件駐車場（北側）の賃貸借の終了を通告された原告加藤、同鈴木正、同齊藤義之、同齊藤妙子、同辻本は、その後いずれも本件マンションの自宅から歩いて5分ないし10分ほどの距離にある場所に新たに駐車場を賃借しなければならなくなったことが認められ、当初の予想が裏切られたことにより、精神的苦痛が生じていることは、容易にこれを推認することができる。また、鬼澤美枝子から本件駐車場（南側）を賃借しているその余の原告らの駐車場に対する法律関係も、当初予想されていたものよりも不安定なものになったと理解されることとなったということができるから、この点で右原告らに精神的損害が生じていると認めるのが相当である。

　3　そして、本件で認定した諸事情を斟酌し、原告らの蒙った精神的損害に対しては、川崎次郎から賃貸借終了の通告を受けた原告加藤、同辻本及び同鈴木正については一人当たり各金50万円、原告齊藤義之については金37万5000円、原告齊藤妙子については金12万5000円、鬼澤美枝子との賃貸借契約を締結している原告鈴木和雄、同大胡及び同永嶋についてはそれぞれ金20万円、原告小林操については金14万9000円及び原告草間については金5万1000円の慰謝料の支払を受けるべきものとするのが相当と判断する（中略）。」と判示しているが、判文上、賠償すべき精神的損害が生じたと判断するには疑問である。

[57]　広島高判平成10. 5. 21判時1665. 78、判タ986. 225
≪事案の概要≫
　Y町は、A公団が山陽自動車道等が町内で建設されることが予定され、地権者らから用地を先行取得することにし、売買契約の締結に先立ち、Y町長Bが、将来Aに土地を転売する場合には、土地の購入価格と転売価格の差額を地

権者に支払う旨を約束し、XらがYに土地を売却し、YがAに土地を転売したが、Bが町長を交代したこと等から、Yが差額の支払を拒絶したため、XらがYに対して約束に基づき差額の支払を請求した。第一審判決は、約束の成立を認めたが、債務負担行為、予算措置が講じられておらず、無効であるとし、請求を棄却したため、Xらが控訴した（Xらは、控訴審において予備的に不法行為に基づく損害賠償等を請求した）。この判決は、約束が無効であるとしたが、町長が約束をするに際し、地権者に対して信義則により地方自治法上の制約があることを説明し、同法に基づく手続を講ずる義務があるところ、これらを怠った過失があり、不法行為が認められるとし（売買価格と転売価格の一部の差額を損害と認めた）、原判決を変更し、予備的請求を認容した。

≪判旨≫

「普通地方公共団体が契約を締結するについては、地方自治法に基づき議会の議決・予算措置などの制約を受ける場合がある。これらの場合、その公共団体は、事前に右措置を講じたときは別として、契約の相手方に対し、契約を履行するためには右措置を講ずることを要し、右措置を講じない限り契約は無効であることを説明し、かつ、契約締結後においては、右措置を講ずるべく誠実に努めることが、信義則に基づき要求されると解するべきである。

本件の場合、生本町長は、山陽自動車道と県道バイパスの両用地を一括して買収するため、本県各売買契約の締結に先立って本件各売主との間で本件特約を合意したのであるから、まず、本件各売主に対して前記の説明を行う義務があったものであり、かりに本件各売主において前記措置を講じない限り本件特約が無効であると知っていたとすれば、本件各売主は、本件各土地を被控訴人に売り渡すことなく、公団が買収する時点まで待って公団の買収価格により公団に売り渡したであろうことが明らかである。しかるに、生本町長は、本件特約につき事前に前記措置を講じていなかったにもかかわらず、本件各売主に対して前記の説明をせず、このため、本件各売主は、本件特約が有効であると誤信し、被控訴人の施策に協力して、本件各土地を公団に直接売却せずに被控訴人に売却した。

その後、生本町長及びその後任者である岩本町長は、本件特約につき前記措置を講ずるべく努力をしなかったばかりか（生本町長は、本件各売主の一部から本件特約につき書面の作成を求められた際、これを拒絶した）、さらにその後任者である則武町長は、被控訴人議会が本件を和解で解決するよう進言する旨議決したことからすれば、被控訴人議会の協力を得て本件特約を前提とする

解決策を講ずることが可能であったと認めることができるにもかかわらず、本件特約に基づく本件各売主（あるいはその承継人）の要求を明確に拒絶し、同人らが本件各土地の被買収価格のうえで財産上の不利益を受けることを確定させた。

生本町長及びその後任者らの右各所為は本件各売主に対する違法な加害行為であったといわざるを得ず、これについて故意又は過失があったというべきである。」

（判例評釈として、岩井一真・判タ1178号250頁がある）

≪実務上の留意点≫

この事案は、町が道路建設のために地権者らから用地を先行取得することにし、町長が、道路の設置者（道路公団）に土地を転売する場合には土地の購入価格と転売価格の差額を地権者に支払う旨を約束し、地権者らが町に土地を売却し、その後土地が転売されたものの、町長の交代等の事情から、町が差額の支払を拒絶したため、地権者らが町に対して約束に基づき差額の支払を請求した控訴審の事件である（控訴審において予備的に不法行為に基づく損害賠償等が請求されたものである）。この事案は、道路用地のために転売を前提とし、土地の所有者と町との間の土地の売買契約が問題になったこと、町長が転売の差額を支払うとの約束をしたこと、土地の売買、転売がされたこと、町が転売の差額の支払を拒否したこと、約束の効力が問題になったこと、町の信義則上の義務違反による不法行為が問題になったこと（実質的には、契約の締結前の説明義務違反、契約の成立過程の信義則上の義務違反として契約締結上の過失責任として解することもできる）に特徴がある。

この判決は、町長のした売買契約の締結の前提となった約束（合意）が無効であるとしたこと、地方公共団体は、契約の相手方に対し、契約を履行するためには議会の議決、予算措置を講ずることを要し、この措置を講じない限り契約は無効であることを説明し、かつ、契約締結後においては、この措置を講ずるべく誠実に努めることが信義則に基づき要求されるとしたこと、この事案では、土地の売主は、町長の約束が有効であると誤信し、町の施策に協力して土地を売却した等の事情があり、町長らの行為が違法な加害行為であるとし、町の不法行為を認めたこと、土地の売買、転売の差額（公団の買収価格との差額）の一部を損害と認めたことに特徴があり、町の土地売買に伴う信義則上の義務違反を肯定した事例判断として参考になる。

この判決は、損害について、「4　控訴人らの損害額を検討する。

前記認定のとおり、被控訴人の買収当時、本件各土地の買収単価は一部の例外を除き1㎡当たり1万1650円であったが、被控訴人が公団に対し転売した当時、本件各土地は、被控訴人によって農地（田）から雑種地に転用され、しかも県道バイパスに接していたので、公団の買収単価は1㎡当たり6万3900円であった。

　しかしながら、本件各売主が本件各土地を公団に直接売却したとすれば、それまで本件各土地は農地として利用され、他に転用されずにしたであろうから、本件各土地が県道バイパスに接することを考慮しても、公団の買収価格は、県道バイパスに接する田の買収単価である1㎡当たり3万9500円であったであろうと認められる。

　そうすると、本件各売主の損害額は、本件各土地について1㎡当たり3万9500円で計算した金額と本件各受領金額との差額により算出するのを相当とする。」と判示しており、売買価格と転売価格（公団の買収価格）の差額が損害に当たるとの基本的な見解を示しているものの、転売価格の算定についてはその前提事実の認定等の議論が必要であろう。

[58] 大阪地判平成10.11.26判タ1000.290
≪事案の概要≫

　Xは、所有土地を建設業を営むYに売却をし、建替えの建物の建築を注文する等した際、Yから土地の課税につき本来は優遇措置を受けることができないにもかかわらず、この措置を受けることができる旨を説明され、これを信じて売却したところ、Xが修正申告を余儀なくされたため、Yに対して不法行為、債務不履行に基づき損害賠償を請求した。この判決は、優遇措置につき正確に理解した上、正しく説明すべき信義則上の義務があり、Yにはこれを怠った契約締結上の過失があるとし（納税額を損害とし、過失相殺を3割認めた）、請求を認容した。

≪判旨≫

「3　そこで、右認定事実に照らし検討すると、被告は、市川を通じて原告に土地売買を申し入れた上、原告ないし原告のために折衝した井藤との協議により、自らが買い受ける土地の代金をもって、原告が資金負担なしに自宅の建て替えや賃貸住宅の建築を被告に請け負わせて行うという全体的な計画を立て、その計画を実施すべく、原告との間で本件売買契約や各請負契約を締結したものであり、本件優遇措置の適用の可否は右計画の重要な要素であったと認めら

れる。さらに、被告は、建設業者として、その本来の業務のみならず、これに付随した事項についても相当程度の専門的知識を有するものとして、一般人の信頼を受ける立場にあったものと認められる。したがって、被告は、本件において、本件優遇措置の趣旨や適用要件につき正確な知識を持ち十分に理解した上、原告ないし井藤に正しく説明し、もって右契約を遺漏なく実行できるようにすべき信義則上の注意義務を負っていたものと解するのが相当である。

しかるに、被告は、本件優遇措置を受けるためには売買面積が500㎡以上あることが必要であるのに、これを正解せずに原告と被告とが共同で開発許可を得て開発行為を行えば、売買面積がそれ以下でも本件優遇措置を受けられるものと誤解し、その旨井藤に説明して誤信せしめ、もしくは同人の不正確な予備知識による誤解を助長し、確信に至らしめ、もって原告をして本件優遇措置を受けいれられない売買に応じさせて損害を被らせたものであるから、被告には契約締結上の過失があり、原告に対し、不法行為による損害賠償義務を負うものといわねばならない。」

≪実務上の留意点≫

この事案は、土地の所有者（個人）が建設業者（個人）から売却に伴う土地の課税につき優遇措置を受けることができるとの説明を受け、土地を売却し、建替えの建物の建築を注文する等したところ、修正申告を余儀なくされたため、土地の所有者が建設業者に対して不法行為等に基づき損害賠償を請求した事件である。この事案は、個人と個人事業者との間の契約交渉が行われたこと、土地の売買契約が問題になったこと、売買契約が成立したこと、契約交渉において建設業者が土地の売却に伴う課税の優遇措置を受けることができるとの説明をし、土地の所有者がこれを信じたこと、建設業者の説明義務違反（判決文上は、契約締結上の過失が議論されている）が問題になったことに特徴がある。この事案では、不動産の売買契約が成立した場合において契約締結上の過失責任が問題になったものである。

この判決は、建設業者は、その本来の業務のみならず、これに付随した事項についても相当程度の専門的知識を有するものとして、一般人の信頼を受ける立場にあり、課税上の優遇措置の趣旨や適用要件につき正確な知識を持ち十分に理解した上、正しく説明し、契約を遺漏なく実行できるようにすべき信義則上の注意義務を負っていたとしたこと、この事案では課税の優遇措置につき誤った説明をし、誤信させる等し、優遇措置を受けられない売買に応じさせたとし、契約締結上の過失を認めたこと、建設業者の不法行為を認めたこと、納税

額を損害額としたこと、過失相殺を3割認めたことに特徴がある。この判決は、契約締結上の過失責任を認めた事例判断を提供するものであるが、契約締結上の過失責任の法理によらないでも、同様な結果が得られるものである。

この判決は、損害について、「二　争点2（損害）について

1　前掲各証拠及び弁論の全趣旨によれば、原告は、本件売買につき本件優遇措置を受けられないことが事前に判明していれば、原告の所有で残った本件残地の一部（駐車場部分）をもって売買面積が500㎡に不足する分を補うことができ、また、被告も当該部分を買い受けたであろうことが認められる。

そうだとすると、被告の誤った説明がなければ、原告は500㎡以上の土地を被告に売り渡して本件優遇措置を受けることができたと認められるから、予期に反して本件優遇措置を受けられなかったために負担した納税額が、被告の過失による損害と認めて差し支えない。

被告は、売買面積の不足分約20坪を売買していれば、原告は当該土地を失い、かつそれに対する納税義務を負っていたとし、また当該土地が残ったためこれを利用して利益を得ている旨主張するが、逆に、右不足分を売却していればその土地代金から課税分の控除した金額が手取額となり、これを運用して利益を得ることができたと考えられるから、右の点は、必ずしも損害の減額要素として考慮すべき事情とはいいがたい。

また、被告は、過少申告加算税や延滞税は、確定申告の誤りによるものであり、本件売買自体に起因するものではなく、原告及び担当税理士の責任である旨主張するところ、確かに、右各税は直接には確定申告の誤りに起因するものではあるが、前記認定事実に照らせば、その誤りも、本件売買に当たっての誤解が契機となり、助長されたものといえるから、右の点は、過失相殺の事情として考慮することはともかく、因果関係を否定するものとは認めがたい。

2　しかるところ、前記第二の一5の事実に照らすと、原告が本件優遇措置を受け入れれば負担することがなかった納税額は次のとおりであると認められる。

　㈠　国税の本税の追加分
　　1395万7700円
　㈡　過少申告加算税
　　147万1500円
　　　（中略）
　㈢　延滞税

68万5014円

原告主張の按分計算による。

　　㈣　市民税・府民税の追加分

372万2040円

右合計　1983万6254円」と判示しており、事例判断として参考になる。

[59] 東京高判平成11．9．8判時1710.110、判夕1046.175
≪事案の概要≫
　不動産の販売業者であるY株式会社は、マンションを建築し、平成8年1月、分譲し、Xがマンションの9階の専有部分を購入したところ（手付金430万円を支払った）、同年8月頃、南側にA株式会社が11階建てマンションの建築を計画する等したため、XがYに対して一次的に南側に建物が建たないことを保証する旨の特約違反を主張し、二次的かつ選択的に錯誤、説明義務違反を主張し、手付金相当額の返還等を請求した。第一審判決は、請求を棄却したため、Xが控訴した。この判決は、日照・通風等につき正確な情報を提供する義務違反を認め（契約締結上の過失責任を肯定した）、原判決を変更し、請求を認容した（過失相殺を5割認め、手付金相当額の半額215万円の損害を認めた）。

≪判旨≫
「三　争点3（契約締結上の過失に基づく損害賠償請求の当否）について
　1　被控訴人は、不動産売買に関する専門的知識を有する株式会社であり、控訴人は、不動産売買の専門的知識を有しない一般消費者であるから、被控訴人としては、控訴人に対し、売却条件であるクリオ横浜壱番館ないし本件建物の日照・通風等に関し、正確な情報を提供する義務があり、誤った情報を提供して本件建物の購入・不購入の判断を誤らせないようにする信義則上の義務があるというべきである。
　2　南側隣地は、大蔵省が相続税の物納により所有権を取得した土地であり、大蔵省が何らかの用途に供する目的で取得した土地ではないから、不動産売買に関する専門的知識を有し、右経過を知っていた被控訴人としては、南側隣地が横浜駅から至近距離にあるという立地条件と相まって、大蔵省において、早晩これを換金処分し、その購入者がその土地上に中高層マンション等を建築する可能性があることやマンション等の建築によって本件建物の日照・通風等が阻害されることがあることを当然予想できたというべきであるから、ク

リオ横浜壱番館の販売に当たり、その旨営業社員に周知徹底し、営業社員をして、右のような可能性があることを控訴人らの顧客に告知すべき義務があったというべきである。

3　しかるに、被控訴人は、営業社員に対し、右のような可能性があることを周知徹底させず、そのため、山崎は、かえって、控訴人に対し、個人的見解と断りながらも、南側隣地の所有者が大蔵省なので、しばらくは何も建たないし、建物が建てられるにしても変なものは建たないはずである旨説明し、控訴人をして、南側隣地に建物が建築されることはなく、本件建物の日照が確保される旨の期待を持たせて本件建物の購入を勧誘し、控訴人をして本件建物を購入させたものであるから、被控訴人には、右告知義務違反の債務不履行があったと認められる。

4　控訴人は、本件売買契約を締結するか否かを決する上で、将来南側隣地に中高層建物が建築され、これによって本件建物の日照、通風等の住宅条件が劣悪化するか否かに重大な関心を有しており、被控訴人から、近い将来において南側隣地に中高層建物が建築され、これにより住宅条件が劣悪化する可能性がある旨の説明を受けていれば、本件売買契約を締結することはなく、ひいては、本件売買契約の不履行を理由として本件売買契約を解除され、本件手付金を没収されることはなかったと認められるから、被控訴人は、控訴人に対し、右告知義務違反の債務不履行に基づき、本件手付金430万円を没収されたことによる損害の賠償を求めることができるというべきである。」

（判例評釈として、本多智子・判タ1096号58頁、森田憲右・判タ1178号136頁がある）

≪実務上の留意点≫

　この事案は、マンションが分譲され、買主が手付金を支払って9階部分の専有部分を購入したところ、南側隣地に11階建てのマンションの建築が計画されたため、買主が分譲会社に対して特約違反、説明義務違反等を主張して損害賠償を請求した事件である（第一審判決は請求を棄却した）。この事案は、マンションの専有部分の売買契約が問題になったこと、売買契約が成立したこと、南側隣地にマンションの建築計画があり、日照侵害等が問題になったこと、南側隣地に建物が建たないことを保証する旨の特約、説明義務（告知義務）違反が主張されたこと（契約締結上の過失も主張された）、手付金相当額の損害賠償が問題になったことに特徴がある。この事案では、不動産の売買契約が成立した場合において契約締結上の過失責任が問題になったものである。

この判決は、マンションを販売する事業者は購入者である消費者に対して建物の日照・通風等に関し、正確な情報を提供する義務があり、誤った情報を提供して本件建物の購入・不購入の判断を誤らせないようにする信義則上の義務があるとしたこと（契約締結上の過失として判断されている）、この事案では告知義務違反による債務不履行が認められるとしたこと、手付金相当額が損害であるとしたことに特徴がある。この判決については、告知義務違反を認めることが相当であるかの判断に疑問が残るが、特に契約締結上の過失として主張し、判断することに特段の意義はないものである。

[60] 千葉地判平成14.7.12判例地方自治250.89
≪事案の概要≫
　X株式会社は、Y₁市から所有地の買収を申し入れられ、Xがこれを拒絶したことから、交渉が難航したが、Y₁がY₂県の開発する土地の一部の取得を斡旋する覚書を作成し、交付して売買契約を締結したものの、代替地が取得できなかったため、XがY₁らに対してY₁の契約締結上の過失、不法行為に基づき損害賠償を請求した。この判決は、Y₂の不法行為を否定したものの、Y₁の契約締結上の過失責任を肯定し、民事訴訟法248条の適用により損害額を算定し（Xが工場を操業した場合等の営業利益相当額及び代替地を取得できると信じた費用相当額が損害であるとした）、Y₁に対する請求を認容し、Y₂に対する請求を棄却した。
≪判旨≫
「一般に、契約締結の際に、契約当事者の一方が相手方の意思決定に対して重要な意義を持つ事実について信義則に反するような申立てを行い、相手方を契約関係に入らしめ、損害を生じさせた場合には、売買契約に伴う信義則上の義務に違反したものとして、損害賠償責任を負うというべきである（契約締結上の過失責任）。
　本件では、アで認定した事実によれば、原告が本件買収地を千葉市に売却することを決意したのは、本件買収地を公共事業のために手放す代わりにその公共事業を行う地方公共団体自らの斡旋により本件代替地を取得することができるという期待を抱いたからであるということができる。そして、前示のような本件交渉の過程、本件売買契約締結後の原告と千葉市のやりとりの内容、本件買収地における原告の工場建設に向けての準備態様、本件代替地取得の斡旋担当者が地方公共団体であったこと等に照らすと、原告がこのような期待を抱く

に至ったことにも合理性があるものということができる。

そして、千葉市は、原告にこのような期待を抱かせるような方法で本件売買契約を締結したにもかかわらず、その後の幕張C地区における土地使用目的の変化により最終的には本件代替地を原告に取得させることができず、原告の期待は水泡に帰したものであるから、このような期待を抱かせるような方法を用いて原告を契約関係に入らしめ、本件売買契約を締結した千葉市関係者らの行為は、売買契約に伴う信義則上の義務に反するものとして契約締結上の過失責任を免れないというべきである（なお、本件交渉の経緯や原告と千葉市との間のやりとりの内容等を考慮しても、千葉市の行為をもって社会通念上違法とまで評価することはできず、千葉市の行為が不法行為に当たるということはできない。）。」

≪実務上の留意点≫

この事案は、市が土地買収に当たり、県の開発に係る代替地の取得を斡旋する旨の覚書を締結し、売買契約が締結されたものの、代替地を取得することができなかったため、土地の売主が市らに対して損害賠償を請求した事件である。この事案は、市と土地の所有者（事業者）との間の土地の売買契約が問題になったこと、土地の売買契約が締結されたこと、売買に当たって県の開発に係る代替地の取得を斡旋する旨の覚書が締結されたこと、土地の売主が代替地を取得することができなかったこと、土地の売主は代替地において工場の建設、操業を予定していたこと、契約締結上の過失責任が主張されたことに特徴がある。

この判決は、契約締結上の過失責任について、一般的に、契約締結の際に、契約当事者の一方が相手方の意思決定に対して重要な意義を持つ事実について信義則に反するような申立てを行い、相手方を契約関係に入らしめ、損害を生じさせた場合には、売買契約に伴う信義則上の義務に違反したものとして、損害賠償責任を負うものであると解したこと、この事案では、土地の売主が代替地の取得の期待を抱くに至ったことは合理性があり、市が代替地を取得させることができなかったことは売買契約に伴う信義則上の義務に反し、契約締結上の過失責任を免れないとしたこと、損害額の算定につき民事訴訟法248条を適用したこと、土地の売主が工場を操業した場合等の営業利益相当額及び代替地を取得できると信じた費用相当額が損害であるとしたことに特徴があり、売買契約が成立した場合における契約締結上の過失責任を肯定した事例判断を提供するものである。もっとも、この事案では、契約締結上の過失責任を根拠とし

ないでも同様な判断を得ることができるものであって（例えば、覚書違反、不法行為）、契約締結上の過失責任の肯定事例として必ずしも参考になるとはいい難い。なお、この判決が認定、算定した損害賠償額は後記のとおりであるが、営業利益相当額の前提となる営業に関する事実関係が証明されているとはいい難い上、賃料相当額が営業利益相当額であると解していること等の疑問が残るものである。

　この判決は、損害について、「4　原告の損害額
　(1)　上記のように、千葉市は、契約締結上の過失責任を免れないが、その賠償すべき損害額は、原告が本件代替地を取得できると信じて支出した費用及び本件代替地を手放さなければ得られたであろう利益と解すべきである。この点、原告は、契約が履行された場合に得られたであろう利益（履行利益）についても損害であると主張するが、契約締結上の過失責任は契約の有効を前提とするものではないから、履行利益の賠償までは認められず、契約が有効であると信頼したことによって生じた損害（信頼利益）のみが賠償の対象になる損害というべきである。

　本件では、千葉市は、原告に上記のような期待を抱かせて本件土地を買収し、原告の本件買収地における営業活動の機会を奪い、営業上の利益を侵害したものであるから、本件買収地において、原告が工場を操業した場合等の営業利益相当額及び本件代替地を取得できると信じて支出した費用相当額をもって損害というべきである。

　(2)　そして、原告が本件買収地を手放したことによる営業利益相当額の損害について検討すると、〈証拠略〉によれば、本件買収地の昭和52年3月12日時点における時価は6億2443万2659円を下回ることはなく、これを基に算出した平成3年（本件代替地取得の不能が確定した時点）の3月11日までの14年間の期間賃料合計額は7億0711万7037円となることが認められる。そうすると、原告の当該期間における通算営業利益相当額は、少なくとも上記賃料合計額であると推認することができる。他方、原告は、千葉市に本件買収地を売却した結果、その売却代金6億2443万2659円を受領しており、これに対する年5分の割合による14年分の利息相当合計額は4億3710万4176円であり、これを上記金額から控除すると、2億7001万4176円となる。また、〈証拠略〉によれば、原告は、本件代替地取得合意が有効であると信じて弁護士らを千葉市や千葉県に派遣した際の交通費、事業計画書作成費等の現実の出捐していることがみとめられ、その額は別紙損害一覧表のとおり合計605万3870円程度である。

2　売買交渉の成立

(3)　一方、前示のとおり、本件買収地の地目は全て田であり、本件買収地周辺土地が買収作業の途上であったこと、いつの時点でそこに工場を建設して操業を開始することができたかを認定することは困難であることからすると、前記合計額2億7606万8046円の全額が原告の被った損害とするにも疑問がある。そして、前示通算営業利益相当額（原告主張額と同額）が相当控え目の数額であることなどの事情を考慮し、当裁判所は、民事訴訟法248条により、2億7000万円をもって損害額と認定することとする。

　なお、千葉市は、本件買収地は虫食い状態で使い物にならず、使い物になる土地にするためには10年ないし20年の歳月と莫大な先行投資が必要であったから、昭和51年からの賃料を損害とみることはできないと主張するが、前示のとおり、原告は本件買収地周辺土地の買収作業の途中であったのであり、本件買収地周辺に未買収地が存するからといって、本件買収地が工場用地には到底なり得ないとまでいうことはできないから、千葉市の上記主張は採用できない。

(4)　よって、原告の被った損害額は、2億7000万円である。」と判示しているが、前記のとおり、議論が必要である。

第4章

賃貸借交渉をめぐる裁判例

1　賃貸借交渉の決裂

　不動産の賃貸借交渉の実情の概要と法的な枠組みも、売買交渉と同様であり、既に説明したところであるが、具体的に紛争になり、さらに訴訟に発展した事例を紹介したい。

　賃貸借交渉をめぐる裁判例として紹介するものも、売買交渉をめぐる裁判例と同様に、昭和から平成の現在に至るまでの長い年月にわたるものであり、個々の事案の内容を考慮しても、契約締結上の過失責任の法理、契約締結の準備段階における信義則上の義務の法理が拡大し、発展していく過程を観察することができる。

　不動産の賃貸借交渉は、売買交渉とは異なり、交渉の内容はさほど複雑ではなく、交渉に時間がかかるわけではなく、契約締結の準備もさほど費用がかかるものではないから、交渉が決裂したとしても、交渉の相手方に対して不満を抱き、損害賠償責任を追及しようとすることは少ない。しかし、不動産の賃貸借交渉であっても、事業用の建物の賃貸借、大規模な建物の賃貸借、建物の建築段階から関与した建物の賃貸借、賃借人の特別の仕様に合わせた建物の賃貸借等の賃貸借交渉においては、契約の内容が複雑であり、交渉に相当の準備と時間がかかるものであり、契約締結の準備にも相当な費用がかかるものであり、交渉の途中で覚書等の中間合意がされることもあり、交渉が決裂した場合には、交渉の当事者が相当額の損失を抱えることになるため、交渉の相手方に対して損害賠償責任を追及しようと考えることが多く、事情によっては訴訟に発展することがある。賃貸借交渉の場合には、不動産の売買交渉と同様に、その交渉期間が長期になればなるほど、交渉内容が具体化し、煮詰まれば煮詰まるほど、費用を使えば使うほど、書面を取り交わせば取り交わすほど、その後、契約の交渉を中止し、契約の締結を拒否したときは、特段の理由がない限り、交渉の相手方に対して損害賠償責任を負う可能性が高くなっている。不動産の賃貸借交渉においても、交渉の途中で契約締結を拒否することによる損害賠償責任のリスクにも配慮して交渉を進行させ、契約締結の当否等を判断することが必要になっている。

[61] 大阪地判昭和59.3.26判時1128.92、判夕526.168
≪事案の概要≫
　家電製品等の製造、販売を業とするA株式会社グループの商品の保管、輸送等を業とするY株式会社の従業員Bは、不動産業を営むX株式会社からX所有の土地上に倉庫を建てYに賃貸する旨の交渉を約1年間行っていたが（Bは、Yの会社印を冒用し、無断で覚書を作成する等していた）、BがYに独断で交渉を行い、Yが倉庫の賃借の意思が全くないことが判明し、交渉が打ち切られたため、XがYに対して主位的に契約締結上の過失に基づき損害賠償、予備的に不法行為に基づき損害賠償を請求した。この判決は、契約締結を志向する特別の相互信頼に支配される法律関係の成立を認めたものの、注意義務違反を否定し、契約締結上の過失責任を認めなかったが、使用者責任を認め、主位的請求を棄却し、予備的請求を認容した。
≪判旨≫
「1　本訴で問題とされているような契約締結のための交渉は、もともと、契約上の合意の可能性、その細目、契約締結の実現の可能性などについてはっきりさせるという目的で行われるものであって、そこでの期待には不安定さがつきまとうものであるから、通常、各交渉当事者が契約締結前に契約成立を期待して出費をなすときは、自己の危険と責任とにおいて出費することとなる。しかし、他方、契約法を支配する信義誠実の原則（民法一条二項）は、契約締結の準備段階においても妥当するというべきであり、将来契約当事者となるべき者が、自ら若しくは履行補助者により、契約の申込み又は申込みの誘引をなし、相手方がこれに基づきこれを受容して契約締結を指向した行為を始め、いわゆる商議が開始された場合には、この事実と右信義則とに基づき、右契約締結を指向し他方の利益に介入しうる領域に入り込んだ者としての特別の相互信頼に支配される法律関係（以下「締結準備交渉関係」という。）が成立するものというべきである。そして、この締結準備交渉関係においては、信義則に基づき、各交渉当事者は、相互に、指向する契約締結に関しこれを妨げる事情を開示、説明し、問い合わせに応じて締結意思決定に明らかに重大な意義を有する事実について適切な情報提供、被告をなし、専門的事項につき調査解明し、相手方の誤信に対し警告、注意をなす等、各場合に応じ相互信頼を裏切らない行為をなすべき注意義務を負うものというべく、故意、過失により右注意義務を怠り、右信頼を裏切って相手方に不測の損害を与えたときは、これを賠償す

べき右締結準備交渉関係に基づく義務を負うというべきである。
（中略）
　3　以上のとおりで、結局、原告側は、本件計画を持ち込むにあたり、当初からその実現につきそれなりの見込みを抱き、これを熱望して推進作業に取り組んできたのであるが、右実現の見込み判断は、本件覚書交付による締結準備交渉関係成立以後の森本の行為によるものでなく、それより前において、前記（一2㈢、同㈣）被告における森本の地位、被告と松下本社との関係、本件計画の一方的売り込み段階での森本の反応等諸般の事情により独自になしたものであって、更に前記（一2㈠、同㈡）の原告の窮状と高橋及び赤石の思惑とがからまって、本件計画推進における原告側の期待と積極性とを高めたいものということができ、つぎに、前記（一4）事実関係によれば、本件覚書公付後の計画推進の過程で、次第に、原告側にも、右見込み判断に、実現の時期、手順の点で誤りがあり、期待はずれ（以下両者を『見込み判断の誤り等』という。）であったことが判明して来たものと推認することができる。
　ところで、一般商取引界においてある事業計画を売り込む者は、その実現の見込みと期待を持って売り込みをなすのが当然であり、また、その後に右見込み判断の誤りや期待はずれの生じ得ることも当然であって、右見込み判断の誤り等による責任と危険は、締結準備交渉関係が成立した後においても、右関係を支配する信義則に違反した相手方の行為によって生じたのでない限り、右売り込み者自身が負担し処理すべきものとすることが、自己責任の原則をその一内容とする私的自治の原則に適うところというべく、締結準備交渉関係成立前からの見込み判断の誤り等の是正を、特別関係たる締結準備交渉関係上の相手方に対し、右関係上の注意義務として要求できるのは、一般不法行為法を支配する信義則の理念とは異なった、右関係を支配する信義則の理念に照らして放置し得ないような特別の場合に限るというべきである。すなわち、たとえば、見込み判断の誤り等が重大な事実誤認に基づくものであって、しかも本人がそれにつき善意で交渉を継続しているのを知りながら、相手方がこれを放置して自己の志向する契約の締結に臨もうとする場合のように、締結準備交渉関係に入った者として相互に持つ信頼を著しく裏切るものとしてそれの是正義務を課するのが右関係を支配する信義則の要請に合致する場合に限るというべきである。これを本件についてみるに、原告が本件覚書公付後も対トーメン借入元利金の支払いに日を追って窮し、本件土地を、転売又は本件計画の早期実現の方法により処分することを急いでいたことは、前認定のとおりであるが、他方、

前記原告側の当初の見込み判断、期待、右本件計画の実現の急ぎ方は、いずれも、その具体的内容を認めるに足る証拠がなく、極めて抽象的なものであったというほかなく、加えて、前記背景事情（一2㈠⑵、同⑶）と、原告側の態度推移（一4㈣中段）とに照らせば、右原告が急いでいたこと及びこれを森本が当初から知っていたとしても、この両者から直ちに、前記原告側の見込み判断の誤り等が、具体的な事実誤認に基づく重大なものとは、到底いうことができない。のみならず、前記（一4）交渉経過と原告側態度推移とによれば、原告側は、本件計画推進過程で次第に判明して来た前記見込み判断の誤り等を、遅くとも昭和50年8月6日後は察知しつつ、他に適切な本件土地の処分方法も見付からぬまま、本件計画の実現に期待をかけて、森本に付き合ってきたと推認するに難くない。したがって、いずれにしろ、原告側が本件覚書交付前に抱いていた本件計画の実現の見込み判断の誤り等につき、森本が本件最終決着に至るまでの間に、何らこれを是正する措置をとらなかったことをもって、締結準備交渉関係上の注意義務違反ということは、到底できない。」

（判例評釈として、本田純一・判タ543号109頁、半田吉信・ジュリスト829号92頁がある）

≪実務上の留意点≫

　この事案は、会社の従業員が不動産業者から土地上に倉庫を建て会社に賃貸する旨の交渉を無断で約1年間行い、従業員が会社印を冒用し、無断で覚書を作成する等したところ、会社が賃借の意思がないことが判明し、交渉が打ち切られたため、不動産業者が会社に対して契約締結上の過失等に基づき損害賠償を請求した事件である。この事案は、賃貸予定の交渉者が所有土地上の建物を建築し、建物を賃貸する交渉が行われたこと、賃借予定の会社の従業員が無断で交渉を行ったこと、交渉が約1年間継続して行われたこと、賃貸借契約が締結されなかったこと、締結されなかった理由が賃借予定の会社の従業員が無断で交渉を行ったことに事案としての特徴がある。賃借の予定者が賃貸の予定者に建物を建築させ、完成後に賃貸借するような建物の賃貸借交渉が行われることがあるが（賃貸借の内容については、賃貸期間が長期間であり、賃料の増額特約が締結され、賃貸借期間の途中で賃借人が解約することを制限する特約が締結されるなどの交渉が行われ、賃貸借契約に盛り込まれることが多い）、この事案は、相当期間の交渉が必要な建物の賃貸借交渉が行われたものの、賃借予定の会社の従業員が会社に無断で交渉を行っていたものである。

　この判決は、通常、交渉当事者が契約締結前に契約成立を期待して出費をす

るときは、自己の危険と責任とにおいて出費するものであるとしたこと、契約法を支配する信義誠実の原則は、契約締結の準備段階においても妥当するとしたこと、将来契約当事者となるべき者が商議を開始した場合には、契約締結を指向し他方の利益に介入しうる領域に入り込んだ者としての特別の相互信頼に支配される法律関係（締結準備交渉関係）が成立するとしたこと、この締結準備交渉関係においては、信義則に基づき、各交渉当事者は、相互に、指向する契約締結に関しこれを妨げる事情を開示、説明し、問い合わせに応じて締結意思決定に明らかに重大な意義を有する事実について適切な情報提供等をし、専門的事項につき調査解明し、相手方の誤信に対し警告、注意をなす等、各場合に応じ相互信頼を裏切らない行為をすべき注意義務を負うとしたこと、交渉当事者が、故意、過失によりこの注意義務を怠り、この信頼を裏切って相手方に不測の損害を与えた場合には、損害を賠償すべき責任を負うとしたこと、この事案では、契約締結上の過失を否定したこと（もっとも、使用者責任を肯定した）に特徴がある。この判決が提示する契約締結上の過失の法理の内容は、詳細で広範な義務を交渉当事者に課すものであるが、この法理の要件が広すぎ、抽象的すぎるという問題があるし、交渉当事者が負う義務の内容、範囲が広すぎるという問題もあり、今後の議論が必要である。この判決は、契約締結上の過失責任が問題になった裁判例としては古い時代のものであるが、詳細な分析を行っているという特徴があるものの、前記のとおり、理論倒れになっているという批判も的外れではない。もっとも、この判決が契約締結上の過失を否定した判断は事例を提供するものである。

[62] 仙台高判昭和61．4．25判タ608．78
≪事案の概要≫

　Y信用金庫は、A市内における支店を他に移転したいと考え、適地を物色していたところ、Xが所有土地をYに賃貸したいと希望し、交渉が行われ、賃貸の準備として本件土地上にあった建物を引っ込めたり、従来営業していた衣料品店を閉店する予定で安売りをする等したが、交渉が決裂し、契約の締結に至らなかったため、XがYに対して契約締結上の過失に基づき損害賠償を請求した。第一審判決が請求を一部認容したため、X、Yが控訴した。この判決は、交渉が一定の段階に至ったときは交渉の相手方の期待を故なく裏切ることのないよう誠実に契約の成立に努めるべき信義則上の義務を負うところ、本件ではこの義務に違反して契約締結を不可能にしたものである等とし、契約締結上の

過失を認めたものの、損害の証明がないとし、原判決のうちY敗訴の部分を取り消し、請求を棄却した。

≪判旨≫
「これらの事実に基づいて考えると、被控訴人が最初は控訴人からの本件土地賃借だけを考慮していたのでないことは明らかであり、控訴人も右事情及び前記2冒頭記載の事情を承知していたのであるが、昭和53年4月頃から徐々に両者交渉の焦点が本件土地の賃借に絞られて行き、同年6、7月頃までの間に、未だ建物が建っていた本件土地につき被控訴人が必要とする更地の面積や被控訴人の支店移転計画、すなわち本件土地を更地にして引き渡すべき時期が開示され、更には隣接駐車場の継続借上交渉まで委ねられるに及んで、控訴人が被控訴人との間で本件土地を目的とする賃貸借契約が遠からず締結されるであろうとの強い期待を抱いたのは無理からぬところであり、かくして、控訴人が被控訴人に対し前記工事費用の融資申込みをしてこれに応じた貸付を受け、被控訴人が必要とするだけの更地にするため同支店長の見分を受けたりしながら居宅を大幅に後退させる工事をした時点で、両者は同契約の締結準備段階に至ったものと見るべきであり、一方、交渉がこのような段階にまで達した以上は、交渉の一方当事者たる被控訴人は相手方である控訴人の期待を故なく裏切ることのないよう誠実に契約の成立に努めるべき信義則上の義務を負うに至ったと解するのを相当とするところ、被控訴人においてそのための努力をしたこと、或いは、控訴人との本件土地賃貸借契約を締結するについて障害が生じたために契約を締結しえなくなったとかの事情を認めるべき証拠はないので、被控訴人は右義務に違反して控訴人との契約締結を不可能ならしめた者としての責任を負わなければならないというべきである（仮に、控訴人に対して同支店長の開示した予定契約内容が被控訴人本部の意向や計画よりも先行していたとしても、現地役員の菊池輝吉の独走、暗躍を押さえようとして、支店長自身で交渉するように指示したことが同支店長に何がしかの焦りないし功名心を抱かせたことも推認するに難くなく、又この点がいずれであれ、総て被控訴人の内部事情にすぎず、判断の対象となるのは柏木支店長の言動だけである。なお、被控訴人が菊池壮吉との間の建物賃貸借契約を更新したことは右の障害事由には当らない。けだし、このような契約更新は考えられないとの前提で控訴人との交渉が進展して来たのであり、しかも更新するか否かは全く被控訴人の自由に選択しうるところであるほか、更新後の解約すら不可能ではないからである。尤も、更新後に解約すれば損害賠償をする必要が生じようが、他方で控訴人と

の間に前判示の段階までの交渉を進めながら菊池壮吉とも更新交渉をした報いであって已むをえない結果である。)。」

≪実務上の留意点≫

この事案は、信用金庫が支店用地を探していたところ、土地の所有者が賃貸を希望し、交渉が行われ、その間、賃貸の準備として土地上にあった建物を引っ込めたり、従来営業していた衣料品店を閉店する予定で安売りをする等したものの、交渉が決裂し、契約の締結に至らなかったため、土地の所有者が信用金庫に対して契約締結上の過失に基づき損害賠償を請求した控訴審の事件である（第一審判決は請求を一部認容した）。この事案は、土地の賃貸借が問題になったこと、賃貸借の交渉が行われたこと、賃貸の希望者が賃貸の準備を行ったこと、賃貸借契約が成立しなかったこと、契約締結上の過失が主張されたことに事案としての特徴がある。この事案では、土地の賃貸借交渉が行われ、土地の所有者（賃貸の希望者）が土地の賃貸の準備として土地上にあった建物の移動をする等を行ったものである。

この判決は、土地の所有者と信用金庫の賃貸借の交渉が契約の締結準備段階に至ったものとしたこと、交渉が契約の締結準備段階に至った場合には、交渉の一方当事者は相手方の期待を故なく裏切ることのないよう誠実に契約の成立に努めるべき信義則上の義務を負うとしたこと、この事案では、信用金庫がそのための努力をしたこと等の事情がないとし、信義則上の義務違反を認めたこと、この事案で土地の所有者が主張した損害は、内容が疑問であるか（一部は別の原因によって補償を受けたものである）、回収可能なものであるところ、仮に損害が認められるとしても、投資資金の回収遅延の損害であるものの、その証明がないとしたことに特徴がある。この判決は、信用金庫の契約締結準備段階の信義則上の義務違反を認めたものの、損害の証明がないとしたものであり、事例として参考になるものである。

特にこの判決が損害の証明がないとした判断は、「控訴人が損害として主張するのは、原判決事実摘示のとおり、(1)住居移動工事代金820万7000円、(2)店舗後部修理代金300万円、(3)店舗応急修理代金243万2665円、(4)在庫品安売り損害金250万円、(5)倉庫取壊損害金50万円、合計金額1663万9665円である。〈証拠略〉を総合すれば、控訴人は右(1)に関する費用として781万4416円、(3)に関する費用として232万6795円をそれぞれ下廻らない金員（これらの金額は右各書証中、主として領収書のみに基づいて算出した金額である）を支出し、(2)に関する費用として377万円余を要するとの見積りを受け、(4)に関しても相当額の

安売りをなし、(5)についても相当の出費を要することが認められる。しかし、控訴人はもともと道路拡幅工事に関連して建物の後退ないし一部の取壊しをしなければならなかったのであり、その補償として遠野市から1546万0352円の支払を受けたのであるから（この事実は当事者間に争いがない）、右(1)ないし(3)及び(5)に関する支出金の全部を被控訴人の信義則違反に基づく損害であるとするのは正確を欠くのみならず、道路拡幅のみのために工事をする場合に比して被控訴人に賠償を求めうべき程の出費増大による損害が生じたかも疑問である。また、(4)の安売りに関しては、安売りをせずに通常の価格で販売したのであればどの程度の量を売捌くことができたのかが不明であるので、その場合との比較をせずに損害額を算定するのは困難である。元来これらの支出金や安売りによる減収は、控訴人の期待どおりに被控訴人との間で本件土地の賃貸借契約が成立したとしても、その時点で補塡される性質のものではない。これらは、いわば控訴人において契約が成立するとの見通しのもとにした先行投資であり、賃貸借期間に支払われる賃料や敷金の運用益により長年月をかけて回収され、回収終了後に利益をもたらす筈のものである。

　ところで、右の投資は、被控訴人と所期の契約をしなければ回収しえないものではなく、本件土地を他の者に賃貸したり、控訴人自ら駐車場等の営業をしたり、或いは更地化した本件土地を有利に売却処分して得た代金を運用することによっても回収できるのである。但し、他に新たな賃借人を探したり、自身で営業を開始したりするには、それだけの準備期間が必要である。その期間分だけ投資資金の回収が遅れるわけであり、それが本件の場合における控訴人の損害であるというべきである。

　しかし、控訴人はこのような形の損害を主張してはおらず、またそのように主張したとしても、道路拡幅工事の補償金として相当額の補塡がなされている関係上、右『投資額』がいかなるほどになるのか算定困難であるから、右準備等にどの程度の期間を想定すべきか一概には言えないことと相俟って、投資資金の回収遅延による損害額を出すのは本件の場合殆ど不可能に近い。」と判示している。

　この判決の損害の発生に関する認定、判断は一つの見解であるものの、議論を呼ぶものであり、異なる判断もあり得たものと推測される。なお、現在では、裁判例によっては、民事訴訟法248条の適用によって判断される可能性がある。

[63] 東京地判平成2.12.25判時1397.55
≪事案の概要≫
　AがYに賃貸している建物について、X株式会社がAから購入し、賃貸人の地位を承継していたところ、YがX賃料をXに持参した際、Xの代表者Bの妻CからC所有の建物に移転してほしい旨の申出を受け、建物を見に行ったり、賃料等の賃貸条件につき交渉をしたりし、鍵も受領したりしたことから、Xが本件建物と敷地につき建物を取り壊した上でDに売却する旨の契約を締結し、手付け（700万円）も受領したものの、Yが本件建物を明け渡さなかったため、XがYに対して建物の明渡しの合意などを主張し、建物の明渡し、損害賠償を請求した（Xは、Dとの間で、手付けの返還、500万円の支払によって売買契約を解消することができた）。この判決は、Xの主張に係る建物の明渡しの合意の成立を否定したものの、信義則上の義務違反による不法行為を認め（手付金の倍額の賠償のうち、500万円等の損害を認め、過失相殺を8割認めた）、損害賠償請求を認容した。
≪判旨≫
「ところで、前認定の事実関係にみられる被告の言動については、さきにみたように、被告が原告からの申し出に応じて本件建物の明渡しを承諾したとみるべき状況が多分にあり、特に6月2日に被告がみのり荘を実際にみてこちらに引越すと申し出たこと等前示の事実関係に着目すれば、その後の被告の言動と相俟って、原告が本件建物明渡しの合意が右同日成立したと考えたのも理由のないものとはいえない。しかも、被告は6月3日原告に、6月22日に引越す旨及び本件建物を売りに出してもよい旨を伝えたのであるから、本件建物の明渡しの合意が確定的に成立していなかったとはいえ、原告において被告の右言明を前提とし6月22日には本件建物を明渡してもらえると信じて本件建物の敷地を売却しようとしたのは無理からぬことというべきである。被告としては、6月2日にみのり荘に案内されて気に入ったため、本件建物の明渡し及びみのり荘への移転を予定して、右のように言明したものとみられるのであるが、正式には覚書の調印をもって本件建物の賃貸借契約の合意解除、明渡し及びみのり荘2号室の賃貸借契約の締結をする意思であって、その時点ではいまだ右の点について確定的な合意に至っていなかったのであるから、相手が専門の不動産業者であることをも考慮すれば、軽軽に明渡しの期限を予告したり当該物件を売りに出してよいなどと言明して、これを信じた原告が顧客との間に右物件につき新しい取引に入り、万が一右合意が成立しなかった場合に不測の損害を被

ることがないように注意すべき信義則上の義務があったといわなければならない。

ところが、被告は右注意義務に違反して前記のように言明し、そのためこれを信じた原告は本件建物及びその敷地を売渡す契約をしたのであるから、その結果原告が損害を被ったのであれば、被告は民法709条に基づきこれを賠償すべきものである。

ところで、原告は、関谷と減額のための折衝をして支払った前記500万円のほかに、関谷との間の売買契約書に貼付した印紙6万円分と手付金の受領書に貼付した印紙2000円分の損害を被ったと主張するが、右印紙代については、前認定のように原告は契約書に貼付した印紙代6万円のうち3万円及び手付金返還等の受領書に貼付した印紙代200円を負担したにすぎず、そのほかはこれを認めるに足りる証拠はない。

したがって、右503万0200円が被告において賠償義務を負う損害であるということができる。」

≪実務上の留意点≫

この事案は、建物の賃貸人（会社が賃貸人であるが、実際には、その経営者の妻が交渉を担当した）が賃借人との間で他の借家への転居、建物の明渡しを交渉し、賃貸人が明け渡しの合意が成立したものと認識し、建物とその敷地を他に売却する売買契約を締結し、手付けを受領したものの、賃借人が建物を明け渡さなかったため、賃貸人が賃借人に対して損害賠償等を請求した事件である。この事案は、賃貸借の交渉が問題になったものではなく、賃貸建物の明渡しの合意（賃貸借契約の合意解約）交渉が問題になったものである。この事案は、建物の賃貸人と賃借人との間で建物の明渡しの合意の交渉が行われたこと、明渡しの合意の成立が主張されたこと、賃借人が合意の成立を誤解させるような言明をしたこと、合意交渉の過程における信義則上の義務違反が問題になったこと、賃貸人は合意の成立を前提として建物、その敷地の売買契約を締結したものの、履行することができず、買主から手付倍返しの損害賠償が問題になったことに事案としての特徴がある。

この判決は、建物の明渡しの合意の成立を否定したこと、この合意の交渉の過程において賃借人が合意の成立を誤解させるような言明をし、賃貸人がこれを信じて売買契約を締結し、手付けを受領したことから、賃借人に賃貸人が不測の損害を被ることがないようにする注意義務に違反したことを認めたこと、賃借人の不法行為を肯定したことに特徴がある。この判決は、建物の賃貸人と

賃借人との間で建物の明渡しの合意の交渉過程における賃借人の注意義務違反（実質的には、契約締結上の過失責任に当たる）を認めた事例判断として参考になるものである。

　また、この判決は、この注意義務違反による損害賠償額として、交渉の対象になった建物の明渡しを前提とした売買契約の締結によって生じた手付倍返しによる買主の損害（本来700万円を支払うべきところ、交渉の結果、手付けの返還、500万円の支払によって売買契約が解消された）を認めたものであるが、この損害賠償は、民法416条2項所定の特別損害に当たるし、売買契約上の履行を前提とした損害に当たるものであって、理論的に議論を呼ぶものである。なお、この判決が過失相殺を8割認めたことは、担当裁判官の主観的な公平観を伺わせるものであるが、その合理的な根拠は明らかではない。

[64] 大阪地判平成5．6．18判時1468．122
≪事案の概要≫
　Xは、在留資格をもつ在日韓国人であり、不動産業者であるY₁有限会社に依頼し、Y₂らの所有する賃貸マンションの賃借を仲介され、転居準備をしていたところ、Y₂らが日本国籍を有しないことを理由に賃貸借契約の締結を拒否されたため、XがY₂らに対して賃借権の確認、建物の引渡し、Y₁らに対して不法行為等に基づき損害賠償を請求した。この判決は、Y₁らに対する損害賠償請求、Y₂らに対する賃借権の確認、建物の引渡し請求は棄却したが、Y₂らの契約準備段階における信義則上の義務違反を認め（引越しのための運送契約の違約金1万7000円、慰謝料20万円、弁護士費用5万円の損害を認めた）、損害賠償請求を認容した。
≪判旨≫
「(四)　ところで、原告は、前記第二の三の1において、本件賃貸借契約の成立を根拠づけるものとして契約締結上の信義則の適用を主張しているところ、右主張によれば、その主張する損害との関係で競合する主張として、不法行為に基づく損害賠償請求をなし、かつ、これを基礎付ける請求原因としての契約締結過程における信義則の適用も主張しているものと解される。そこで、以下これにつき検討する。
　ア　信義誠実の原則は、契約法関係のみならず、すべての私法関係を支配する理念であり、契約成立後はもちろん、契約締結に至る準備段階においても妥当するものと解すべきであり、当事者間において契約締結の準備が進展し、相

手方において契約の成立が確実なものと期待するに至った場合には、その一方の当事者としては相手方の右期待を侵害しないように誠実に契約の成立に努めるべき信義則上義務があるというべきである。したがって、契約締結の中止を正当視すべき特段の事情のない限り、右締結を一方的に無条件で中止することは許されず、あえて中止することによって損害を被らせた場合には、相手方に対する違法行為として、その損害についての賠償の責を負うべきものと解するのが相当である。

　イ　これを本件についてみるに、たしかに、被告北浦は、原告と直接契約締結交渉を行ったものではなく、仲介業者を介してなされた原告の入居申込みに対して、契約締結を拒絶したにすぎないところである。しかしながら、被告北浦は、被告キンキホームと仲介契約を締結し、仲介業者を利用して、広く契約の相手方を募るという利益を得ているところであるから、他方で仲介業者の言動を信頼して行動した者に対する関係では仲介業者を被告北浦ら側の履行補助者に準ずる者として評価するのが相当である。そうすると、被告北浦らが仲介業者を用いて賃貸借契約の申込の誘因行為を開始し、前記認定のとおり、被告キンキホームと原告との間で、契約交渉が相当程度進行し、原告が契約成立を確実な者と期待するに至った以上、被告北浦らが、合理的な理由なく契約締結を拒絶することは許されないと解するのが相当である。

　ウ　そして、右合理的理由の有無について判断する。

　前記のとおり、被告北浦らは、原告が在日韓国人であることを主たる理由として、契約の締結を拒否したものと認められ、右締結の拒否には、何ら合理的な理由が存しないものというべきである。したがって、被告北浦らは、前記信義則上の義務に違反したものと認められ、原告が本件賃貸借契約締結を期待したことによって被った損害につき、これを賠償すべき義務があるというべきである。

　エ　被告北浦らは、『原告が本件賃貸借契約の締結を期待したとしても、これは、岡本が、被告北浦らの意向を確認しないまま、原告に契約を成立させようとして、なした言動によるものである。』旨主張するけれども、被告北浦らと被告会社らとの間の前記支配・利用関係のほか、元来、差別的申込条件を設定して、恣意的な情況を作出し、かつ、これによる差別理由による契約締結の拒否をなした右認定事実からすれば、被告北浦らは、信義則による注意義務を負うので、もはや原告方の申込による本件紛争についての責任を免れることはできないというべきである。」

≪実務上の留意点≫

　この事案は、在日韓国人が不動産業者を介して賃貸マンションの賃借を申し込み、賃貸借交渉を行ったところ、所有者から日本国籍を有しないことを理由に賃貸借契約の締結を拒否されたため、所有者に対して賃借権の確認、建物の引渡し、不動産業者に対して不法行為等に基づき損害賠償を請求した事件である。この事案は、賃貸マンションの賃貸借交渉が問題になったこと、賃貸借契約の締結が拒否されたこと、拒否の理由が日本国籍を有しないことであったこと、信義則による賃貸借契約の成立が主張されたこと、賃貸マンションの所有者、仲介した不動産業者の不法行為責任（契約締結過程における信義則違反）が問題になったことに事案としての特徴がある（この事案は、賃貸マンションの賃貸における外国人差別の問題として取り上げることができる）。

　この判決は、賃貸借契約の成立を否定したこと、信義誠実の原則は、契約成立後はもちろん、契約締結に至る準備段階においても妥当するとしたこと、当事者間において契約締結の準備が進展し、相手方において契約の成立が確実なものと期待するに至った場合には、その一方の当事者としては相手方の期待を侵害しないように誠実に契約の成立に努めるべき信義則上義務があるとしたこと、契約締結の中止を正当視すべき特段の事情のない限り、締結を一方的に無条件で中止することは許されず、あえて中止することによって損害を被らせた場合には、相手方の損害についての賠償責任を負うとしたこと、この事案では、契約の締結交渉が相当進んでいたとしたこと、賃貸借契約の締結拒否の主たる理由が在日韓国人であるとしたこと、何ら合理的な理由なく賃貸借契約の締結を拒否したものであり、賃貸マンションの所有者に信義則上の義務違反があるとしたこと、引越しのための運送契約の違約金1万7000円、慰謝料20万円の損害を認めたことを判示したものである。

　この判決は、賃貸マンションの賃貸借契約の交渉において、所有者（賃貸の希望者）が在日韓国人であることを主たる理由で締結を拒否した事案について、契約締結の準備段階における所有者の信義則上の義務違反を認めた事例として注目される。また、この判決は、賃貸マンションの賃貸借契約の交渉が相当に進行したような場合には、締結を拒否するためには合理的な理由が必要であるとするものであるが、賃借希望者の属性を拒否理由とする場合には参考になる判断ということができよう。なお、住居用の建物の賃貸借においては、仲介業者、賃貸人がこの事案のような国籍、年齢（高齢者）等の属性を調査し、考慮することがあり、事案によっては紛争が発生することがあるが、特定の属

性の者に賃貸しない取扱いをする場合には、不合理な差別として問題になることがある。この判決は、住居用の建物の不合理な差別について一つの見解を示したものであるということができる。

この判決は、損害については、「1　財産的損害
〈証拠〉によると、原告は、平成元年1月16日、前記の経緯で、被告キンキホームから、引越のための運送業者としてドレミ引越センターを紹介され、同月18日、これとの間で運送契約を締結したが、本件賃貸借契約が成立に至らなかったため、右運送契約を解除し、ドレミ引越センターに対して違約金として1万7000円を支払ったことが認められる。
2　精神的損害
原告は、本件賃貸借契約の締結を期待していたところ、その国籍を理由とする締結拒否により契約成立に至らなかったことは前記認定のとおりであるところ、原告がこれにより精神的苦痛を被ったことは明らかである。したがって、被告北浦らは原告の被った右精神的苦痛をも慰謝すべき義務があると解すべきところ、これまでに判示した諸般の事情を総合考慮すると、その慰謝料の金額は20万円とするのが相当である。」と判示している。

[65] 東京地判平成6.6.28判時1535.101
≪事案の概要≫

Yは、建物を所有し、医師Aを雇用し、建物で診療所を経営していたが、Aが退職を希望したことから、不動産業者に医師の紹介を依頼していたところ、大学病院に勤務していた医師Xが賃借を希望し、Yと交渉し、保証金の1割相当の申込証拠金350万円を支払い、大学病院を退職し、他の勤務先への就職も断り、医院開業計画書等を作成し、不動産業者の仲介によって契約調印日が定められたものの、Aとの雇用関係の解消が難航する等し、契約締結に至らなかったため（350万円は返還された）、XがYに対して不法行為に基づき損害賠償を請求した。この判決は、契約締結上の過失を認め（2か月分の逸失利益、医院開業計画書等の作成代金を損害と認め、過失相殺を4割認めた）、請求を認容した。
≪判旨≫
「右認定事実によれば、原告は、従前の大学病院の勤務先を退職したうえ、将来賃貸契約が締結された場合には手付金にあてる趣旨で350万円を被告に対して交付し、被告側との間で契約条件を交渉するなど本件建物において医院を開

業するために必要な準備に入っていたものであるから、原告・被告間は契約締結上の準備段階にあったことは明らかであり、原告において将来賃貸借契約が締結されるものと信じて行動をすることはたやすく予想されるところである。ところが、被告は、本件建物の賃貸の前提である鎌田医師の退去につき合意が成立しておらず本件建物を原告に引き渡せない可能性があるにもかかわらず、これを平成4年8月21日まで原告に明らかにせず、再三、賃貸借契約の締結を一方的に延期し、9月19日に至るまで本件建物の賃貸借契約について曖昧な態度を取り続けたものであるから、被告には、いわゆる契約締結上の過失があり、原告が将来賃貸借契約が締結されるものと信じて行動をしたことによって蒙った損害を賠償すべき義務があるというべきである。」

≪実務上の留意点≫

　この事案は、大学病院に勤務する医師が、不動産業者の仲介により、診療所の賃貸借の交渉をし（診療所の賃貸人は、雇用していた医師が退職を希望していたため、診療所の賃貸借の仲介を依頼していたという事情があった）、交渉が進行し、大学病院を退職し、他の勤務先への就職を断る等したものの、賃貸人と雇用した医師との雇用関係の解消が難航する等し、賃貸借契約の締結に至らなかったため、賃借を希望した医師が不法行為に基づき損害賠償を請求した事件である。この事案は、診療所の賃貸借交渉が問題になったこと、賃貸人が医師を雇用し、診療所を経営していたこと、賃貸人の雇用された医師が退職を希望し、診療所の賃貸の仲介を不動産業者に依頼したこと、大学病院に勤務する医師が賃借を希望し、交渉が行われたこと、賃借を希望した医師は勤務先を退職する等し、賃借の準備を行ったこと、賃貸借契約の調印日も決められた段階にあったこと、雇用された医師との雇用関係が難航する等し、賃貸借契約が締結されなかったこと、賃貸借契約の成立が主張されたこと、賃貸の希望者の不法行為責任が問題になったこと（判決文によると、「いわゆる契約締結上の過失」として問題を提起している）に事案としての特徴がある。

　この判決は、この事案では、診療所の賃貸借契約締結上の準備段階にあったことが明らかであるとし、賃借を希望した医師が将来賃貸借契約が締結されるものと信じて行動をすることはたやすく予想されるとした上、賃貸の希望者に契約締結上の過失が認められるとしたこと、医師としての2か月間の逸失利益、委託に係る医院開業計画の作成費用、診療所において利用予定の委託に係るロゴマークの作成費用を損害として認めたことを判示している。この判決は、契約締結上の過失責任に関する一般論を説示することなく、契約締結上の

準備段階にあったことを認め、この責任を認めているものであり、「いわゆる」の形容が付けられているものの、この責任が相当に訴訟実務に定着していることを示している。この判決は、契約締結上の過失責任を肯定した事例として参考になるものである。

この判決は、損害について、「四 そこで請求の原因7（原告の損害）について判断する。

1 前示のとおり、原告は、被告との賃貸借契約が成立し平成4年9月末からの開業を予定していたため、同年8月及び9月に予定されていた松江病院への勤務を断念したこと、原告は、右病院において月額117万4000円の収入を取得し得たことからすれば、234万8000円の損害を蒙ったということができる。

2 〈証拠略〉によれば、原告は、医院開業計画の作成を50万円で第三者に委託し、右につき50万円を支払ったこと、さらに、本件建物で使用する予定のロゴマークの作成を15万円で第三者に委託したことが認められ、右の費用も原告の蒙った損害ということができる。

3 なお、原告は、慰謝料を請求するが、右の損害が塡補されることにより、原告の損害は回復されるものであるから、さらに慰謝料請求を求めることはできないというべきである。」と判示している。

[66] 東京地判平成8．5．15判タ939．148

≪事案の概要≫

貴金属等の輸入、販売を業とするX株式会社は、A株式会社の100％子会社であるY株式会社が駅ビルのテナントを募集した際、Yの代表取締役Bの要請を受け、C駅、D駅に出店することとし、応募し、貸借対照表等を交付し、Yが入居決定通知書等を交付する等していたが、契約の締結を拒否したため、XがYに対して信義則上の義務違反を主張し、仕入商品売却損等の損害賠償を請求した。この判決は、契約の締結拒否が当然であった等とし、請求を棄却した。

≪判旨≫

「二 大井町駅ビル各店舗への出店拒否の当否について

1 以上を前提に、本件の争点について検討する。

㈠ 前記一9説示のとおり、大井町駅ビル各店舗について、被告は、原告に対し、それぞれ入居決定通知書及び契約書案を交付しており、原告と被告は、右の各契約締結の準備段階にまで至っていたということができる。したがっ

て、当事者として、右各契約の成立に向けて誠実に行動すべき義務を負うものと解するのが相当である。

(二) しかしながら、右契約準備段階に至った後であっても、相手方との契約締結を拒否しても信義則に違反しないような事情がある場合には、契約締結を拒否しても損害賠償義務を負わないものと解するのが相当である。一般に契約成立後であっても相手方に責に帰すべき事由があるときには、債務不履行を理由に契約を解除することができることからみて、右のように解されるところである。そこで、原告にこのような事情が見られるか否かについて検討する。

前記認定事実一によれば、

(1) 第一に、原告は、大井町駅ビルの出店についてYより正当な理由もないのに特段の好条件を提示されたこと、

(2) 第二に、原告の財務内容を示す貸借対照表及び損益計算書には疑義があるにもかかわらず、Yはそれ以上調査しようとしなかったこと、

(3) 第三に、Yは、大井町駅ビル各店舗について原告と交渉中に、他の被告関係者やJR東日本に隠れて原告の取締役に就任したこと、また原告も大井町駅ビルへの出店申込書に添付すべき法人登記簿謄本に代えて偽造の臨時株主総会議事録を被告に提出するなど、右事実を意図的に隠そうとしたこと、

ということができる。そして、これらの背景事情ともなり、あるいは裏付け事情ともなるが、

(4) 第四に、Yは、篠原から原告についての悪い噂を被告の内部事情として聞いていたにもかかわらず、これを直ちに外部のKに伝えたこと、

(5) 第五に、原告は、アトレ四谷での催事営業について、他の業者からルール違反等の指摘を受けたにもかかわらず、Yが了解しているとしてこれを改めようとせず、Yもこれを放置したこと、

(6) 第六に、原告又はKは、Yの関与の下に被告が支出した裏リベートの一部をYを通じ受領したこと、

などが認められる。

2 右1の諸事情からすれば、原告は、もともと実力的には大井町駅ビルに常設の三店舗を出店するほどの力はないにもかかわらず、YとKが個人的な癒着関係にあったことから、Yが特別に便宜を図った結果、1(一)の入居決定通知がされるに至ったものと解さざるを得ない。しかし、代表取締役といえども、その個人的な癒着関係から顧客を特別に優遇するようなことが許されないのはいうまでもないのであって、仮に原告がYの言動を信頼して行動し、その後の

出店拒否により損害を被ったとしても、そのような信頼はもともと法の保護すべきものに値しないというべきである。したがって、このようなことがほかの被告関係者に発覚した以上、被告が原告との契約締結を拒否することは、当然に許されるものといわなければならない。

(中略)

三　新浦安ビル店舗への入店拒否について

新浦安ビル店舗への入店については、前記認定事実一以上の事実は認められない。すなわち、新浦安ビル店舗については、原告は出店申込書及びその添付書類を提出するまでには至ってはおらず、契約書案も作成されていない。原告は入居決定通知書が被告からなされたと主張し、証拠として被告が新浦安駅ビル店舗への原告の出店を決定した旨の入居決定通知書（甲一三）を提出するが、右通知書には作成日付及び被告の捺印がなく、仮にこれをＹがＫに交付したとしても、少なくとも被告の正式な文書とは認められない。

以上のとおり、原告と被告との間には、新浦安駅ビル店舗について、そもそも、信義則上相互に相手方の信頼を裏切らないように誠実に行動することが要請されるような契約準備段階にまで入ったことを認めるに足りる証拠はない。」

≪実務上の留意点≫

この事案は、貴金属等の輸入・販売業者が駅ビルのテナントの募集に応募し、賃貸借交渉を行い、貸借対照表等を交付し、入居決定通知書等を受領する等した後、契約の締結が拒否されたため、輸入・販売業者が駅ビルの管理業者に対して信義則上の義務違反を主張し、損害賠償を請求した事件である。この事案は、事業者間の契約交渉が問題になったこと、駅ビルの賃貸借契約の交渉がされたこと、賃貸借契約が締結されなかったこと、信義則上の義務違反が主張されたこと（実質的には、契約締結上の過失責任である）に事案の特徴がある。

この判決は、この事案では、契約締結の準備段階にまで至っていたということができるとしたこと、交渉の当事者として契約の成立に向けて誠実に行動すべき義務を負うものと解するのが相当であるとしたこと、契約締結の準備段階であっても、契約締結を拒否しても信義則に違反しないような事情がある場合には、契約の締結拒否が許されることがあるとしたこと（損害賠償義務を負わないことがある）、この事案の一つの駅ビルの入居については、双方の当事者の代表者の個人的な癒着関係にあり、特別に便宜を図った結果であった等とし、契約の締結が拒否されたのは当然であるとしたこと、この事案の他の駅ビ

ルの入居については、契約の準備段階にまで入ったとはいえないとしたこと、駅ビルの管理業者の信義則上の義務違反を否定したことに特徴があり、契約準備段階における信義則上の義務違反を否定した事例判断として参考になるものである。この判決は、契約締結の準備段階においては、原則として契約の締結拒否が信義則上の義務違反として損害賠償義務を負うとしつつ、契約締結を拒否しても信義則に違反しないような事情がある場合には、損害賠償義務を負わないとの法理を提示しているが、一方で信義則上の義務違反を要件としているものであるから、契約締結を拒否しても信義則に違反しないような事情がある場合の位置づけが明確ではないという疑問がある。また、この判決は、信義則上の義務違反の要件、判断基準として契約締結の準備段階の概念を採用しているが、その内容を明確なものとして定義し、説示していないという問題もある。

[67] 静岡地判平成 8. 6. 17 判時1620. 122、判夕938. 150
≪事案の概要≫
　Aは、Y₂から建物を賃借し、スーパーマーケットを営業し、Y₂も本件建物に隣接する建物で精肉等の販売をしていたところ（その後、Aは、X株式会社を設立し、Y₂は、Y₁有限会社を設立し、賃貸借契約は、XとY₁に移行した）、市道拡幅工事のため、本件建物の敷地の一部がかかることになり、B市から店舗移転の申し入れがされ、AとY₂は、交渉をし、本件建物を収去し、新たな店舗用建物を建築することを合意し（協定が締結された）、XとY₁との間で新築建物につき賃貸借契約を締結することなどを内容とする協定を締結し、本件建物が取り壊されたが、Xが取引先の銀行業を営むC株式会社から作成を勧められた文書をめぐって対立し、Y₁らが賃貸借契約の締結を拒否したため、XがY₁らに対して賃貸借契約の成立等を主張し、賃貸借契約違反、債務不履行、共同不法行為に基づき損害賠償を請求した。この判決は、賃貸借契約の成立、予約の成立を否定したものの、信義則に則り、新築建物を目的とした賃貸借契約を締結し、あるいは締結させるべき債務を負担したものであり、重大な信頼関係破壊行為があった場合等を除き、契約の締結をしないことが債務不履行に当たるとした上、本件では、契約の締結を拒否したことがY₁の債務不履行に当たり（賃借権相当額と新築建物と同程度の建物を他から賃借するまでに通常要する期間の逸失利益が損害になるとした上、具体的には、賃借権の価額の立証はないが、2年間の逸失利益として3021万円の損害を認めた）、

Y₂の不法行為も認められるとし、請求を認容した。
≪判旨≫
「㈡　本件協定は、その内容に照らして、それ自体が新築建物を目的とする賃貸借契約に当たるものでないことはもとより、その当事者である原告又は被告フーズの一方又は双方に予約完結権を付与するような賃貸借予約でないことも明らかであるが、右㈠のような状況下において、清水市の市道拡幅事業を契機として、これに対応するために締結されたものであり、原告において無償で本件建物に対する賃借権の経済的価値を放棄する理由も、被告らにおいて、無償で右賃借権消滅の経済的利得を収める理由もないから、法律上、本件建物の賃貸借と本件協定に係る新築建物を目的とする賃貸借とは別個のものであるとしても、経済的には本件建物に対する賃借権に相当する価値を新築建物に移行させるとするのが、原告及び被告フーズの意図であったものと認めるのが相当である。

㈢　そうすると、本件協定に基づき、被告フーズは、信義則に則り、原告と協力して、原告と被告フーズとの間に、本件協定所定の事項に反しない規模の新築建物を目的とし、本件協定の事項を内容として取り入れた賃貸借契約を締結するか、被告渡邊に対し、右同様の賃貸借契約を締結させるべき債務を負担したものであり、右賃貸借契約の締結がなされなかったとしても、被告フーズが右債務不履行の責を負わないのは、原告自らが新築建物を目的とする賃貸借契約締結を放棄したような場合のほか、本件協定所定の事項以外の新築建物の賃貸借契約の内容について、被告フーズが合理的な提案をするにもかかわらず、原告が理由なくこれに応じないで賃貸借契約の内容が確定しなかった場合や、新築建物を目的とする賃貸借契約締結を締結する過程において、原告に、仮に店舗建物の賃貸借契約存続中であれば、その解除事由となる程度に重大な信頼関係破壊行為があった場合等に限られるものと解するのが相当である。

また、被告フーズに右債務不履行があった場合の原告の損害の範囲は、本件建物に対する賃借権を喪失した場合など同様に考えるべきであり、係る意味で履行利益を基準とすべきものと解される。
（中略）
　1　被告フーズの債権不履行責任の有無について
　㈠　被告フーズは、本件協定に基づき、右一の2の㈢のとおりの内容の債務を負担したところ、本件協定に基づく新築建物を目的とする賃貸借契約は、原告と被告渡邊との間で締結されることとなったこと、ところが、被告渡邊は、

本件契約書案への調印を拒否し、さらに原告と建物賃貸借契約を締結する意思がない旨を原告通告して、新築建物を目的とする賃貸借契約をしなかったことは、右第二の6のとおりである。

　(二)　被告らは、被告渡邉が原告の不審な態度に接し、新築建物を目的とする賃貸借契約を締結することには危険が大きいものと判断して右賃貸借契約締結の意思がないことを告知したと主張し、また、右賃貸借契約が締結されなかった原因は専ら原告の不誠実な態度にあるとも主張する。

　そこで、右主張の趣旨に鑑み、右一の2の(三)の説示に従って、被告らの主張する事由が、仮に店舗建物の賃貸借契約存続中であればその解除事由となる程度に重大な信頼関係破壊行為が原告にあった場合に該当するかどうかにつき検討する。

　(1)　原告が市道改良拡幅事業に協力しなかったために、被告フーズが本件協定締結に当たって原告の要求に応ぜざるを得なかったとの主張について

　仮に、原告が市道改良拡幅事業に対する協力、具体的には清水市からの店舗移転の申入れに対し容易に応ずることをしなかったとしても、清水市からの申入れが原告の任意の応諾を求めるものであり、他方、原告には、石川店の営業継続につき右一の1で認定した事情があったのであるから、原告が清水市の右申入れに対し、石川店の営業を確保する必要上、直ちに応諾せず、あるいは一定の条件を提示すること自体が格別不当であるということはできない。また、被告フーズが原告との間の本件協定を締結する交渉過程で主張の譲歩をしたとしても、その譲歩に係る内容（敷金額の減額及び被告フーズの店舗での野菜及び果物販売の中止）自体が本来は経済的合理性の範囲外にあること、あるいは被告フーズが清水市当局の要請によって原告に早期に清水市との移転補償契約を締結させたいとの意図を有していたことを奇貨として、原告が被告フーズに対し、経済社会において容認される程度の駆引きの範囲を超える方法で、不当な要求を押しつけたものであることなどの事情を認めるに足りる証拠もない。

　そうであれば、被告ら主張の右事由が、原告の信頼関係破壊行為に当たるとすることはできない。

（中略）

　四　争点四について

　1　右三の1の被告フーズの債務不履行及び同2の被告渡邉の不法行為によって原告に生じた本来的な損害の範囲は、特段の事由のない限り、新築建物を目的とする賃借権を取得できなかったことによる損害、すなわち、当該賃借権

の価額相当額（但し、これを取得できなかったことにより免れた出捐があるときは、これを控除すべきである。）と、新築建物と同程度の建物を他に賃借するまでに通常要する期間の逸失利益とによって構成されるものと解するのが相当であり、本件では右特段の事由に当たるものと認められる事情を認めることのできる証拠はない。

2(一)　しかしながら、本件において、新築建物を目的とする賃借権の価額については何らの主張立証もないから（加えて、原告は、賃貸借契約が締結されなかったことにより、敷金及び保証金相当額2000万円の出捐（資金の固定）を免れた。）、かかる損害の存在を認めることはできない。

(二)　逸失利益は、右1のとおり、同程度の建物を他に賃借するまでに通常要する期間の範囲で算定すべきであり、それを超えて予定賃貸借期間等によるべきものとは解されない。また、逸失利益算定の基礎となる額は、本件建物により営業をしていた石川店の平成元年度経常利益額（右一の1の認定のとおり1625万円）によるものとすることが合理的である。

もっとも、新築建物はスーパーマーケット店舗という特殊用途に供されるものであり、また、建坪180坪（約600平方メートル）という規模の大きいものである上、性質上、立地条件による制約があるものと解されるから、仮に原告がこれと同程度の建物を他に求めようとしたとしても、多大な困難が伴うことは容易に推認しうるところである。したがって、その期間は2年間とすることが相当であり、ライプニッツ方式により年5分の中間利息を控除して（2年間の計数1.8594）、現価額を算出すべきである。これによれば逸失利益額は3021万円（1万円未満切捨て）となる。

3　原告は、石川店喪失による取引先等の原告に対する信用の失墜等に伴う損害3000万円が生じたものと主張する。

しかし、仮に原告に信用失墜等の事態が生じたとしても、その損害は右2の損害のうちに含まれるものと解するのが相当であり、したがって、これを独立の損害として考慮することはできない。」

≪実務上の留意点≫
　この事案は、スーパーマーケットを経営する事業者が建物を賃借してスーパーマーケットを営業していたところ、市道拡張工事のため建物の移転が市から要請されたことから、賃貸人と賃借人との間で建物の取壊し、建物の新築を合意し、新築建物の賃貸借契約の締結につき協定を締結したものの、紛争が発生し、賃貸希望者が賃貸借契約の締結を拒否したため、賃借希望者が賃貸希望者

に対して賃貸借契約の成立等を主張し、賃貸借契約違反、不法行為に基づき損害賠償を請求した事件である。この事案は、事業者間の賃貸借契約の交渉が問題になったこと、契約交渉は従前建物の賃貸借契約を締結していた者同士の間で行われたこと、交渉の当事者間では旧建物の取壊し、新築建物の賃貸借に関する協定が締結されていたこと、店舗の賃貸借交渉がされたこと、賃貸希望者が賃貸借契約の締結を拒否したこと、賃貸借契約、予約の締結が主張されたこと、契約の締結拒否につき債務不履行、不法行為が主張されたことに事案の特徴がある。この事案は、事業用の建物の賃貸借交渉が問題になったものであるが、その交渉は、従来、事業用の建物の賃貸借契約が締結され、建物の退去が余儀なくされたことがきっかけになったというものであり、賃借希望者を保護すべき要請が強いという背景事情があったものである。

この判決は、賃貸借契約の成立、予約の成立をいずれも否定したこと、この事案の協定については、信義則に則り、当事者双方が賃貸借契約を締結させるべき債務を負担したものであるとしたこと、賃貸借契約の締結がなされなかった場合に債務不履行の責を負わないのは、賃貸借契約の解除事由となる程度に重大な信頼関係破壊行為があった場合等に限られるものとしたこと、この債務不履行による損害の範囲は、建物に対する賃借権を喪失した場合など同様に考えるべきであり、履行利益を基準とすべきものとしたこと、この事案では賃借希望者に信頼関係破壊行為は認められないとし、賃貸希望者の債務不履行責任を認めたこと、2年間の逸失利益の損害賠償を認めたことに特徴がある。この判決は、交渉当事者の双方が建物の賃貸借契約を締結し、現に賃借建物がスーパーマーケットに使用されていた状況において、建物の取壊し、新建物の賃貸借に関する協定が締結され、交渉が行われたものの、賃貸借契約の締結が拒否されたため、旧建物の賃貸人の債務不履行等の損害賠償責任が問題になった事案について、契約締結の拒否事由を厳格に解した上、債務不履行を認め、逸失利益の損害賠償額を認めたものであり、理論的にも、この事案の特性を考慮した事例判断として参考になる。

[68] 神戸地尼崎支部判平成10.6.22判時1664.107
≪事案の概要≫

Xは、美容院を経営していたところ、Aが美容室を営業していたビルの一室が空くことになり、その所有者であるY株式会社に賃借を申し入れ、賃貸条件の説明を受け、契約書案を送付する等の話になったことから、従業員を雇用

し、什器備品を購入する等したものの、賃貸借契約の締結を拒否されたため、XがYに対して賃貸借契約の締結上の過失を主張し、不法行為に基づき損害賠償を請求した。この判決は、賃貸借契約の締結の拒否が信義則上の注意義務違反に当たるとし、不法行為を認め（什器備品の購入代金、技術者に対する契約金、電話代、弁護士費用の損害を認めた）、請求を認容した。

≪判旨≫
「2　右認定の事実に、判断の前提にすべき事実（第二の二参照）を総合して、被告の責任の有無を検討すると、およそ契約の締結交渉に当たっては、相手方に誠実に対応すべき取引上の信義則があり、契約の成立を信じた相手方に不測の損害を被らせてはならない注意義務があるのに、本件において、被告が本件物件の賃貸を拒否した行為は、この信義則上の注意義務に違反したものであり、原告との交渉過程に照らすと、その違反の程度が著しく不法行為を構成するといわねばならない。

したがって、被告には、本件物件を賃借できなかったことにより原告の被った損害を賠償すべき責任がある。」

≪実務上の留意点≫
この事案は、美容院の経営者が建物の所有者と美容院のための建物の賃貸借交渉をし、契約書案を送付する等の段階に至ったことから、従業員を雇用し、什器備品を購入する等したが、賃貸借契約の締結を拒否されたため、不法行為に基づき損害賠償を請求した事件である。この事案は、営業用の建物の賃貸借契約が問題になったこと、賃貸借契約の交渉が行われたこと、契約書案が送付されたこと、賃借希望者が従業員を雇用し、什器備品を購入したこと、契約の締結が拒否されたこと、契約締結上の過失責任が主張されたこと、賃借希望者が不法行為に基づく損害賠償を請求したことに特徴がある。

この判決は、およそ契約の締結交渉に当たっては相手方に誠実に対応すべき取引上の信義則があるとしたこと、交渉の当事者は契約の成立を信じた相手方に不測の損害を被らせてはならない注意義務があるとしたこと、この事案では交渉過程に照らして契約の締結拒否が不法行為に当たるとしたこと、什器備品の購入代金、技術者に対する契約金、電話代、弁護士費用の損害を認めたことに特徴がある。この判決は、契約締結上の過失責任を肯定した事例判断を提供するものであるということができるが、その前提となる信義則上の注意義務に関する見解は広すぎるという疑問がある。

この判決は、損害について、「二　争点3について

第4章　賃貸借交渉をめぐる裁判例

　1　〈証拠略〉によれば、原告は被告から本件物件を賃借することができるものと信じて、本件物件で美容院を開業するため、①船引から本件物件内の什器備品等を代金223万6591円で買い取ったほか、開業に備え、②新規に従業員を雇用し、技術者には契約金10万円を、見習い2名には3、4月分の給料等合計56万9400円を支払ったこと、また、③本件物件内に設置された電話の使用者名義を変更したため、3月ないし6月分の基本料金1万0540円を負担したこと、他に右認定を覆すに足りる証拠はない（このほか原告は、クロス、ブラインドの弁償金を損害と主張するが、その事実（弁償）を認めるに足りる証拠はない。）。

　これらの損害は、いわゆる特別事情による損害に当たるところ、前記認定の原被告間の賃貸借の目的に照らし、いずれも被告において予見し又は予見可能性があったというべきであり、被告の不法行為と相当因果関係のある損害と認める。」と判示しているものであり、事例判断として参考になる。

[69] 横浜地川崎支部判平成10.11.30判時1682.111
≪事案の概要≫
　X有限会社は商業施設の賃貸等を業としており、A株式会社に商業施設を賃貸していたところ、Aが平成6年7月限りで撤退することになり、B株式会社の紹介により、同年4月、スーパーマーケットを経営するY株式会社の代表者Cらが本件施設を見て回る等して賃貸の交渉をしたところ、約4か月後、店舗出店申込書を作成し、Aとの間で設備の買取交渉をし、内装工事を検討する等し、賃貸借契約の内容につき概ね合意が成立したが、Yが契約の締結を拒絶したため、XがYに対して契約締結上の過失等に基づき賃料相当の得べかりし利益の喪失の損害賠償を請求した。この判決は、本件施設の賃貸借契約は契約締結の予備段階にあり、Xが将来契約が締結されるものと信じて行動していたのに、Yが社内事情を理由に契約締結を拒絶した等とし、契約締結上の過失を認め（損害として、他に賃貸することができた6か月の間の賃料の逸失利益1260万円を認めた）、請求を認容した。

≪判旨≫
「二　以上のとおり、被告は、ファクシミリ送信によるもので原本は渡していないものの、保証金と賃料の記入があり、被告代表者の印を押してある店舗出店申込書を原告あてに提出していること、池栄青果は、被告があとのテナントとしてはいることを前提として内装・設備等の買い取り交渉を行っていたこ

と、右内容につき被告側からも原告に報告していること、被告の依頼した内装業者が度々本件施設を訪れて、工事の検討を行っていること、被告代表者や常務取締役である西本も度々本件施設を訪れて原告代表者や井澤と面談しており、その間、契約締結に向けて否定的又は不確定であるかのような言動があった形跡がないこと、等の事情が認められるのであり、遅くとも平成6年6月中には、原告と被告とは本件施設の賃貸借契約につき契約締結準備段階にはいっており、原告が将来賃貸借契約が締結されるものと信じて行動することは被告にとってもたやすく予想されるところであったと言うべきである。ところが、被告は、本件施設を賃借するかどうかは未だ不確定であることなどを、小田切や原告側に全く伝えることなく、同年8月2日の役員会で出店しないことを決定したのちも、これを小田切や原告に直ちに伝えることなく、その後も専務が辞任することになったためなどと虚偽の理由を告げていたものであるから、被告には、いわゆる契約締結上の過失が認められ、原告が将来賃貸借契約が締結されるものと信じたことによって被った損害を賠償するべきである。」

≪実務上の留意点≫

　この事案は、商業施設の賃貸業者が、賃借人の撤退のため、新たな賃借人を募集し、賃借希望者と交渉をし、賃借希望者が店舗出店申込書を作成し、賃貸借契約の内容につき概ね合意が成立したものの、契約の締結を拒否したため、賃貸希望者が契約締結上の過失等に基づき損害賠償を請求した事件である。この事案は、商業施設の賃貸借交渉が問題になったこと、事業者間で契約締結の交渉が行われたこと、契約内容につき概ねの合意が成立したこと、賃借希望者が契約締結を拒否したこと、契約締結上の過失が主張されたことに特徴がある。

　この判決は、当事者の契約締結の交渉が商業施設の賃貸借契約につき契約締結準備段階に入っており、施設の賃貸業者が将来賃貸借契約が締結されるものと信じて行動することは賃借希望者にとってもたやすく予想されるところであり、虚偽の理由を告げて締結を拒否したことにつき、契約締結上の過失が認められるとしたこと、商業施設の賃貸業者が将来賃貸借契約が締結されるものと信じたことによって被った損害につき賠償が認められるとしたこと、賃貸することができた6か月間の賃料相当額の逸失利益を認めたことに特徴がある。この判決は、事例判断として参考になるものであるが、損害賠償の範囲につき信頼利益の損害に限定するかの説示をしつつ、逸失利益を認めたことは、従来の裁判例に照らすと、議論を呼ぶものである。

なお、この判決は、損害額について、「四　そこで、原告の被った損害について判断するに、一記載のとおり、原告は、被告が平成6年9月1日から賃料月210万円で本件施設を賃借すると信頼して行動し、引き合いのあった丸正他数社からの申し入れを既に断っていたものであって、結局丸正との契約締結により同社から受領できる様になった平成7年3月1日の前日までの6か月間の賃料相当分1260万円の得べかりし利益について損害を被ったと言うべきである。」と判示している。

[70] 東京高判平成14. 3. 13判タ1136. 195
≪事案の概要≫

学習塾を経営するX株式会社は、建物の建築を計画していたYに貸室の賃借を希望したいとの意向を伝え、不動産取引の仲介業者であるA株式会社の従業員を介して賃貸交渉を行い、コンセントの位置、電灯の数、看板の設置等について準備を行ったが、Xよりも有利な条件で賃借する者が現れ、Yが交渉を拒絶したため、XがYに対して賃貸借契約の締結を主張し、債務不履行に基づき損害賠償を請求した。第一審判決が賃貸借契約の成立を否定し、請求を棄却したため、Xが控訴し、契約締結上の過失に基づく損害賠償請求を追加した。この判決は、Yは、信義則上賃貸借契約が締結されるものと信じた信頼利益の賠償責任があるとし（信頼利益の損害賠償額の立証が極めて困難であるとし、民事訴訟法248条により、損害額を50万円認めた）、控訴を棄却し、追加請求を認容した。

≪判旨≫

「上記1の事実関係によると、被控訴人は、控訴人が本件賃貸借契約の内容についての要望を記載した書面（甲6）や本件賃貸借契約の案（甲7）により賃料を坪単価5000円とするなどの契約内容についての要望を示していたのに、これの許否についての明確な意思を表示しなかったばかりか、むしろ、控訴人がコンセントの位置、電灯の数及び位置並びに電話線の位置などを指定し、看板取付金具の設置位置変更工事を行うなどの本件賃貸借の準備行為を行ったことについて異議を述べなかったため、控訴人は、控訴人の要望どおりの内容で本件貸室を賃借できるものと信じ、本件賃貸借契約締結の具体的な準備を進行させていた。ところが、被控訴人は、他により有利な条件で契約できる貸借希望者が出現したことから、本件建物が完成する直前に至って、突然、本件賃貸借契約締結に向けての控訴人との交渉を一方的に打ち切ったものである。

このような事実関係からすれば、被控訴人には、信義則上、一種の契約上の責任として、控訴人が本件賃貸借契約が締結されるものと信じたために被った信頼利益の侵害による損害を賠償すべき責任があるものというべきである。

そこで、控訴人の被った損害額を検討すると、上記1の認定事実からすれば、控訴人は、本件賃貸借契約が締結されるものと信じたため、従業員に対し、中澤との打合せをさせたばかりでなく、社内で協議するための文書を作成させた上でその協議を行わせ、看板業者との打合せやその注文をさせるなどし、これらの労務費を負担したことがうかがわれ、これらは、控訴人の信頼利益の侵害による損害と認められる。しかし、上記損害の性質からすると、その額の立証は極めて困難というべきであるから、本件口頭弁論の全趣旨及び証拠調べの結果に基づいて、上記の損害を50万円と認めるのが相当である（民事訴訟法248条）。また、控訴人は、上記の損害以外に新聞その他求人誌における新たな人員の募集費用、新たに雇用した1名の従業員の給与等1年分、新しくテナントを探さなくてはならなくなったことによる出捐予定費用及び特訓教室を開講することができなかったことによる逸失利益の各損害を被ったと主張するが、これらは、いずれも本件賃貸借契約が締結された場合にその不履行によって発生する損害であって本件賃貸借契約が締結されるものと信じたために発生した信頼利益の侵害による損害に当たらないから、これらの損害を被ったとする控訴人の主張には理由がない。」

≪実務上の留意点≫

この事案は、事業者が建物の建築を計画していた者と賃貸借契約の締結の交渉を行い、賃借を前提とした準備を行っていたところ、他に有利な条件で賃借をする者が現れ、契約の締結が拒絶されたため、賃借希望者が債務不履行に基づき損害賠償を請求した控訴審の事件である（第一審判決が請求を棄却し、賃貸希望者が控訴審において契約締結上の過失責任の主張を追加したものである）。この事案は、事業用の建物の賃貸借契約が問題になったこと、賃貸希望者がコンセントの位置、電灯の数、看板の設置等について準備を行ったこと、他に有利な条件で賃借する者が現れ、契約の締結が拒絶されたこと、賃貸借契約の成立が主張されたこと、契約締結上の過失責任が主張されたことに特徴がある。

この判決は、賃借希望者が賃借できるものと信じ、具体的な準備を進行させていたとしたこと、建物の建築計画者は他により有利な条件で契約できる貸借する希望者が出現したことから、一方的に交渉を打ち切ったとしたこと、この

ような事実関係からすれば、建築計画者は、信義則上、契約上の責任として、賃借希望者が賃貸借契約が締結されるものと信じたために被った信頼利益の侵害による損害を賠償すべき責任があるとしたこと、賃借希望者において社内協議のための文書作成、協議、看板業者との打ち合わせ等の労務費の負担が損害であるとし、民事訴訟法248条を適用し、損害賠償額が50万円と算定したことを判示している。この判決は、事業用の賃貸借契約につき契約締結上の過失責任を肯定した事例判断を提供するものであるが、これを肯定することが相当であるかは微妙である。この判決が契約締結上の過失責任を肯定したのは、賃貸借契約の締結が拒否された理由が他に有利な条件で賃借を希望した者が現れたことであることであり、この経緯が重視され、これが信義則に反すると判断したのではないかと推測されるが、賃借希望者の準備段階、主張された損害の内容に照らすと、交渉に当たって受忍すべき限度内のことであると解することが合理的であると考えられる。

[71] 札幌地判平成17.8.12判タ1213.205
≪事案の概要≫
　Y株式会社は、メディカルビルを建築し、医師の入居を勧誘していたが、Yの従業員Aがビルの計画段階から医師Xに入居を勧誘し、Xが賃貸借の交渉を行い、入居を前提として準備をし、特定の条件で賃貸借契約の締結を合意する旨の書面を作成し、内装工事を施工する等したものの、Aの説明に虚偽があるとして賃貸借契約の締結をせず、Yに対して主位的に詐欺の不法行為（使用者責任）に基づき、予備的に契約締結上の過失（不法行為）に基づき損害賠償を請求した。この判決は、詐欺類似行為とはいえないとしたものの、メディカルビルはその性質上他科の診療機関の入居が前提となっていたのに、前提が満たされず、虚偽の説明があったとして説明義務を怠ったことを認め（契約締結上の過失責任による不法行為を肯定した）、不法行為を認め（旧賃貸借の途中解約による敷金の不返還、内装工事相当額の損害を認め、過失相殺を5割認めたが、慰謝料の主張を排斥した）、請求を認容した。
≪判旨≫
「(1)　Aが、原告に対し、本件メディカルビルへの入居の意思を固めさせるために、本件メディカルビルへ他科医療機関が入居する確実性がないにもかかわらず、確実であるかの如く虚偽の説明を繰り返し行っていたこと及び原告がAの虚偽の説明を受けて本件メディカルビルへ他科医療機関が入居することは確

実であると誤認したことは、前記(2)の説示のとおりである。

さらに、前記2(1)で認定した事実によれば、本件メディカルビルは、その性質上、他科医療機関が入居することが前提となっていること、原告は、本件メディカルビルに入居するか否かの意思決定をするにあたっては、本件メディカルビルに他科医療機関が入居することを重要な要素としていたことが認められる。

そうすると、Aは、原告が本件メディカルビルへの入居の意思決定をするにあたり、重要な情報について、虚偽の情報提供をするなどして、原告の自由な意思決定を妨げたといえる。

以上からすれば、Aを担当者としていた被告は、契約当事者として、原告が契約締結するか否かを決定するにあたり、重要な情報について、正確に説明する義務を怠ったというべきであり、信義誠実の原則に著しく違反していることから、いわゆる契約締結上の故意又は過失により、不法行為責任を負うというべきである。」

≪実務上の留意点≫

この事案は、メディカルビルの賃貸借交渉が行われ、賃借希望の医師が入居を前提として準備をし、特定の条件で賃貸借契約の締結を合意する旨の書面を作成し、内装工事を施工する等したものの、賃貸業者の従業員の説明に虚偽があるとして賃貸借契約の締結をせず、賃貸業者に対して損害賠償を請求した事件である。この事案は、事業者間の賃貸借交渉が行われたこと、メディカルビル（複数の診療科目の診療所が入居するビル）の賃貸借契約の交渉がされたこと、入居希望の医師が入居準備の工事を行う等したこと、医師が賃貸借契約の締結を拒絶したこと、賃貸業者の従業員の説明に虚偽の内容があったこと、契約締結上の過失責任が主張されたことに特徴がある。

この判決は、詐欺類似行為を否定したこと、メディカルビルはその性質上他科の診療機関の入居が前提となっていたのに、前提が満たされず、賃貸業者に虚偽の説明があったとして説明義務を怠ったことを認め、契約締結上の過失責任を肯定したこと、従来の賃貸借契約の途中解約による敷金の不返還分、内装工事相当額の損害を認めたことに特徴があり、事例判断として参考になるものである。

なお、この判決は、損害について、「5　争点⑤（原告の損害）について

(1)　前記2(1)で認定した事実によれば、本件メディカルビルへの入居の準備行為を行った結果、原告は、旧賃貸借契約を期間内解約したために、敷金

216万円の返還を受けることができず、本件内装工事費用として830万円を支出したことが認められる。

　(2)　被告が前記(1)の原告の損害について賠償するべきか検討する。前記2(1)で認定した事実によれば、次のとおりの事実が認められる。

　ア　原告は、本件メディカルビルへの入居については、立地条件等が希望に沿うことから、当初から積極的であった。

　イ　原告は、平成14年6月ころから、本件メディカルビルへの入居の検討を始め、同月中には、本件内装工事のために三井住友建設と協議を開始している。

　ウ　原告は、平成14年9月の時点で、旧賃貸借契約の解約を行っている。

　エ　原告は、平成14年12月2日の本件メディカルビルでの開業を目指し、同年9月18日の時点で本件合意書に調印をするなどしている。

　これらの事実によれば、Aの本件メディカルビルへの入居勧誘行為とは別に原告の自己の判断で、旧賃貸借契約の解約及び本件内装工事の発注を行ったとみることができる。

　しかしながら、他方で、次のとおりの事実を認めることができる。

　(ｱ)　原告は、平成14年9月18日の時点で、本件合意書の調印をしながらも、平成15年2月11日に本件メディカルビルへの入居の意思を最終的に撤回するまでの間、本件内装工事を中断するなどして本件メディカル日るの入居について慎重に検討していた。

　(ｲ)　原告は、被告に対し、本件合意書に基づいて手付金である敷金を交付していないし、本件内装工事の着工後も本件メディカルビルの賃借料等を負担していない。

　以上によれば、原告は、本件合意書の作成後も、本件メディカルビル入居の準備行為を行いつつも、本件メディカルビルへの入居については、なお慎重な姿勢を取っており、その間、被告は、原告が本件メディカルビルへの入居の意思決定をするにあたり重要な情報について、虚偽の情報を提供するなどしていたといえる。

　以上からすれば、被告は、原告の受けた前記(1)の損害について賠償すべきものといえるが、被告の負担すべき損害賠償額を算定するにあたっては、原告が最終的に自己の判断で旧賃貸借契約の解約及び本件内装工事の発注を行ったとみることができる点を斟酌すべきであり、前記(1)の損害について5割を減ずるべきである。」と判示している。

[72] 東京地判平成18.7.7金融・商事判例1248.6

≪事案の概要≫

　不動産業を営むX株式会社が建物の一部につき賃借人を募集していたところ、金融業を営むAグループの一社であるY株式会社、B株式会社が賃貸借条件検討書を交付したり、貸室申込書を交付したり、特定の条件で賃借することを承諾する旨の承諾書を交付する等して10か月以上交渉が行われたが、その後、賃借しない旨を通知したため、XがYに対して主位的に賃貸借契約の成立を主張し、債務不履行に基づき損害賠償を、予備的に契約締結上の過失責任に基づき損害賠償を請求した。この判決は、賃貸借契約の成立を否定し、主位的請求を棄却したが、その成立を信じて行動することが容易に予想されるに至っていた等とし、契約締結上の過失責任を認め（賃料の得べかりし利益も信頼利益に含まれるとし、新たな賃借人に賃貸するまでの6か月16日の期間の実質賃料相当額の逸失利益の損害を認めた）、予備的請求を認容した。

≪判旨≫

「上記認定した事実よれば、原告と被告あるいはフィデリティ証券は、平成15年4月から本件建物の賃貸借契約をめぐって交渉し、被告が本件建物を賃借しないことに決めるまで交渉期間は10か月以上にも及び、その間多数回にわたる交渉があったものである。

　上記第三の一6で認定したように、被告が平成15年10月23日に契約交渉継続のための条件提示を行うと、原告は、同年11月19日に、被告が提案した4条件の内3つについて現実的な打開策を示している。すなわち、敷金返還請求権の保全について、我が国では通常行われていないにもかかわらず決して少額とはいえない年間500万円の保証費用を原告が負担することを提案し、エレベーター乗換階に伴う被告の懸念については、原告の費用負担でエレベーターホールにセキュリティー扉を設置することによってセキュリティーに関する被告の懸念を解消し、契約開始日も1か月遅らせるという原告が大幅に譲歩することによって両者が同意をしている。

　したがって、平成15年11月19日の段階で賃料はもちろん契約期間、保証金額、賃借対象階といった契約内容の主要部分については原告と被告間で合意が形成され、残った交渉の焦点は、原告の損害賠償責任制限条項、非常用発電機の利用等に絞られていたが、残ったものはさほど重要ではない事項である。そして、原告と被告は、同年12月16日の打合せにおいて契約書の調印予定日を平成16年1月16日とすることで合意していることを考慮すると、遅くとも平成15

年12月16日の段階では、契約締結の準備段階に入ったと言わざるを得ない。

　原告は、被告に賃貸するために本件建物の14階及び15階に関しては賃借人の募集を停止しており、被告との賃貸借契約交渉が長引けば長引くほど、当該フロアを賃貸して賃料収入を得ることができない月数が増加し、得べかりし利益の損失額が増大するという不利益を被る関係にある。過去に遡って建物を賃貸し賃料収入を得ることは不可能であるから、かかる得べかりし利益の喪失は、将来回復する見込みのない損害である。他方、被告は、賃貸借契約交渉が長引いても、当時入居していた建物の賃料支払いを継続するだけであり、特に支出額が増加するわけではないから、原告と比べると直接的に不利益を受ける関係にはない。当然のことながら被告は、賃貸借契約交渉が長引いた場合の不利益がどちら側に大きいかについては認識していたと推認できる。

　そうすると、上記認定したように契約締結の準備段階にあった被告は、原告が近く本件建物の賃貸借契約が結ばれるものと信じて行動することが容易に予想できるものである。従って、被告は、信義則上、原告のかかる契約締結上の利益を故なく侵害しないように行動すべき義務を負っており、正当な理由なく原告の契約締結上の利益を侵害した場合には、被告にいわゆる契約締結上の過失が認められ、不法行為に基づいて、原告が将来賃貸借契約が締結されると信じたことによる損害を賠償すべき義務を負う。(最判昭和58年4月19日判時1082号47頁、最判昭和59年9月18日判時1137号51頁)

　前記認定した事実によれば、被告が本件建物の賃貸借契約を結ばなかった理由は、もっぱらジョンソン会長の気が変わって本件建物への移転を承諾しなかったことに尽きるのであり、本件賃貸借契約の内容に問題があったためではなく、しかもジョンソン会長自身、平成15年9月30日に本件建物の貸借対象階を視察していたのであり、被告側は、その後4か月近く本件建物の賃貸借契約交渉を継続した後で、ジョンソン会長が承諾しないという理由で賃貸借契約の締結を拒絶したことは、到底正当な理由があったとは認められない。

　従って、被告は、原告に対して、損害を賠償する義務を免れない。」

≪実務上の留意点≫

　この事案は、不動産業者がビルの賃借人を募集し、企業グループが入居を検討し、賃貸借交渉が長期わたって行われ、賃貸借条件が概ね合意されたものの、企業グループが賃貸借契約の締結を拒否したため、不動産業者が債務不履行、契約締結上の過失責任に基づき損害賠償を請求した事件である。この事案は、不動産業者が新築ビルの賃借人の募集を行ったこと、不動産業者と金融業

を営む企業グループの間で賃貸借交渉が行われたこと、ビルの賃貸借契約の締結が問題になったこと、契約交渉が10か月以上行われたこと、賃貸借契約の内容につき概ね合意がまとまっていたこと、企業グループの経営者が賃貸借契約の締結を拒否したこと、賃貸借契約の成立が主張されたこと、契約締結上の過失責任が主張されたことに特徴がある。

この判決は、賃貸借契約の成立を否定したこと、この事案の賃貸借契約の交渉は契約締結の準備段階に至っていたとしたこと、契約締結の準備段階にある者は、相手方が近く契約が結ばれるものと信じて行動することが容易に予想でき、信義則上、相手方のかかる契約締結上の利益を故なく侵害しないように行動すべき義務を負っているとしたこと、契約締結の準備段階にある者は、正当な理由なく相手方の契約締結上の利益を侵害した場合には、いわゆる契約締結上の過失が認められ、不法行為に基づき、相手方が将来契約が締結されると信じたことによる損害を賠償すべき義務を負うとしたこと、この事案では、契約締結の拒絶につき正当な理由があったとは認められないとしたこと、賃借を希望して賃貸借契約の締結交渉をした事業者の契約締結上の過失責任を肯定したこと、損害賠償の範囲として賃料相当額の逸失利益を認めたことに特徴があり、事例判断として参考になるものである。もっとも、この判決の判断の当否は別として、契約締結上の過失責任が問題になった場合において、契約締結の拒絶、拒否に当たって正当な理由という厳格な理由が必要であるか、契約締結の準備段階においては一律に正当な理由が必要であることが合理的であるか等の疑問が残るものである。

なお、この判決は、損害について、「3　争点3について

(一)　上記第三の一4で認定したように、賃借対象階が変更になっても、被告が5年間に支払う総額は同一となるように原告は配慮しており、被告が賃貸借契約期間中に支払う総額は、次のとおりとなる。

　　(1)　甲第16号証及び第17号証によれば、被告が本件申込書で提示した共益費込みの坪単価3万円で1090坪を賃借し、フリーレント期間が2か月と21日間、賃料を坪単価1万7800円に減額する期間が3か月と10日間、原告が入居費用の一部として8829円を負担するという賃貸借条件を原告は承諾しているので、かかる前提で計算する。

　3万円×1090坪×（60月－2月－21／31月）＝18億7446万2100円
　（3万円－1万7800円）×1090坪×（3月＋10／31月）
　＝12200×1090×3.322＝4417万5956円

第4章　賃貸借交渉をめぐる裁判例

　　18億7446万2100円－4417万5956円－8829万円＝17億4199万6144円
　被告が賃貸借契約期間中に支払う総額は、17億4199万6144円であり、月額実質賃料を算出すると、2903万3269円となる。
　　17億4199万6144円÷60月＝2903万3269円
　　(2)　上記実質賃料は、共益費込みの賃料額であり、共益費は、被告が実際に本件建物を使用することによって生じる空調費等の設備の維持管理費用が多くを占めており、原告は、被告が実際に本件建物を使用することによって生じる費用の支出を免れているから、被告が賃貸借契約を締結しなかったことによって原告が共益費相当額の損害を被ったという関係にはない。従って、原告が被告に対して請求できるのは、実質賃料から共益費相当額を除外した純粋実質賃料部分である。共益費は、坪単価の2割を占めているので、純粋実質賃料部分は、月額2322万6615円である。
　原告は、平成16年6月末に契約した新たな賃借人に対しては、被告に対するよりも高額の賃料で賃貸したことが認められるので、新たな賃借人との契約締結が被告との交渉が長引いたために遅れたことによる損害は、少なくとも月額2322万6615円を下回ることはない。
　　2903万3269円×（1－0.2）＝2322万6615円
　　(3)　原告は、平成15年12月16日から本件建物14階・15階の新たな賃借人と賃貸借契約を結ぶことができた平成16年6月末までの期間について、かかる純粋実質賃料部分の損害を被ったことになり、その額は、1億5134万4623円である。被告は、原告に対して、同額の損害賠償義務を負う。上記2争点2についての判断で説示した賃料の特質を考慮すれば、損害賠償の範囲は、仮に信頼利益の賠償に限定されるという見解に立つとしても、契約が履行されると信じたために失った別の取引による得べかりし利益まで信頼利益に含むと解するのが相当である。
　　2322万6615円×（6月＋16／31月）＝1億5134万623円
　　㈡　訴外ベンブロークとの契約については、契約当事者を被告とは異にするため、被告に対して損害賠償を請求する前提を欠く。
　　㈢　契約の詳細を決定するために要した弁護士費用については、前述のように平成15年12月16日の段階において契約準備段階になったとすると、それ以前に生じた弁護士費用分については被告の交渉破棄との間に因果関係がないこととなる。原告は、12月16日以後に要した弁護士費用がいくらであるかにつき主張立証しないから認められない。

モデルルームの撤去費用については、原告はいずれにせよ訴外第三者に15階を賃貸する際にモデルルームを撤去することが必要であるから、撤去費用は相当因果関係がある損害とは認められない。原告は、被告の交渉破棄後にモデルルームを再度設置してはいないから、設置費用を損害に含めることはできない。」と判示している。

[73] 東京高判平成20．1．31金融・商事判例1287．28
≪事案の概要≫
　前記の [72] 東京地判平成18．7．7金融・商事判例1248．6の控訴審判決であり、X、Yの双方が控訴した。この判決は、賃貸借契約の成立を否定し、本件建物につき賃貸借契約が締結されると強い期待を抱いたのは相当の理由があり、信義則上その期待を故なく侵害することのないように行動する義務があり、賃貸借契約の締結拒否につき正当な理由がないので、契約準備段階における信義則上の注意義務違反が認められるとし、Xの控訴を棄却し、原判決中、Yの敗訴部分を取り消し、予備的請求を一部認容した（約3か月分の賃料の逸失利益の損害を認めた）。

≪判旨≫
「フィデリティ証券次いで一審被告は、前記のとおり、平成15年3月以来、本件建物の一部を目的とする賃貸借契約の締結に向けて一審原告と交渉を重ね、同年11月19日には一審被告間で本件合意がされたが、本件合意時までに賃借目的部分が本件建物の15階・16階とされたほか、本件合意によって、契約の始期を当初予定日よりも1か月先送りし、一審原告が費用を負担してセキュリティ扉を設置する、敷金保全のための銀行保証をすることが取り決められ、また、これより先に一審被告あてに送付された契約書及び覚書類の案文により、本件建物に係る賃貸借契約の賃料・共益費、契約期間、保証金額等についての一審原告の具体的提案が判明するまでになり、当事者双方とも、本件合意によって賃貸借契約締結に当たっての重要な課題がクリアされたと考えていたというのである。そして、賃貸借契約の交渉の際に貸室申込書が提出された事案のうち約1割程度しか契約成立に至らないこと、ところが、一審被告は、同年9月30日の本件申込書上の期限を経過しても一審原告との間で本件建物に係る賃貸借契約成立に向けての交渉を重ね、その期間が通常の2か月ないし4か月を超えて5か月余に及んでいること、一審原告が既に本件確保部分を賃借人募集対象からはずす社内手続をとっており、そのことを一審被告が本件合意時までに承

知していたことは、前記のとおりである。

　これらの事実関係に照らすと、少なくとも平成15年11月19日の本件合意後においては、一審原告が本件建物に係る賃貸借契約が成立することについて強い期待を抱いたことには相当の理由があるというべきである。そして、一審原告が本件確保部分を賃借人募集対象からはずしていたのは、一審被告のそれまでの行為と交渉経過にかんがみ、本件建物に係る賃貸借契約が成立すると期待し、一審被告への賃貸目的物の引渡しを円滑にするためであったということができるが、この期待は無理からぬものということができるから、一審被告としては、信義則上、一審原告のこの期待を故なく侵害することがないように行動する義務があるというべきである。しかし、一審被告は、結局、賃貸借契約を締結せず、これを締結しなかったことについて正当な理由をうかがい知る証拠はない。したがって、一審被告には契約準備段階における信義則上の注意義務違反があり、これによって一審原告に生じた損害を賠償する責任があるということができる（最高裁第三小法廷平成19年2月27日判決裁判集民事232号345頁参照）。

　4　争点3について

　(1)　証拠（甲18、33の2）及び弁論の全趣旨によると、本件確保部分（1434.04坪）の平成15年11月20日（本件合意の翌日）から平成16年1月29日（賃貸借契約締結拒絶の日）までの間の約定予定賃料及び共益費の相当額（坪単価月額3万1000円）は、計算上、1億0234万1654円であると認めることができるから（平成15年11月分〔11日間〕1630万0254円、同年12月分4445万5240円、平成16年1月分〔29日分〕4158万7160円）、一審原告は、この期間について本件確保部分を他に賃貸する機会を喪失したことにより同額の収入を得られなかったというべきである。しかしながら、前記のとおり、本件建物の15階・16階の一部（35坪）についてはペンブローク社が賃借人となる予定であったから、本件確保部分の同社賃借予定部分についてまで一審被告の責任に帰せしめることは相当でない。そして、本件確保部分のうちペングローク社の賃借予定部分が上記35坪にとどまるかどうかは、本件全証拠によっても明らかではないから、一審被告が賃貸借契約を締結しなかったことによって一審原告がこの間に喪失した賃料及び共益費相当額は、控えめに見積もるべきであり、その額は9900万円を下ることがないというべきである。

　(2)　一審原告は、一審被告が賃貸借契約を締結しなかったことによる損害として本件建物に係る賃貸借契約に関する弁護士費用の主張をする。

証拠（甲27）及び弁論の全趣旨によると、一審原告が同契約の締結に関する事務を委任した弁護士の所属事務所が一審原告あてに同額の報酬請求書を送付したと認められるが、このうち本件合意後の報酬に相当する額が明らかではないから、これを損害と認めることはできない。」

≪実務上の留意点≫

　この事案は、不動産業者がビルの賃借人を募集し、企業グループが入居を検討し、賃貸借交渉が長期わたって行われ、賃貸借条件が概ね合意されたものの、企業グループが賃貸借契約の締結を拒否したため、不動産業者が債務不履行、契約締結上の過失責任に基づき損害賠償を請求した控訴審の事件である（第一審判決は契約締結上の過失責任を肯定している）。この事案は、不動産業者が新築ビルの賃借人の募集を行ったこと、不動産業者と金融業を営む企業グループの間で契約締結の交渉が行われたこと、ビルの賃貸借契約の締結が問題になったこと、契約交渉が10か月以上行われたこと、賃貸借契約の内容につきおおむね合意がまとまっていたこと、企業グループの経営者が賃貸借契約の締結を拒否したこと、賃貸借契約の成立が主張されたこと、契約締結上の過失責任が主張されたことに特徴がある。

　この判決は、賃貸借契約の成立を否定したこと、不動産業者が賃貸借契約が成立することについて強い期待を抱いたことには相当の理由があるとしたこと、企業グループとしては、信義則上、不動産業者のこの期待を故なく侵害することがないように行動する義務があるところ、賃貸借契約を締結しなかったことにつき正当な理由が認められないとしたこと、企業グループには契約準備段階における信義則上の注意義務違反があり、損害賠償責任があるとしたことに特徴があり、建物の賃貸借契約の交渉につき契約締結上の過失責任を肯定した事例判断として参考になる。

　なお、この判決は、損害賠償の範囲について、控え目に算定すべきであるとし、賃料相当額の逸失利益を認め、3か月間の賃料相当額（共益費相当額を含む）の損害賠償を認めたものであり、事例判断として参考になるものである。

　また、この判決については、第一審判決と同様に、契約締結上の過失責任が問題になった場合において、契約締結の拒絶、拒否に当たって正当な理由という厳格な理由が必要であるか、契約締結の準備段階においては一律に正当な理由が必要であることが合理的であるか等の疑問が残るものである。

2　賃貸借契約の成立

　不動産の賃貸借交渉が決裂した場合における契約締結上の過失責任、契約締結の準備段階における信義則上の義務違反をめぐる裁判例は、売買交渉をめぐる裁判例よりも数が少なくないが、それでも、相当数を数えたところである。不動産の賃貸借交渉がまとまり、賃貸借契約が締結された場合における契約締結上の過失責任等が問題になった裁判例は、2件を数えるだけである。

　既に不動産の売買交渉をめぐる裁判例に関連して説明したところであるが、契約の締結交渉がまとまり、契約が締結された場合において、交渉の当事者の信義則上の義務、あるいは契約に付随する義務に違反したことを理由として交渉の相手方に対して損害賠償責任を追及しようとするときは、契約締結上の過失責任のような契約締結の交渉、準備段階における固有の問題が生じるものではない。契約が締結された場合には、交渉の当事者の地位、情報の著しい格差、交渉の内容・経過、交渉の対象である契約の内容・性質等の事情を考慮し、説明義務等の法理を検討し、判断すれば足りるし、そのような法理によることがより合理的な結果を導くことができるというべきである。

　数は少ないが、不動産の賃貸借交渉がまとまり、賃貸借契約が締結された場合において契約締結上の過失責任等が問題になった裁判例を紹介したい。

[74]　東京地判昭和50．5．19判時806．62
≪事案の概要≫
　A株式会社は、残土、がらの処理場としてYから土地を賃借し、処理業務を分立独立して遂行するため、X株式会社を設立したところ、本件土地を含む地域の土地につき土地区画整理組合が設立認可され、土地区画整理法76条1項所定の制限によって本件土地において残土、がらの処理が不可能になったため、XがYに対して契約締結上の過失等を主張し、債務不履行に基づき損害賠償を請求した。この判決は、契約締結上の過失を否定し、請求を棄却した。

≪判旨≫

「㈠　契約関係に立つ当事者を規律する信義誠実の原則は、契約の締結及びその履行と不可分一体の関係にたつ準備段階においても妥当すべきものであるから、当事者の一方が契約締結の準備段階において信義誠実の原則上要求される注意義務に違反し、相手方に損害を与えた場合には、いわゆる契約締結上の過失があるものとして債務不履行の責任を負うと解するのが相当である。

（中略）

㈢　ところで、前示のとおり、本件土地使用契約は、農業を営む被告と昭和42年頃から堀江町で土地を借り受けたうえ、がら・残土等により埋立工事を行うことを業としていた訴外会社との間で、訴外会社からの数回にわたる熱心な土地賃借方の交渉がなされた結果締結されたものであり、双方ともその交渉時において土地区画整理組合設立計画の進行中であること及び相手方の堀江町における右立場を了解していたものである。右のような当事者間においては、土地の賃貸借契約に際し通常予測しえずかつ一当事者のみの人的な特殊な事情によるものとはいえないところの土地区画整理法第76条第1項による制限の可能性の有無については、業務の一環として土地賃借を行っており、またその制限が業務全体の存否にかかわるという意味でヨリ利害関係の強い立場にある訴外会社の方に調査の負担が課せられているというべきである。従って、被告が本件土地使用契約締結に際し、その期間中に使用が制限される可能性のあることを故意に黙秘していたという事情がない以上（なお、本件土地使用契約締結段階では、設立認可申請はなされていたものの、認可されるか否か及び認可されるとしてもその時期が不明な状態であり、また、被告自身準備委員等として組合設立のため積極的活動をしていたわけでもないから、被告が土地区画整理法第76条第1項による土地の形質変更の制度につき知識を有しなかったことをもって、組合員となるべき者として特に注意を欠いていたとも言えない。）、これを訴外会社に告知しなかったとしても、信義則上要求される何等かの義務に反するものではないと解するのが相当である。」

≪実務上の留意点≫

　この事案は、残土、がらの処理場として土地の賃貸借契約が締結されたところ、土地区画整理事業によって残土等の処理が不可能になったため、処理場を経営する予定の会社が土地の賃貸人に対して契約締結上の過失等を主張し、債務不履行に基づき損害賠償を請求した事件である。この事案は、残土等の処理のための土地の賃貸借契約が問題になったこと、賃貸借契約が締結されたこ

第4章　賃貸借交渉をめぐる裁判例

と、土地の利用規制によって処理場としての利用ができなくなったこと、土地の利用規制に関する賃貸人の告知義務違反が問題になったこと（告知義務は、現在多用されることが多い説明義務と同様な法的な義務である）、契約締結上の過失につき債務不履行責任が追及されたことに事案としての特徴がある。

　この判決は、信義誠実の原則は契約関係に立つ当事者を規律するものであること、この信義誠実の原則は契約の締結及びその履行と不可分一体の関係にたつ準備段階においても妥当すべきものであるとしたこと、当事者の一方が契約締結の準備段階において信義誠実の原則上要求される注意義務に違反し、相手方に損害を与えた場合には、いわゆる契約締結上の過失があるものとして債務不履行の責任を負うと解するとしたこと、この事案につき賃貸人に信義則上の義務違反は認められないとしたこと、賃貸人の契約締結上の過失を否定したことに特徴がある。この判決は、契約締結上の過失の理論の裁判例における浸透状況を配慮したのであろうか、「いわゆる契約締結上の過失」として紹介しているが、その法的な根拠、要件を説示した上、契約締結上の過失を否定した事例として参考になるものである。なお、この判決は、比較的古い時期に契約締結上の過失責任を問題にした裁判例である。

[75] 札幌地判平成7.2.23判タ881.175
≪事案の概要≫

　Y株式会社は、ビルを購入し、その一部を飲食店用に賃貸しようとし、X_1がそば屋、X_2株式会社がレストランとして賃借することになり、平成2年10月、賃料については、1年目は、定額、2年目以降は、売上げの一定割合と定めて賃貸借契約を締結したが、平成5年4月、X_1らは、Yに対して、建物部分を明け渡し、十分な集客がなかった等と主張し、重要な事実の告知義務違反による損害賠償を請求した。この判決は、告知説明義務違反の契約締結上の過失を否定し、請求を棄却した。

≪判旨≫

「三　争点2（契約締結上の過失の有無）について

　被告に本件賃貸借契約を締結する過程において、原告らは主張するような過失があったということはできない。その理由は次のとおりである。

　信義誠実の原則は、契約関係にも適用されるべきであるから、契約締結関係に入った当事者は、契約を締結する過程において、相手方が意思決定する原因となる重要な事実を信義則に反して故意又は過失により告知説明せず、これに

より相手方が損害を被った場合には、その損害を賠償すべき責任を負うと解される。
　（中略）
　そして、後者の事実をも総合すると、原告らが本件建物に飲食店を出店するか否かを集客の観点から検討するに際して重要な客観的事実には、新規開店時には部分開店とし一年後に全面改装して全館商業使用するとの被告の使用方針に関する事項のほか、本件建物の立地、規模、過去の経緯や被告の主要な運営方針があげられるが、このうち相対的に重要性の高い事実は後者の事実であるところ、原告らは本件建物の立地、規模、過去の経緯については被告から説明を受けるまでもなく認識し、また、被告の主要な運営方針については被告から説明を受けて認識しており、他方前者の使用方針に関する事項は相対的には重要性の低い事実であるうえ、原告らも新規開店が全館を商業使用した開店でないこと自体は出店を検討するに際し重視していたとは認められず、これに大店法による客観的制約、賃料設定上の配慮、本件建物の新規開店時の体裁等を総合考慮すると、被告は原告らに対し本件賃貸借契約締結に先立ち、更に被告の右使用方針に関する事項を告知説明すべき信義則上の義務があったということはできない。」

≪実務上の留意点≫
　この事案は、ビルの一部につき飲食店用の賃貸借契約が締結されたが、賃借人が十分な集客がなかった等と主張し、賃貸人に対して損害賠償を請求した事件である。この事案は、飲食店用のビルの賃貸借契約が問題になったこと、賃貸借契約が成立したこと、賃借人は十分な集客を見込んで飲食店を開店したこと、十分な集客がなく、飲食店を閉店し、建物を明け渡したこと、信義則上の重要な事実の告知説明義務違反（告知義務は、現在多用されることが多い説明義務と同様な法的な義務である）が主張されたこと、契約締結上の過失責任が主張されたことに事案としての特徴がある。
　この判決は、契約締結関係に入った当事者は、契約を締結する過程において、相手方が意思決定する原因となる重要な事実を信義則に反して故意又は過失により告知説明せず、これにより相手方が損害を被った場合には、その損害を賠償すべき責任を負うとしたこと、この事案では、告知説明義務があったとはいえないとし、契約締結上の過失責任を否定したことを判示している。この判決は、契約が成立したことを前提とする契約締結上の過失が問題になった事案について、これを否定した事例判断を提供するものであるが（この事案で

第4章　賃貸借交渉をめぐる裁判例

は、契約締結上の過失責任の法理を特別に問題としないでも足りるということもできよう）、その過失の内容は重要事項の説明告知義務違反であり、義務内容の解釈によっては相当に広い範囲の義務を設定する可能性があるという問題を抱えている。

判例索引 （年代順）

【昭和34年】
[49] 東京地判昭和34．6．22 下民集 10．6．1318　　　　　　　　　　　　　　　　　　　　　　　　*146*

【昭和42年】
[7] 最一判昭和42．12．12 判時 511．37　　　　　　　　　　　　　　　　　　　　　　　　　　　　*42*

【昭和47年】
[51] 福岡高判昭和47．1．17 判時 671．49、下民集 23．1〜4．1　　　　　　　　　　　　　　　　　　*149*

【昭和48年】
[50] 東京地判昭和48．4．16 下民集 24．1〜4．202、判時 723．61、
判タ 306．213　　　　　　　　　　　　　　　　　　　　　　　　　　　　　　　　　　　　　　*147*

【昭和49年】
[52] 東京地判昭和49．1．25 判時 746．52、判タ 307．246　　　　　　　　　　　　　　　　　　　　*151*

【昭和50年】
[74] 東京地判昭和50．5．19 判時 806．62　　　　　　　　　　　　　　　　　　　　　　　　　　　*214*

【昭和51年】
[24] 福岡地小倉支部判昭和51．6．21 判時 848．102、判タ 347．264　　　　　　　　　　　　　　　　*72*

【昭和54年】
[25] 東京高判昭和54．11．7 判時 951．50、判タ 408．106、金融・商
事判例 589．13　　　　　　　　　　　　　　　　　　　　　　　　　　　　　　　　　　　　　*74*

【昭和56年】
[26] 最三判昭和56．1．27 民集 35．1．35、判時 994．26、判タ 435．
75、金融・商事判例 618．32　　　　　　　　　　　　　　　　　　　　　　　　　　　　　　　　*76*
[27] 東京地判昭和56．12．14 判タ 470．145　　　　　　　　　　　　　　　　　　　　　　　　　　*79*

【昭和57年】
[28] 東京地判昭和57．2．17 判時 1049．55、判タ 477．115　　　　　　　　　　　　　　　　　　　　*81*

【昭和58年】
[29] 最三判昭和58．4．19 判時 1082．47、判タ 501．131　　　　　　　　　　　　　　　　　　　　　*84*
[8] 東京高判昭和58．6．30 判時 1083．88　　　　　　　　　　　　　　　　　　　　　　　　　　*43*
[30] 神戸地豊岡支部判昭和58．8．12 判時 1146．74　　　　　　　　　　　　　　　　　　　　　　　*85*
[31] 最三判昭和58．12．6 判時 1123．85、判タ 532．125　　　　　　　　　　　　　　　　　　　　　*86*

219

【昭和59年】
［9］　福岡地判昭和59．1．31　判タ　525．178　　　　　　　　　　　　　　　43
［61］　大阪地判昭和59．3．26　判時　1128．92、判タ　526．168　　　　　　　177
［32］　最三判昭和59．9．18　判時　1137．51、判タ　542．200　　　　　　　　89
［33］　大阪高判昭和59．10．26　判時　1146．69　　　　　　　　　　　　　　90
［10］　東京地判昭和59．12．12　判タ　548．159　　　　　　　　　　　　　　43

【昭和60年】
［1］　奈良地葛城支部判昭和60．12．26　判タ　599．35　　　　　　　　　　　31

【昭和61年】
［34］　京都地判昭和61．2．20　金融・商事判例　742．25　　　　　　　　　　91
［62］　仙台高判昭和61．4．25　判タ　608．78　　　　　　　　　　　　　　180

【昭和63年】
［2］　東京地判昭和63．2．29　判タ　675．174　　　　　　　　　　　　　　32
［35］　仙台高判昭和63．5．30　判時　1286．85、判タ　679．204　　　　　　94
［53］　札幌地判昭和63．6．28　判時　1294．110　　　　　　　　　　　　　154

【平成元年】
［36］　京都地判平成元．1．26　判時　1320．125　　　　　　　　　　　　　97

【平成2年】
［3］　大阪高判平成2．4．26　判時　1383．131　　　　　　　　　　　　　　34
［63］　東京地判平成2．12．25　判時　1397．55　　　　　　　　　　　　　184
［4］　東京地判平成2．12．26　金融・商事判例　888．22　　　　　　　　　　35

【平成3年】
［5］　東京地判平成3．5．30　金融・商事判例　889．41　　　　　　　　　　37

【平成4年】
［6］　名古屋地判平成4．10．28　金融・商事判例　918．35　　　　　　　　　39

【平成5年】
［37］　東京地判平成5．1．26　判時　1478．142、金融・商事判例　940．
　　　　38　　　　　　　　　　　　　　　　　　　　　　　　　　　　　　　　99
［64］　大阪地判平成5．6．18　判時　1468．122　　　　　　　　　　　　　186
［38］　福岡高判平成5．6．30　判時　1483．52、判タ　848．235　　　　　103
［54］　東京地判平成5．11．29　判時　1498．98　　　　　　　　　　　　　155

【平成6年】
［39］　東京地判平成6．1．24　判時　1517．66　　　　　　　　　　　　　107
［65］　東京地判平成6．6．28　判時　1535．101　　　　　　　　　　　　　189

【平成7年】

[75]	札幌地判平成7．2．23 判タ 881．175	*216*
[40]	福岡高判平成7．6．29 判時 1558．35、判タ 891．135	*111*
[55]	東京地判平成7．9．6 判タ 915．167	*158*

【平成8年】

[41]	福島地判平成8．3．18 判例 地方自治 165．42	*115*
[42]	東京地判平成8．3．18 判時 1582．60	*117*
[66]	東京地判平成8．5．15 判タ 939．148	*191*
[67]	静岡地判平成8．6．17 判時 1620．122、判タ 938．150	*194*
[43]	東京地判平成8．7．29 判タ 937．186	*121*
[44]	東京地判平成8．12．26 判時 1617．99	*122*

【平成9年】

| [56] | 横浜地平成9．4．23 判時 1629．103 | *159* |

【平成10年】

[45]	長野地判平成10．2．13 判タ 995．180、判例 地方自治 177．58	*129*
[57]	広島高判平成10．5．21 判時 1665．78、判タ 986．225	*162*
[68]	神戸地尼崎支部判平成10．6．22 判時 1664．107	*198*
[46]	東京地判平成10．10．26 判時 1680．93	*132*
[58]	大阪地判平成10．11．26 判タ 1000．290	*165*
[69]	横浜地川崎支部判平成10．11．30 判時 1682．111	*200*

【平成11年】

| [59] | 東京高判平成11．9．8 判時 1710．110、判タ 1046．175 | *168* |

【平成14年】

| [70] | 東京高判平成14．3．13 判タ 1136．195 | *202* |
| [60] | 千葉地判平成14．7．12 判例 地方自治 250．89 | *170* |

【平成15年】

| [47] | 仙台地判平成15．12．15 判タ 1167．202 | *135* |

【平成17年】

| [71] | 札幌地判平成17．8．12 判タ 1213．205 | *204* |

【平成18年】

| [72] | 東京地判平成18．7．7 金融・商事判例 1248．6 | *207* |
| [11] | 大阪高判平成18．12．19 判時 1971．130 | *45* |

【平成19年】

| [12] | 東京地判平成19．7．23 判時 1995．91 | *47* |

221

| [13] | 東京地判平成19．12．25　判時 2033．18 | *48* |

【平成20年】

[73]	東京高判平成20．1．31　金融・商事判例 1287．28	*211*
[14]	横浜地小田原支部判平成20．3．25　判時 2022．77	*50*
[15]	東京高判平成20．5．29　判時 2033．15	*52*
[16]	東京地判平成20．6．4　判タ 1298．174	*52*
[17]	東京地判平成20．7．8　判時 2025．54	*54*
[48]	東京地判平成20．11．10　判時 2055．79	*140*
[18]	東京地判平成20．11．19　判タ 1296．217	*57*

【平成21年】

| [19] | 東京地判平成21．2．6　判タ 1312．274 | *61* |

【平成22年】

[20]	東京地判平成22．3．9　判タ 1342．190	*63*
[21]	東京地判平成22．5．27　判タ 1340．177	*64*
[22]	最三判平成22．6．1　判時 2083．77	*66*

【平成23年】

| [23] | 福岡高判平成23．3．8　判時 2126．70 | *67* |

著者略歴

升田　純（ますだ　じゅん）
弁護士・中央大学法科大学院教授

1950年島根県安来市生まれ。73年司法試験合格、国家公務員試験上級甲種合格。74年京都大学法学部卒。同年農林水産省入省。75年司法研修所入所。77年から地方裁判所・高等裁判所の判事を歴任。途中、法務省参事官などをへて、97年判事を退官。同年より弁護士および聖心女子大学教授。04年から現職。

主な著作としては
『平成時代における借地・借家の判例と実務』大成出版社，2011
『マンション判例で見る標準管理規約』大成出版社，2011
『警告表示・誤使用の判例と法理』民事法研究会，2011
『判例にみる損害賠償額算定の実務』民事法研究会，2010
『最新PL関係判例と実務』民事法研究会，2010
『風評損害・経済的損害の法理と実務』民事法研究会，2009
『モンスタークレーマー対策の実務と法』共著，民事法研究会，2009
『現代社会におけるプライバシーの判例と法理』青林書院，2009
『実務民事訴訟法（第四版）』民事法務研究会，2008
『要約マンション判例155』学陽書房，2009
『裁判例からみた内部告発の法理と実務』青林書院，2008
『大規模災害と被災建物をめぐる諸問題』法曹会，1996

他、著書・論文多数

不動産取引における契約交渉と責任
―契約締結上の過失責任の法理と実務―

2012年6月15日　第1版第1刷発行

編　著	升　田　　　純
発行者	松　林　久　行
発行所	株式会社 大成出版社

東京都世田谷区羽根木1―7―11
〒156-0042　電話03(3321)4131(代)
http://www.taisei-shuppan.co.jp/

©2012　升田　純　　　　　印刷　信教印刷
落丁・乱丁はおとりかえいたします。
ISBN978-4-8028-3058-4

関連図書のご案内

平成時代における
借地・借家の判例と実務
平成時代の借地・借家判例の総覧

弁護士／中央大学法科大学院教授　升田　純●著
◆Ａ５判・756頁・定価8,400円（本体8,000円）
図書コード2984・送料実費

内容
- 平成からの全823判例を掲載！
- 平成時代の法律の制定・改正の動向と判例の動向を紹介！
- 実務に役立つように多数の判例を分析、検討！

新版　マンション判例で見る
標準管理規約
マンション管理規約の議定、規定の解釈・運用などを検討する際の必読の書！

弁護士／中央大学法科大学院教授　升田　純●著
◆Ａ５判・406頁・定価3,990円（本体3,800円）
図書コード2979・送料実費

内容
- 平成に起こった判例を厳選し収録、最新の判例も収録！
- 管理会社、管理組合、マンション管理士などマンション管理関係者必携！
- マンション生活でトラブルに出会った時に有効！

不動産取引における
瑕疵担保責任と説明義務
売主、賃貸人および仲介業者の責任

弁護士／**渡辺　晋**
弁護士／**布施　明正**　●著
◆Ａ５判・784頁・定価7,560円（本体7,200円）
図書コード2930・送料実費

内容
- 瑕疵担保責任と説明義務を中心に、不動産取引における売主、賃貸人および仲介業者の責任について、公表された裁判例を最新のものまで分析検討し、詳細に論じた解説書！
- 民法（債権法）改正の基本方針についても言及！

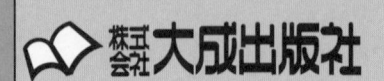

株式会社　大成出版社

〒156-0042　東京都世田谷区羽根木1-7-11
TEL 03-3321-4131　FAX 03-3325-1888
ホームページ　http://www.taisei-shuppan.co.jp/
※ホームページでもご注文いただけます。